중국의 전시외교와
국제관계

1931-1945

이 저서는 2019년 대한민국 교육부와 한국연구재단의 지원을 받아 수행된 연구임
(NRF-2019S1A6A3A02102843)
This work was supported by the Ministry of Education of the Republic of Korea
and the National Research Foundation of Korea (NRF-2019S1A6A3A02102843)

중국관행
연구총서
0 2 3

중국의 전시외교와
국제관계

1931-1945

김지환 지음

인천대학교 중국학술원 중국 · 화교문화연구소 기획

iB 인터북스

한국의 중국연구 심화를 위해서는 중국사회에 강하게 지속되고 있는 역사와 전통의 무게에 대한 학문적·실증적 연구로부터 출발해야 한다. 역사의 무게가 현재의 삶을 무겁게 규정하고 있고, '현재'를 역사의 일부로 인식하는 한편 자신의 존재를 역사의 연속선상에서 발견하고자 하는 경향이 그 어떤 역사체보다 강한 중국이고 보면, 역사와 분리된 오늘의 중국은 상상하기 어렵다. 따라서 중국문화의 중층성에 대한 이해로부터 현대 중국을 이해하고 중국연구의 지평을 심화·확대하는 연구방향을 모색해야 할 것이다.

이러한 문제의식에서 우리 인천대학교 중국학술원 중국·화교문화연구소는 10년간 근현대 중국 사회·경제관행에 대한 조사와 연구를 수행하면서, 인문학적 중국연구와 사회과학적 중국연구의 독자성과 통합성을 조화시켜 중국연구의 새로운 지평을 열고자 했다. 그리고 이제 그동안 쌓아온 연구를 기반으로 새로운 단계에 접어들어 「중국적 질서와 표준의 재구성에 대한 비판적 연구」라는 주제로 인문한국플러스사업을 수행하고 있다.

우리 연구소는 그동안 중국적 관행과 타 사회의 관행이 만날 때 어떤 절합과 변형이 이루어지는지, 그것이 중국적 모델의 재구성으

5

로 이어지는지 아니면 새로운 모델이 만들어지는지를 연구하고, 역사적으로 축적한 사회, 경제, 문화적 자원을 활용하여 만들어가고 있는 중국식 발전 모델의 실체와 그 가능성을 해명하고자 해왔다. 우리 연구소는 중국연구의 새로운 패러다임을 만들어내려는 목표를 가지고 연구를 수행해 온 바, 특히 객관적인 실증 분석과 풍부한 자료 수집 및 분석에 기반하여 이러한 새로운 패러다임을 모색하고자 해왔다. 한국의 중국연구에서 자료 수집·분석과 거시적 연구틀의 결합이 그동안 많이 이루어지지 않았다는 점에서 우리는 이 부분에 기여하고자 최선의 노력을 기울여 왔다. 그 성과물로 『중국 민간조직 정책문건』, 『중국의 동향상회: 길림성 동향상회 면담조사 자료집』, 『민간계약문서로 본 중국의 토지거래관행』, 『민간계약문서에 투영된 중국인의 경제생활: 합과와 대차』 등의 자료총서 뿐 아니라 『중국토지법령자료집』 시리즈를 비롯한 여러 자료집을 출간한 바 있다.

김지환 교수는 특히 이러한 일차사료의 수집과 분석에 기반하여 『중국방직 건설공사 이사회 회의록』, 『중동철도신문자료집성』, 『철도로 보는 중국역사』, 『중국근대 철도관리와 국가』, 『중국근대 철로의 조직과 경영』, 『철로의 등장과 청도 봉건체제의 붕괴』, 『철로가 이끌어낸 중국사회의 변화와 발전』, 『중일전쟁과 중국의 경제통제정책』, 『중국 동북지역의 기업과 금융』(공저) 등의 수많은 성과를 내며 학계에 기여해 왔다. 이번에 내는 이 책은 중국의 전시외교와 국제관계와 관련하여 동일한 사건에 대한 각국의 기록과 문건을 상호 비교하여 사건의 본질을 깊이 탐구하고자 한 역작으로서, 일본 외무성사료관과 중국 당안관의 정부문서 뿐 아니라 외교 관련 문건, 각국 신문자료, 각종 단체의 정기간행물 등의 자료를 장기간 꼼꼼하고 집요하게 수집하고 분석한 결과물이다. 이 책은 중일전쟁에 대한 미·소의 대응과 외교정책의 변화 그리고 동아시아 국제질서의 변화에 대한 연구로서, 오늘날의 국제정세 분석에도 많은 시사점을 지닌다. 책은 배일운동과 중일관계, 만주국의 해관 접수를 둘러싼 국제관계, 일본의 중국 침략과 중국 유태이주민, 조계 환수운동과 왕정위 정부의 참전, 중국의 전시외교와 미소관계에 대한 내용으로 구성되어 있고, 특히 경제사적 관점에서 각국 외교정책을 분석하였다는 특징을 지닌다. 이 책이 중국 연구자 뿐 아니라 일본 연구자, 경제사 연구자, 국제정치와 국제관계사 연구자 등 많은 이들에게 도움이 되길 기대한다.

『중국관행연구총서』는 인천대학교 중국·화교문화연구소가 인문한국사업과 인문한국플러스사업을 장기간 수행한 연구의 성과물로서, 그동안 중국 철도, 동북지역의 상업과 기업, 토지와 민간신앙, 중국 농촌의 거버넌스와 화교 등 다양한 주제에 대해 연구서와 번역서를 발간하였다. 앞으로도 꾸준히 낼 우리의 성과가 차곡차곡 쌓여 한국의 중국연구가 한 단계 도약하는 데 일조할 수 있기를 충심으로 기원한다.

2022년 5월

인천대학교 중국학술원 중국·화교문화연구소

(인문한국플러스사업단)

소장(단장) 장정아

올해 2022년도는 이차대전 종전 이후 77주년이 되는 해이자, 1937년 북경 근교의 노구교에서 일본의 침략으로 중일전쟁이 발발한지 85주년이 되는 해이기도 하다. 우리는 노구교사변 이후 일본의 침략이 본격화된 시기를 중일전쟁 시기라고 명명하지만 중국에서는 일반적으로 항일전쟁 시기라 부른다.

중일전쟁과 항일전쟁은 명칭의 상이함뿐만 아니라 그것이 내포하는 의미 역시 동일하지 않다. 마찬가지로 1945년의 '광복'과 '항전 승리'라는 명칭 역시 전쟁에 대한 해석과 의미 부여에서 미묘한 차이가 있는 듯하다. 일본의 침략이라는 국가적 재난에 처하여 강대국 간의 충돌과 국제질서의 변화 속에서 수동적으로 승리의 과실을 취한 것이 아니라, 막대한 희생과 피의 대가로 획득한 성취라는 의미를 내포하고 있다.

중일전쟁과 태평양전쟁의 확전 과정에서 중국은 세계반파시스트 전쟁에 연합국의 일원으로 참전하였으며, 모든 국민이 자발적으로 참여하는 전민전쟁을 통해 막대한 희생의 대가로 마침내 전쟁의 승리를 쟁취할 수 있었다는 의미이다. 이러한 까닭에 중국에서 전승기념일은 남다른 의미가 있다. 중국은 일본의 항복문서를 접수한 1945

년 9월 3일을 전승기념일로 지정하고, 매년 '항일전쟁 승리 및 세계 반파시스트전쟁 승리 ○○주년'으로 명명하여 이날을 성대하게 기념 하고 있다.

어느덧 이미 7년이 지난 일이긴 하지만, 2015년 9월 3일에 중국은 '항일전쟁 승리 및 세계반파시스트전쟁 승리 70주년'을 기념하기 위 해 대규모의 열병식을 비롯하여 유례없는 규모로 전승절 행사를 준 비하였으며, 전승기념일의 의의를 국내외에 대대적으로 선전하였다. 70주년이라는 완결적인 수자가 주는 특별한 의미도 있겠지만, 21세 기 중국의 굴기와 G2의 반열에 올라 세계질서의 주재자로서 전승기 념일의 기념식을 빌어 세계만방에 스스로의 위상을 과시하고자 했던 것이다.

시진핑 주석의 적극적인 관심하에 오랜 기간 준비해 온 열병식에 는 각국 원수를 초청하여 참석하도록 하는 식순도 마련되어 있었다. 이 때 마침 우리나라의 국가원수도 정식으로 초청을 받아 참석 여부 가 국내뿐 아니라 국제적으로 관심의 초점이 되었다. 미중 간 세계질 서의 패권 다툼 속에서 해양세력과 대륙세력이 충돌하는 지점이자 동아시아 국제질서가 첨예하게 교차하는 한반도에 위치한 대한민국 의 국가원수가 과거 대미 일변도의 외교에서 탈피하여 향후 중국과 의 관계를 어떻게 설정할 것인지를 두고 국내외적인 관심이 집중되 었던 것이다. 마침 우리나라의 국가원수가 중국의 전승기념식에 전 격 참석을 결정함으로써 국제사회에서 커다란 화제가 되기도 하였다.

마침 중국학계와 언론에 중일전쟁 시기와 관련된 연구성과를 수 차례 발표한 적이 있는 탓인지, 중국의 최대신문인 『인민일보』의 기 자가 필자를 찾아와 '항일전쟁 승리 및 세계반파시스트전쟁 승리 70

주년'의 역사적 의의와 한국 국가원수의 전승기념식 참석에 대한 몇 가지 질문을 던진 다음, 답변 내용을 원고 형식으로 정리해 달라는 부탁을 받았다.

정리한 원고는 전승기념일을 며칠 앞둔 8월 22일자 『인민일보』에 「지역 안전과 평화의 수호捍衛地區安全與和平」라는 제명으로 신문 한 면의 절반 정도를 차지할 정도로 크게 보도되었다.[1] 당일 아침 만일 시진핑 주석이 『인민일보』를 살펴보았다면, '중일전쟁과 한국 국가원수 전승기념식 참석에 대한 의미'를 논한 이 글을 흥미롭게 읽어보지 않았을까.

1937년 7월 7일에 발생한 노구교사변으로 일본의 중국 침략이 본격화되자, 중국정부는 중경으로의 천도를 단행하여 결사 항전의 의지를 내외에 선포하였다. 더욱이 중국의 항전은 비단 중앙정부의 주도뿐 아니라, 전 민족의 대동단결이라는 전민항쟁으로 진행되었다. 수많은 민초들이 생명과 위험을 무릅쓰고 자발적으로 반파시스트전쟁에 동참하였으며, 자산계급을 포함한 많은 사람들도 대후방 중경으로의 천도 행렬에 동참하였다.

항일전쟁을 수행하기 위한 물질적 기초를 마련하고자 중국정부는 구국공채를 발행하였는데, 전시의 고난한 생활 속에서 일반 시민들까지도 자발적으로 푼돈을 모아 공채를 매입하는 데 작은 힘을 보태었다. 일본의 점령 치하에 있던 상해지역의 공상자본가들도 너나없이 공채의 수용을 통해 항전을 적극 지지하였다. 심지어 샌프란시스코 등 해외의 화교화인들조차 중국정부가 발행한 공채를 매입하기

1_ 金志煥, 「捍衛地區安全與和平」, 『人民日報』, 2015.8.22.

위해 은행 앞에 길게 줄을 늘어선 모습은 해외에서 큰 화제를 뿌렸다. 이러한 모습은 미국 파라마운트사의 뉴스영화로 제작되어 전 세계의 시청자들에게 깊은 감명을 주었다.

항일전쟁에 대한 희생과 분투의 대가로서 마침내 중국은 아편전쟁 이후의 민족적 열망이었던 조계의 환수, 영사재판권의 회수, 불평등조약의 폐지 등을 통해 비로소 완전한 독립자주권을 성취할 수 있었다. 더욱이 일본의 침략을 대륙에 묶어둠으로써 소련, 인도, 동남아시아 등 다른 지역으로 확전되는 사태를 저지하였으며, 이를 통해 수많은 생명과 평화를 수호할 수 있었다. 더욱이 세계반파시스트전쟁에 대한 기여를 바탕으로 세계 4대 강국의 일원으로 발돋움할 수 있었으며, 전후 세계질서의 재편 과정에서도 적극적인 역할을 수행할 수 있었다.

중일전쟁은 비이성적이고 폭력적인 수단을 통해서는 결코 야심을 실현할 수 없다는 사실을 증명하였다. 이와 함께 독립자주권의 성취와 항전 승리, 평화로운 일상 역시 거저 얻어지는 것이 아니라 막대한 희생을 치르고서야 비로소 획득될 수 있음도 잘 보여주었다.

특히 항일전쟁의 과정에서 중국인뿐 아니라 수많은 한국인, 그리고 아시아인들이 반파시스트전선에 동참하여 항전 승리에 크게 이바지했다는 사실 역시 기억해야만 한다. 상해의 대한민국임시정부는 중국정부를 따라 머나먼 중경으로의 천도 행렬에 동참하였으며, 수많은 난관을 뚫고 중경에 도착한 이후 국내외에 걸쳐 항일투쟁을 전개하였다. 만주사변 이후 중국정부의 지원하에 대한민국임시정부는 광복군을 조직하였으며, 황포군관학교에서 군사훈련을 받기도 하였다.

이와 같이 중일전쟁 시기에 수많은 한국인들은 중국인들과 함께 반파시스트 공동전선을 형성하였으며, 이를 통해 최종적인 승리를 쟁취할 수 있었던 것이다. 이렇게 볼 때, 항일전쟁은 일본파시스트의 침략 야욕을 분쇄하였을 뿐만 아니라, 한국과 중국 양국인들의 평화에 대한 애호정신과 우의를 증명했다고 할 수 있겠다.

올해는 세계반파시스트전쟁에서 승리한지 77주년이 되는 뜻깊은 해이다. 현실의 정치와 국제관계에서 때때로 한중 간 갈등과 마찰이 없을 수는 없을 것이다. 하지만 중일전쟁 시기에 한국과 중국은 반파시스트전쟁에서 공동전선을 형성하였으며, 마침내 동맹국으로서 함께 항전의 승리를 쟁취할 수 있었다. 이러한 역사적 경험과 자산이 향후 현실의 한중관계 발전과 선린 우호에 기여하기를 바란다.

이와 함께, 본서의 연구 주제인 '전시외교', '국제관계' 등이 비록 외국사인 중국사를 대상으로 과거 특정 시기에 대한 연구이기는 하지만, 그것이 오늘날 우리에게 주는 시사점이 적지 않은 느낌이다. 요즘 연일 뉴스에 오르내리는 러시아의 우크라이나 침공을 보더라도, 전쟁이라는 폭력적인 재앙으로부터 21세기를 사는 우리 역시 자유롭다고 말하기 어려울 것이다. 중일전쟁 시기 항전의 역사를 현재와 미래의 귀감이 되는 지혜로 삼기를 희망해 본다.

2022년 봄 송도 연구실에서
김지환

서론

중일전쟁은 1937년부터 8년간 본격적으로 전개되지만, 이미 1931년 만주사변으로 15년 전쟁의 서막이 열렸다. 1937년 노구교사변(7·7사변)으로 본격화된 일본의 대륙 침략은 중국의 입장에서 관민이 일체적으로 지난한 항일전쟁에 나서는 출발점이기도 하였다. 중일전쟁사는 중국뿐 아니라 한국을 비롯한 동아시아 각국이 함께 반파시스트 공동전선을 형성하여 침략세력에 불굴의 정신으로 맞서 싸운 항전의 역사이기도 하다.[1]

중국관민의 일체적 저항과 막대한 희생으로 말미암아 3개월 만에 중국을 점령하여 전쟁을 종식시키겠다던 일본군부의 헛된 망상은 좌절되고 말았다. 중국의 견결한 대일항전은 미국을 비롯한 구미 열강으로 하여금 동방에서 일본의 세력팽창을 저지할 수 있는 안전판으로서 중국의 역할에 대한 기대를 불러 일으켰으며, 이와 같은 객관적 조건을 바탕으로 장개석이 이끄는 국민정부는 적극적인 전시외교를 전개하였다.[2]

일찍이 세계공황의 여파는 마침내 중국과 일본 등 동아시아 각국에도 파급되었다. 중국의 경제 위기는 공상업의 쇠퇴와 농촌경제의 파탄으로 나타났으며, 이에 따라 중국정부도 본격적으로 경제 구제

1_ 金志煥,「捍衛地區安全與和平」,『人民日報』, 2015.8.22.

2_ 중일전쟁 및 국제관계와 관련된 주요한 연구성과로는 陶文釗,『抗日戰爭時期中國對外關係』, 中國社會科學出版社, 2009; 陳雁,『抗日戰爭時期中國外交制度研究』, 復旦大學出版社, 2002; 黃自進,『日中戰爭とは何だったのか』, ミネルブア書房, 2017; 中國近代史資料書刊編委會,『中日戰爭』1-7冊, 上海書店出版社, 2000; 胡德坤,『中日戰爭史』, 武漢大學出版社, 2005; 潘洵,『抗日戰爭時期重慶大轟炸研究』, 常務印書館, 2013; 韓永利,『第二次世界大戰與中國抗戰地位研究』, 常務印書館, 2010 등이 있다.

에 나서지 않을 수 없었다. 중국국민정부의 경제정책은 정치적으로 소비에트의 혁명 대상지인 농촌을 확보함으로써 소비에트에 대한 정치적, 경제적 우위를 확보하는 동시에, 일본의 침략에 대항하여 항전을 위한 물질적 기초를 확보하기 위한 것이었다. 이러한 의미에서 외교정책의 협력 대상국은 당연히 미국과 영국일 수밖에 없었다.

만주사변과 중일전쟁으로 본격화된 일본의 침략정책은 세계공황 이후 시장문제와 불가분의 관계를 가지고 있었다. 세계공황 이후 일본경제의 현상과 변화는 대체로 세 가지 측면에서 살펴볼 수 있다. 첫째, 최대의 수출시장인 인도시장의 동요이다. 이는 만주사변과 일본의 국제연맹 탈퇴, 만주국의 성립으로 이어지는 대륙 침략의 과정에서 오타와회의를 기점으로 하는 영국의 경제블럭 형성 등 구미와의 대립을 기축으로 하고 있다. 둘째, 중국시장의 동요를 들 수 있다. 일본의 침략 이후 중국 전역에서 배일운동과 일화배척운동이 격렬하게 전개되면서 수출시장으로서 중국의 위상에 큰 타격을 주었다. 셋째, 일본경제의 중국에 대한 자본수출의 문제이다.[3]

3_ 1931년 재화 일본사창이 중국방직공업에서 차지하는 비중은 방추에서는 1, 715, 792추로 전체의 40퍼센트, 직포기에서는 15, 983대로 전체의 44퍼센트를 차지하였다. 嚴中平, 『中國棉紡織史稿』, 科學出版社, 1957 부록 表2 참조. 재화 일본사창에 대한 대표적인 연구로는 西川博史, 『日本帝國主義と綿業』, ミネルウア書房, 1989年; 清川雪彦, 「中國纖維機械工業の發展と在華紡の意義」, 『經濟研究』34卷1號, 一橋大學經濟研究所, 1983; 楊天益, 「中國における日本紡績業(在華紡)と民族紡との相克」, 『日中關係と文化摩擦』, 1982; 中村隆英, 「5.30事件と在華紡」, 『近代中國研究』6, 東京大學出版會, 1954; 久保亨, 「靑島における中國紡 - 在華紡間の競爭と協調」, 『社會經濟史學』56卷5號, 1990 등이 있으며, 국내의 연구로는 金志煥, 「棉麥借款과 在華紡」, 『東洋史學研究』第58輯, 1997.4; 金志煥, 「日印會商과 在華紡」,

자본수출 가운데에도 일본자본의 최대 투자처인 재화 일본방직공업은 성립 초기부터 자국산업의 수출시장을 잠식할 가능성에 대한 우려와 비판에 직면하였다. 실제로 만주사변 이후 중국 전역에서 시행된 일화배척운동의 과정에서 재화 일본사창이 자사의 생산제품을 점차 고급품 생산라인을 옮겨가면서, 일본의 최대 수출품인 면제품의 수출시장을 잠식하는 결과를 초래하고 말았다.

일본의 최대 수출시장인 중국과 인도가 관세 인상 등을 통해 대일무역을 통제하기 시작한 사실은 일본에게 큰 위협이 아닐 수 없었다. 이와 같은 사태의 진전 속에서 일본 산업자본가와 무역업자들의 대응은 일본의 대륙 침략 정책과 관련하여 중요한 의미를 가진다고 할 수 있다. 기존의 연구에서 "만주국의 성립이 일본자본가에게 경제적 구세주였다면 이를 가져온 관동군은 정치적 구세주였다. 관동군이 일본 제국주의의 위기를 타개하기 위해 닦아놓은 길을 본대인 부르주아가 진군한 것"[4]이라는 지적도 일본 산업자본가와 대륙 침략과의 밀접한 연관성을 강조한 것이다.

만주사변 이후 만주국의 성립은 일본의 경제적 모순을 일거에 해결할 수 있는 기대와 가능성을 불러 일으켰다. 방직공업의 사례를 통해 살펴보자면, 관동군은 만주국에서 사창(방직공장)의 신설을 억제하고 이를 일본방직공업의 독점적인 수출시장으로 규정하였다. 그러나 동북시장의 확보는 반대로 중국에서 격렬한 일화배척운동을 촉발시켜 중국시장을 축소시켰다.[5] 이렇게 볼 때 만주사변으로 인해

『日本歷史硏究』第7輯, 1998.4 등이 있다.

4_江口圭一, 「滿洲事變と東アジア」, 『世界歷史』27, 1971, pp.235-236.

일본산업이 얻은 대가는 그다지 많지 않았다고 할 수 있다.[6]

만주사변 이후 중국정부 내부에서는 외교노선을 둘러싸고 구미파와 대일화해파가 대립하고 있었다. 전자의 그룹은 배일파라고도 불렸는데, 대표적인 인물로 재정부장 송자문을 비롯하여 외교부장 나문간, 외교부 차장 유숭걸, 주프랑스 공사 고유균, 주러시아 대사 안혜경, 입법원장 손과 및 왕정정, 왕총혜, 유문도劉文島, 제창년諸昌年, 오개성吳凱聲, 왕정장王廷璋 등을 들 수 있다.[7] 후자는 친일파로도 불렸으며, 여기에는 왕정위를 비롯하여 황부, 오진수吾震修, 이택일李擇一, 은여경殷汝耕, 원량袁良, 당유임唐有任, 진의陳儀, 양영태楊永泰, 장군張群, 한복거, 고종무 등이 있었다.[8]

만주사변의 발발로부터 1937년 노구교사변까지의 중일전쟁 직전기에 일본의 침략정책에 대응하여 중국정부 내부에서는 외교노선을 둘러싸고 구미파와 대일화해파가 첨예하게 대립하였다. 중국 일반의 배일적 분위기 속에서 중국정부 역시 배일의 기운을 정책의 입안에 반영할 수밖에 없었으며, 전시외교 역시 당연히 미국, 영국과의 협력

5_ 일본의 총수출에서 중국시장이 차지하는 비중은 공황 직전인 1928년에는 14퍼센트에 달하였으나 1932년에는 8퍼센트, 더욱이 관세 인상이 단행된 1933년에는 5퍼센트로 격감하였다. 大橋逸三, 「北支工作と日支綿業關係の編成替」上, 『大日本紡績聯合會月報』541號, 1937.9, p.31.

6_ "만주 침략을 통해 일본은 만주시장을 독점할 수 있었다. 그러나 한편 일화배척운동으로 말미암아 華中, 華南의 대시장을 상실하였다. 중국에 대한 일본의 수출은 화중, 화남지역으로의 수출로부터 만주지역로 대체되었을 뿐 총량은 증대되지 않았다." 原郎, 「'大東亞共榮圈'の經濟的實態」, 『土地制度史學』71號, 1976.4, p.15.

7_ 『中國年鑑』, 上海日報社, 1935, p.115

8_ 『中國現代史資料選輯』第4冊(1931-1937), 中國人民大學出版社, 1989, pp.79-86.

에 방점을 둔 외교정책을 구사하였다. 그리고 이러한 과정에서 자연히 송자문 등 구미파가 주도권을 행사할 수 있었던 것이다.[9]

그러나 만주사변 이후 송자문 등 구미파가 주도한 배일정책은 이후 원안대로 시행되지 못하고 재개정되거나 굴절되고 말았다. 이러한 과정에서 배일정책의 상징적 존재였던 송자문은 재정부장의 직을 사임하지 않을 수 없었다. 이로 인해 국민정부의 외교노선이 왕정위를 비롯한 대일화해파에게 주도권이 넘어가면서 수많은 경제정책의 배일성은 상당 부분 완화되었으며, 재계와 무역업 측에서도 일본과의 정상적인 무역 및 경제관계의 회복을 요구하였다.

본서는 만주사변의 발발로부터 1937년에 이르는 중일전쟁 직전기와 1937년 노구교사변으로 본격화된 중일전쟁이 종결되는 1945년까지 중국의 외교정책에 초점을 맞추어 동아시아 국제관계를 살펴보는 것이 주요한 내용이다. 대부분 필자가 지금까지 발표했던 논문 등 글들 가운데 중국의 전시외교 및 국제관계와 관련된 내용을 정리하여 단행본으로 엮은 것이다.

중일전쟁 직전기 국민정부의 외교노선을 두고 치열하게 경쟁했던 구미파와 대일화해파는 결국 노구교사변으로 일본의 침략이 본격화되면서 중일관계가 파국을 맞이하자 외교노선을 둘러싼 경쟁도 자연히 종식되고 말았다. 이후 중국정부의 외교노선은 당연히 미국 등 연합국과의 긴밀한 연대를 통해 항일전쟁을 수행하는 노선으로 나아

9_ 久保亨,「南京政府の關稅政策とその歷史的意義」,『土地制度史學』86號, 1980; 久保亨,「1930年代中國の關稅政策と資本家階級」,『社會經濟史學』 47卷 1號, 1981; 金志煥,「南京國民政府時期關稅改訂的性質與日本的對策」,『抗日戰爭硏究』2003年 3期 참조.

가지 않을 수 없었다. 이러한 과정에서 송자문 등 구미파는 전시외교를 통해 미국 등 구미 열강의 역량을 항일전쟁의 자산으로 적극 활용하고자 하였다. 반면, 왕정위 등 친일파는 친일정부를 수립하여 종래의 친일적 외교정책을 노골적으로 시행하였다.

노구교사변의 폭발은 8년에 걸친 일본의 중국 침략이 본격적으로 전개되는 신호탄이었으며, 다른 한편 중국관민이 항전에 나서는 출발점이기도 하였다. 중국관민의 불굴의 투쟁과 막대한 희생을 통한 대일항전은 미국을 비롯한 구미 열강으로 하여금 동방에서 일본의 세력팽창을 저지할 수 있는 안전판으로서 중국의 역할에 대한 기대를 불러 일으켰다.

이와 같은 객관적 조건을 바탕으로 중국정부는 적극적인 대미외교를 전개하였다. 중국은 미국의 정치, 경제, 군사적 역량과 자산을 대일항전의 과정에 적극 동원하려는 계획을 수립하였다. 이러한 전략에 기초하여 중국은 미국 측에 재정차관을 비롯하여 적극적인 대중원조 및 중미관계의 공고화에 대한 필요성을 끊임없이 설득하였다. 중일전쟁 시기에 국민정부의 대미외교에서 핵심적인 역할을 수행했던 인물이 바로 송자문이었다.

그러나 중일전쟁이 발발한 직후 국민정부의 이와 같은 노력에도 불구하고 미국은 중일 양국에 대해 중립적 태도와 정책으로 일관하였다. 일본의 중국 침략으로 국제정세 및 동아시아에서의 세력 판도에 변화가 발생했음에도 불구하고 미국은 적극적인 대응을 회피하고 현상의 유지에 급급하였다. 본서에서는 노구교사변으로 본격화된 일본의 침략전쟁에 대해 미국 등 열강의 대응과 외교정책의 구체적 내용, 정책 수립의 근거 및 원인을 규명해 보려 한다.

중일전쟁의 범주와 양상이 확전되는 과정 속에서 미국, 소련의 대응과 대외정책은 중국 전시외교의 핵심적인 과제였다. 따라서 본 연구에서는 중일전쟁에 대한 미소의 대응과 외교정책의 변화를 살펴보고, 이것이 초래한 중국 및 동아시아 국제질서의 변화를 살펴보려 한다. 특히 이러한 변화에 대응하여 중국 전시외교의 구체적 내용이 그것이 가지는 역사적 의의를 살펴보려 한다.

이와 같은 일련의 문제를 규명하기 위한 연구방법 가운데 하나로서 본 연구에서는 각국 외교정책의 입안과 변화의 근거를 경제사적 분석을 통해 규명해 보려 한다. 예를 들면 일본의 침략정책과 공황 이후 무역 및 시장경쟁의 문제, 미국 중립정책의 사회경제적 근거, 동남아지역의 전략자원과 미국 외교정책의 변화 등 국제관계 변화의 핵심적 근거를 경제적 요인에서 찾아보려 한다.

중일전쟁은 일본의 침략전쟁이자 중국을 비롯한 각국이 반파시스트전쟁에 공동전선을 형성하여 함께 투쟁한 항전의 역사이기도 하다. 따라서 동일한 사건에 대한 각국의 기록과 문건을 상호 비교함으로써 역사적 사건의 본질에 보다 가깝게 접근해 보고자 한다. 이를 위해 일본외무성사료관이나 중국당안관 등에 남아있는 정부문서를 비롯하여 외교관련 문건, 각국의 신문자료, 각종 단체의 정기간행물 등 관련사료를 가능한한 수집하여 활용하고자 한다.

중일전쟁 시기에 중국정부로서는 항전을 위한 물질적, 군사적 자원이 부족한 현실에서 미국 등 열강의 역량을 항전에 적극 동원하려는 외교정책을 추진하였다. 미국 등 연합국 측이 중국의 전시외교에 호응하여 재정차관을 비롯하여 중국을 적극 지원한 이유는 동아시아에서 반파시스트전쟁의 일원으로 일본의 침략을 저지할 수 있는 동맹국으로서 신뢰하였기 때문에 가능한 일이었다.

그런데 중국의 항전 승리는 중앙정부의 주도뿐 아니라 전 민족의 자발적인 대동단결이라는 국가적, 민족적 역량의 집결을 통해 비로소 가능했던 것이다. 중국정부의 전시외교가 소기의 성과를 달성한 것은 무엇보다도 수많은 민초들의 자발적인 참여와 희생을 통해 가능한 일이었다. 뿐만 아니라 대한민국임시정부 역시 중국과 함께 반파시스트전쟁에 동맹의 일원으로서 공동전선을 형성하였으며, 수많은 아시아 국가들 역시 항일전쟁에 속속 힘을 보태었다. 이와 같은 인식하에서 본서는 중일전쟁을 전후한 시기에 중국의 전시외교의 양상과 그 역사적 의의에 대해 살펴보고자 한다.

1

중일전쟁 직전기
배일운동과 중일관계

1931년의 만주사변 및 1932년의 상해사변, 그리고 만주국의 성립을 계기로 중국 전역에서는 광범위하고 격렬한 배일운동이 전개되었다. 이러한 과정에서 중국자본가들은 일화배척운동과 국화장려운동을 적극 지원함으로써 세계공황 이후 경기 침체로 적체된 판로를 회복하고자 진력하였다. 민간 부문의 배일운동은 곧 중국정부의 제반 정책에도 반영되었는데, 그 대표적인 정책이 바로 '원산국표기조례'와 '배일관세'의 실시였다.

여기에서는 만주사변 이후 1937년 노구교사변이 발발하기 직전까지의 중일관계를 둘러싼 양국 간 대립과 화해의 모색, 그리고 이러한 과정에서 나타난 중일관계의 변화를 살펴보고자 한다. 중일전쟁 직전기 국민정부의 외교노선과 경제정책의 변화를 중일 양국 간의 관계 속에서 파악하고, 그 상징적 사건인 중일경제제휴의 배경및 추진 과정도 살펴보려 한다. 국민정부는 어떠한 이유에서 만주사변 이후 강력히 추진하던 배일정책을 전환하였는지, 그리고 경제정책과 외교정책의 변화를 모색하게 된 근본적인 이유는 무엇인지 살펴보려 한다.

1) 만주사변과 중국의 일화배척운동

1930년대 초 세계공황의 여파가 동아시아 각국으로 파급되면서 중국공업은 구매력의 감소로 장기적 불황의 국면에 접어들었으며, 각 공장은 속속 조업단축에 돌입하였다. 더욱이 만주사변 이후 동북시장의 상실은 생산 제품의 판로를 축소시켜 결과적으로 공상업의 경

영을 위기 상황으로 몰아가고 있었다.[1]

만주사변의 발발과 만주국의 수립으로 말미암아 중국공업은 판매 총액의 4분의 1, 즉 25퍼센트에 상당하는 시장을 상실하고 말았다. 예를 들면, 1926년부터 1930년까지 5년간 동북 각 세관을 통해 만주로 유입된 면사의 총액은 매년 평균 1,288만 8,977해관량이었는데, 이 가운데 중국제품이 990만 6,183해관량으로 77퍼센트를 차지하였다. 면포의 수입액은 5,319만 9,255해관량이었는데, 이 가운데 중국제품이 1,385만 7,174해관량으로 약 26퍼센트를 차지하였다.[2] 따라서 만주사변이 중국경제에 가한 충격은 충분히 짐작할 수 있다.

이러한 결과 1932년 상해사변 이후 상해 소재 중국사창은 25.89주 동안 약 100만 추에 달하는 설비의 조업단축에 돌입하였다. 1933년이 되어서도 중국사창은 4월 22일부터 5월 21일까지 조업단축을 실시하기로 결정하고, 매주 토요일 및 일요일 심야작업을 중지하는 등 23퍼센트의 조업단축에 돌입하였다. 화상사창연합회의 6월 말 조사에 따르면 조업을 완전히 중지한 것이 12개 사창으로 총 426,688추 규모에 달했으며, 심야작업을 중지한 것이 4개 사창, 97,288추로서 전국의 조업단축률은 23퍼센트에 달하였다.[3]

이러한 가운데 만주사변으로 본격화된 일본의 중국 침략에 대한 대응책으로 중국에서는 일화배척운동과 경제절교운동이 광범위하게

1_ 예를 들면, 만주사변으로 말미암아 중국방직공업은 면제품 판매시장의 20-25 퍼센트를 상실하였다. Leonard G. Ting, *Recent Developments in China's Cotton Industry*, China Institute of Pacific Relations, 1936, p.5.

2_ 嚴中平, 『中國棉紡織史稿』, 科學出版社, 1957, pp.211-212.

3_ 嚴中平, 『中國棉業之發展』, 商務印書館, 1943.9, p.193.

전개되었다. 운동의 배후에는 공황 이래 조업단축의 곤경에 빠져있던 공상자본가들의 적극적인 지원이 있었다. 실제로 중국 측의 기록을 살펴보면, 일화배척운동은 공황 이래 조업단축으로 어려움에 처해있던 중국공업의 경영에 적지 않은 도움을 주었다.

이러한 사실은 "만주사변 이후 중국공업은 동북시장을 상실하고 말았다. 그러나 국민들의 애국적인 일화배척운동이 확산됨으로 말미암아 전국에 걸쳐 적체된 일본제품은 모두 7,000만 량에 달하였으며, 중국공업의 판로는 그만큼 확장되었다"[4]라는 중국국민정부 실업부의 기록에서도 잘 살펴볼 수 있다.

1931년 9월 22일 상해시상회에서 상계, 공회, 농회, 시민연합회, 국화유지회 등 80여 단체 대표 100여 명이 모여 일화배척운동을 실행하기 위한 구체적인 방안을 논의하였다. 회의 결과 각 단체가 공동으로 항일구국회를 조직하기로 합의하고, 대일경제절교운동을 실행하기 위한 구체적인 방안을 다음과 같이 결정하였다.

회의에서는 첫째, 항일회가 허가한 품목 이외에 일본상품의 거래와 운송, 판매를 금지하며, 둘째, 일주일 이내에 일체의 일본상품을 항일구국회의 창고로 이송하며, 셋째, 상인은 일본상인으로부터 원료를 구입하지 않으며, 넷째, 노동자는 일본공장에 취업하지 않으며, 중국공장이 고용한 일본인은 해고한다는 원칙을 정하였다.[5]

항일구국회는 일화배척운동을 철저히 실행하기 위해 위반 시의 벌칙을 마련해 두었다. 즉, 위반자의 경우 조사를 거쳐 처벌하며, 중죄

4_ 實業部工司, 『實業部工業施政槪況』, 1934.1, p.1.

5_ 菊池貴晴, 『中國民族運動の基本構造』, 汲古書院, 1974, pp.385-386.

로 판명될 경우 총살에 처하도록 하였다. 이와 함께 일본상품을 거래한 자에 대해서는 해당 상품을 몰수할 뿐만 아니라, 매국노로 널리 이름을 공표하도록 하였다.[6]

실제로 1932년 8월 1일에는 광동에서 일화검사원이 일본상품을 밀수입한 혐의로 총살에 처해졌으며, 같은 달 18일에 남경에서 항일회는 밀수 혐의로 체포된 사람에게 사형을 선고하였다.[7] 이러한 상황 속에서 일본상품을 공개적으로 유통시키는 일은 매우 어려웠다고 할 수 있다.

일화배척운동은 일본상품의 순조로운 수입을 저지하였으며, 결과적으로 중일 간의 무역을 대폭 축소시켰다. 이러한 상황에서 일본은 자사의 제품에 '영국제', 혹은 '독일제' 등의 상표를 부착하거나 중국 상표를 모조하여 중국으로의 상품 수출을 모색하고자 하였다.[8] 중국 언론은 이러한 상황을 다음과 같이 보도하였다. 즉, "시장에 가보면 명백한 일본제품인데 상표는 영국 런던제, 독일제, 이탈리아제의 상표가 붙어 있다. 명백한 일화日貨인데 개두환면改頭換面(내용은 그대로인 채 간판만 변경한다)하여 '태양' 상표를 붙여 중화패호라 하였다."[9] 뿐만 아니라 일본은 홍콩 등으로 제품을 운송한 이후 여기에서 다시 상표를 바꾸어 일본산이 아닌 것처럼 위장하기도 하였다.[10]

6_ 菊池貴晴, 『中國民族運動の基本構造』, 汲古書院, 1974, pp.387.

7_ 「南京抗日會が日貨取扱者に死刑宣告」, 『金曜會パンフレット』82號, 1932.8, p.23.

8_ The China Weekly Review, 1932.6.11.

9_ 『申報』, 1933.4.27.

10_ The China Weekly Review, 1933.3.11.

이에 항일회는 중국의 일반 소비자가 일본상품을 모르고 구입하지 않도록 하기 위한 목적에서 여러 차례에 걸쳐 일본상품과 상표를 전시하는 전람회를 개최하였다.[11] 상해시상회 역시 일본상품과 중국상품을 쉽게 감별할 수 있도록 하기 위한 방편으로 국화증명서를 발급하였다. 이러한 과정에서 중국상품의 경우 공장명과 자본액, 판매 상점명 등을 명기하여 신청한 이후 국화증명서를 발급받도록 규정을 마련하였다.

이와 함께 공장주는 중국상품의 견본을 제출하여 항일회의 상품진열소에 전시하도록 하였다. 국화증명서를 발급할 시에는 회원의 경우 1매당 2원, 비회원은 10원을 수속비로 납부하도록 하였다.[12] 위의 규정을 위반할 경우 조사를 거쳐 규정 위반으로 판명될 경우 엄중히 처벌하고, 중죄자의 경우 매국노로 규정하여 총살하기로 결정하였다.[13]

더욱이 항일구국회는 일화배척운동을 철저히 전개하여 중국공업의 판로를 확대하기 위한 방안의 일환으로서, 수입품에 대한 원산국명의 표기를 법률로 정하도록 정부에 건의하였다. 이들은 건의문에서 "근래 국화제창운동을 전개한 결과 국화의 사용이 점차 증가하게 되자, 수입품이 국화를 모조하여 국적을 거짓으로 표기하거나 중화 등을 공장명으로 하거나 중국의 지명 등을 상품명으로 하는 일마저 발생하고 있다. 심지어 상품명을 '국화'로 하는 경우마저 있

11_ *The China Weekly Review*, 1932.6.11.

12_『東洋貿易時報』7卷 43號, 1931.10, p.972.

13_『東洋貿易時報』7卷 43號, 1931.10, p.387.

다. 미국, 영국 등 구미 제국은 원산국 표기를 법률로 정해둠으로써 소비자로 하여금 자국과 타국의 제품을 구별할 수 있도록 하고 있는데, 중국의 해관은 수입품의 원산국 증명을 시행하고 있지 않은 까닭에 일본상품이 홍콩을 경유하여 수입되면 홍콩상품으로 둔갑하고 만다"[14]라고 법령 발의의 취지를 설명하였다. 이로부터 이들이 원산국 표기를 입법 청원한 조치는 명백히 일본을 겨냥하고 있었음을 알 수 있다.

2) 수입화물 원산국표기조례와 배일정책

중국국민정부 실업부 국제무역국 국장인 곽병문은 1932년 7월 29일 재정부에 전문을 보내 수입품에 원산국의 명칭을 표기하도록 법령으로 정하고, 이를 어길 경우 중과세하거나 수입을 금지하도록 건의하였다.[15] 재정부는 이와 같은 건의안에 원칙적으로 찬성을 표명하고, 이를 정책적으로 수용하겠다는 뜻을 회답하였다.[16]

원산국표기조례가 명확하게 일본을 겨냥하고 있다는 사실은 상해총상회가 원산국표기조례의 시행에 대해 표명한 다음과 같은 의견으로부터 잘 알 수 있다.

"상해총상회는 일본제품이 수입되어 판매될 때 외국이나 중국의

14_「規定國貨共同標記建議」, 『紡織時報』905, 1932.7, p.1651.

15_ 『紡織時報』909号, 1932.8, p.1683; 『東洋貿易時報』8-32, 1932.8, p.766.

16_『東洋貿易時報』8-39, 1932.9, p.932.

상표로 바꾸어 다는 것에 다대한 주의를 기울이고 있다. 상표 위조는 불법행위이기 때문에, 상해총상회로서는 중국제조업자의 이해를 보호하는 차원에서 이를 적발해 내는 것이 합당한 의무라 생각된다."[17]

이와 함께 상해시상회는 '일화감별법'을 일반에 널리 배포하여, 다음과 같은 내용을 구체적으로 설명하였다.

> 일본상품을 감별하는 방법은 구입 시에 상표를 확인하여 만일 일문으로 표기되어 있다면 의심할 바 없이 일본제품이다. 만약 상표가 영문으로 되어있을 경우 Made in Japan, 혹은 Made in Tokyo東京, Osaka大阪, Nagoya名古屋, Kobe神戸, Yokohama橫濱 등으로 표기되어 있다면 틀림없이 일본제품이다.[18]

실업부 국제무역국도 '수입화물 원산국표기조례'를 실시하는 목적에 대하여 "관세 인상과 마찬가지로 원산국 표기도 외화를 배척하기 위한 유효한 수단이다. 소비자로 하여금 중국제품과 외국제품을 일목요연하게 구별할 수 있도록 함으로써 본국의 산업을 보호하고 국화제창운동을 고취하는 유력한 방법이 될 수 있다"[19]고 설명하였다.

마침내 중국정부는 입법원의 심의를 거쳐 1932년 12월 16일에 '수입화물 원산국표기조례'를 공포하고, 공포일로부터 6개월 후인 1933년 6월 16일부터 시행한다고 고시하였다.[20] 조례의 규정에 의하면,

---

17_『上海每日新聞』, 1932.8.28.

18_ 上海市商會, 『對日經濟絶交須知』, 1933, pp.12-13.

19_ 實業部國際貿易局, 「商品原産國標記問題」, 『工商半月刊』6-7, 1934.4, p.4.

수입품의 경우 예외 없이 중국문자를 사용하여 선명하게 원산국명을 표기하도록 하였다.

이후 국민정부는 2개월의 유예기간을 더 두기로 결정하였으며, 이에 따라 상해해관은 1933년 2월 8일부로 해관고시 제1273호를 공포하여 '수입화물 원산국표기조례'를 1933년 8월 1일부터 실시할 것임을 고시하였다. 해관고시는 상해해관 감독 당해안唐海安과 상해해관 세무사 로포드L. H. Lawford의 명의로 발의되었다.[21]

국민정부 행정원은 1933년 1월 14일에 전국 관청 앞으로 수입상품에 원산국명을 명기하도록 하는 방안을 더욱 구체적으로 지시하였다.

① 수입품 및 용기, 포장의 식별이 용이한 위치에 중국문자로 명확하게 원산국명을 표기한다.

② 원산국명을 표기하지 않은 상품은 수입을 금지한다.

③ 수입품에 원산국명의 표기가 애매한 경우 세관에서 이를 몰수하여 다시 표기한다. 이 경우 국명 뒤에 '제製'자를 붙인다."[22]

국민정부는 공식적으로 상해총세무사서를 통해 상해 일본상무참사관 앞으로 '수입화물 원산국표기조례'를 시행하기 위한 구체적 방법을 전달하였다. 특히 일본의 최대 수출품인 면직물에 대해서는 "직물의 귀퉁이에 표기해야 할 문자를 새겨 넣거나 스탬프로 인쇄한다. 혹은 원산국명을 기입한 상표를 직물 끝에 단단히 붙인다. 상품뿐 아니라 포장과 상자, 용기에도 이를 기입한다"[23]는 내용을 전달

20_『上海每日新聞』, 1932.12.10.

21_『上海日本商工會議所年報』16(1933年度), 1934.5, pp.88-89.

22_『紡織時報』955, 1933.1, p.2095.

하였다.

그런데, 당시 중국의 원산국표기조례에 대해 일본뿐만 아니라 미국과 영국도 강하게 반발하고 있었다. 미국, 영국은 원산국명을 포장에는 물론 내용 상품에도 일일이 중문으로 표기하는 규정에 대해 이의를 제기하면서, "이러한 방법으로 표기할 수 있는 상품이 한정되어 있을 뿐 아니라, 당초 중국으로 수출이 예정된 상품의 판로가 변경될 경우 표기를 바꾸는 데 상당한 비용이 소요될 것이다. 더욱이 이를 위한 해관의 검사는 순조로운 무역에 지장을 초래할 것"[24]이라고 항의하였다.

4월 6일에 개최된 총회에서 영국상업회의소는 국민정부에 1년간 조례의 시행을 연기해 줄 것과 원산국명을 영문으로 표기할 수 있도록 요청하기로 의결하였다.[25] 미국상업회의소도 3월 27일 긴급이사회를 개최하고, 원산국표기조례를 즉시 폐지하도록 촉구하는 내용의 성명을 발표하였다.[26] 그러나 뒤이어 3월 29일에 재차 회의를 개최하여 완전 폐지에서 한발 물러나, 2년 후부터 실시하도록 하고 '중문, 혹은 원산국문자'로 표기하도록 수정을 요구하기로 의결하였다.[27] 더욱이 프랑스는 "이 조례안을 실시할 경우 원산국의 제조업자에게

23_ 「中華民國時事要覽」, 『支那時報』8-1, 1933.1, p.101.

24_ 「中華民國時事要覽」, 『支那時報』8-1, 1933.1, p.105.

25_ 「原産國標記條例の修改運動各方面に熾烈」, 『金曜会パンフレット』94, 1933.3, p.16.

26_ 『上海毎日新聞』, 1933.3.28.

27_ 「中華民國時事要覽」, 『支那時報』8-1, 1933.1, p.105; 「原産國標記條例の修改運動各方面に熾烈」, 『金曜会パンフレット』94, 1933.3, p.16.

곤란을 주고 수입업자 및 중국소비자에게 혼란을 주어 유통의 적체를 초래할 뿐 아니라, 중국정부의 세입을 감소시키게 될 것"[28]이라며 완전한 반대의 의사를 표명하였다.

3월 31일 상해 일본영사관의 호리우치 다데키堀內干城 서기관은 중국 측이 전달한 '수입화물 원산국표기조례'의 구체적인 방안을 자국 외무성에 전달하였다. 이에 4월 22일 일본외무성은 통상국의 명의로 호리우치 서기관에게 미국, 영국 등의 대처 방안을 적극 참조하여 대책을 마련하도록 지시하였다.[29] 상해의 일본상공인들로 구성된 상공연합회 역시 1933년 3월 원산국표기조례에 대한 대책을 강구하기 시작하여, 4월 20일 원산국표기조례를 즉시 철폐하도록 요구하였다.[30]

일본은 이러한 영국, 미국 등의 요구를 참조하여 국민정부에 "실시 시기를 1934년 8월 1일로 연기하고, 표기 문자를 중국해관의 공용어인 영문으로 할 것"[31]을 수정안으로 제출하였다. 이러한 가운데 국민정부는 원산국표기조례의 실시를 다음 해 연초까지 연기하기로 결정하였는데, 이는 미국과 영국의 항의를 고려한 결과였다.[32] 이에 따라 상해해관은 해관고시 1291호를 통해 "수입화물 원산국표기조례는

28_ 『大阪每日新聞』, 1933.7.13.; 「原産國標記條例の修改運動各方面に熾烈」, 『金曜会パンフレット』94, 1933.3, p.17.

29_ 「支那輸入品の原産國標記條例に關する件」, 『經濟月報』5卷 4号, 1933.4, pp.100-104.

30_ 『上海每日新聞』, 1932.3.13. 및 1932.4.21.

31_ 「原産國標記條例の修改運動各方面に熾烈」, 『金曜会パンフレット』94, 1933.3, p.17.

32_ 中國第二歷史檔案館, 全宗号:2-942, 財政部1933年度工作報告.

1933년 8월 1일부터 실시하기로 고시하였으나, 정부의 명령에 의거하여 1934년 1월 1일까지 연기한다"[33]-고 공포하였다.

국민정부는 5월 19일에 개최된 입법원 제3기 제18차 회의에서 재차 이 문제를 협의하였다.[34]- 이 회의에서 외교부, 재정부, 실업부 등 각 부처가 참석하여 협의한 결과 "특히 구미 각국의 요청을 감안하여 중문 표기에 관한 조례를 일부 수정하여 원산국문자로 표기할 수 있도록"[35]- 합의하였다. 국민정부는 6월 15일 해관고시 제1306호를 통해 "수입화물에 원산국명을 중문으로 표기하도록 하는 규정을 공포한 바 있으나, 만약 중문 표기가 곤란할 경우에는 중문 대신에 원산국문자를 사용해도 무방하다"[36]-고 고시하였다. 이러한 수정은 일본 외무성이 요구해 온 내용과는 차이가 있었다.

국민정부의 발표에 대해 상해의 일본상업회의소는 6월 15일 국민정부에 "이번의 조례 수정은 사실상 미국, 영국 두 나라의 항의를 수용한 것으로 볼 수 있다. 그러나 일본으로서는 중국해관이 공문 용어로 영문을 사용하고 있으며 각종 고시에서도 중문, 영문 양국어를 병용하고 있기 때문에 영문의 사용을 주장했던 것이다. 원산국문자를 사용하게 되면 우리는 무역에서 많은 어려움을 감수해야할 뿐만 아니라, 전국적으로 만연한 일화배척운동으로 말미암아 어려움을 피할 수 없다"[37]-고 항의하였다.

33_『上海日本商工會議所年報』16(1933年度), 1934.5, p.95.

34_『上海日日新聞』, 1933.5.21.

35_中國第二歷史檔案館, 全宗号:2-942, 財政部1933年度工作報告.

36_『上海日本商工會議所年報』16(1933年度), 1934.5, p.104.

37_『大阪每日新聞』, 1933.7.13.

일본의 히다카日高 남경총영사는 원산국문자로 표기하도록 하는 조례가 특정 국가의 외화 배척 수단으로 악용될 우려가 있다고 중국 정부에 항의를 제출하는 동시에, 중문을 영문으로 대용해 주도록 요청하였다.[38] 7월 18일 일본상업회의소는 중국 측에 표기 문자를 영문으로 통일해 주도록 요청하였으나 역시 받아들여지지 않았다.[39]

일본은 영문 표기의 요청이 받아들여지지 않자 이번에는 원산국표기조례의 실행 자체를 무효화하기 위한 공작에 착수하였다. 10월 8일 일본은 상해의 일본상무참사관과 일본상업회의소와의 연명으로 일본의 견해를 만국상공회의소와 각국 영사관 및 상무관들에게 전달하였다. 여기에서 일본은 원산국표기조례가 폐지되어야 할 당위성을 역설하면서 영국, 미국을 비롯한 각국에 공동으로 대처할 것을 다음과 같이 제안하였다.

> 상품 하나 하나에 원산국명을 표기한다면 생산 과정이 번잡하게 되어 생산 비용이 상승하게 될 것이다. 이는 제품의 가격 상승을 초래하여 결국 중국소비자의 부담을 가중시킬 뿐만 아니라 상품의 미관을 해칠 우려도 있으며, 나아가 국제적인 유통을 저해할 것이 분명하다.[40]

국민정부의 원산국표기조례는 만주사변 이후 격렬한 일화배척운동의 와중에서 일본제품을 공개적으로 유통할 경우 총살이 선고되는

38_『時事新報』, 1933.6.19.

39_『大阪朝日新聞』, 1933.7.19.

40_『支那』24-11, 1933.11, p.126.

상황하에서 공포된 것이다. 앞서 살펴본 바와 마찬가지로 국민정부의 이러한 정책은 명백히 일본을 겨냥하고 있었으며, 일본 역시 중국 정부의 의도를 간파하고 있었다. 따라서 불매의 대상으로 쉽게 식별될 수 있는 중국문자나 일본문자로 표기하는 방식을 회피하고 영문으로 표기할 수 있도록 요청했던 것이다.

중국의 언론은 정부가 일본의 요청을 받아들이지 않은 이유는 당초 원산국표기조례가 일본을 겨냥했기 때문이라고 다음과 같이 보도하였다. 즉, "미국산이나 유럽산이라는 위조 상표가 부착된 일본상품이 중국시장에 범람하고 있다. 중국은 이러한 위조를 방지하기 위해 최근 상품과 포장 모두에 중국문자로 원산지를 표기하도록 하는 법령을 추진하고 있다."[41] "중국정부는 원산국 표기에 대한 일본외무성의 요구를 수용하지 않고 결국 6월 15일부로 원산국 표기 문자는 중국문자, 혹은 원산국문자를 사용하도록 하였다. 이러한 조치는 일화배척을 관철하려는 의도이다."[42]

중국정부가 원산국표기조례에 대한 영국, 미국의 항의를 수용했던 이유는 사실상 조례의 입법취지가 일본제품을 억제하기 위한 목적에 있었기 때문이다. 따라서 중국은 일본이 요청한 영문 표기를 수용하지 않았던 것이다. 원산국표기조례가 중국의 의도대로 시행될 경우 일본의 대중무역은 엄중한 타격을 받을 것이 명백하였다.

41_ *The China Weekly Review*, 1933.4.8.
42_ 『大阪時事新報』, 1933.6.18.

3) 관세개정과 배일관세의 설정

수입관세의 인상은 수입품에 대한 중국산업의 경쟁력을 제고할 수 있는 유력한 방법의 하나이다. 일차대전 이후 중국공상업계는 지속적으로 관세개정을 통한 공상업의 보호를 요청해 왔다. 마침내 중국 정부는 1933년 5월 22일 '개정중화민국수입세율표'를 발표하여 관세개정을 단행하고, 당일부터 즉시 시행할 것을 공포하였다. 신세율에서는 규정품목이 종래 647개에서 672개로 증가되었으며, 최대의 수입 품목인 면제품, 특히 가공면포에 대해서는 인상률이 가장 높아 무려 50-90퍼센트에 달하였다.[43]

1933년도 중국의 관세개정은 사실상 일본의 수출품을 겨냥한 것이었다. 중국수입품 가운데 최대의 항목은 면제품이었으며, 중국으로 수출하는 일본의 상품 가운데 최대의 항목이 바로 면제품이었다.[44] 중국이 수입하는 면포가 대부분 일본제품이었기 때문에 일본방직업계는 중국의 관세 인상에 크게 반발하였다. 일본의 공상업 및 수출입 관계자들은 중국의 관세 인상에 공식적으로 반대의 뜻을 표시하고, "중국 측은 독단적으로 이를 폐지할 수 있는 권리를 가지고 있지 않으며, 반드시 쌍방이 협의해야 한다"[45]는 입장을 천명하였다.

중국 측의 관세 인상이 일본을 겨냥한 조치였다는 사실은 재정부

43_ 生地綿布는 57.9퍼센트, 晒綿布는 54.4퍼센트, 捺染綿布는 94.4퍼센트의 인상률이 적용되었다. 각 면포의 관세 인상폭과 인상률의 구체적인 수치는 『紡織時報』1004, 1933.7, pp.2491-2498 참조.

44_ 『時事新報』, 1933.1.12.

45_ 『申報』, 1933.5.5.

장 송자문이 미국 측에 "5월 16일 관세협정 만기일이 되면 중국은 몇몇 수입품의 관세를 인상할 것이지만, 인상의 대상 품목은 주로 면제품, 고무, 해산물 등 일본의 수출품에 한정될 것"[46]이라고 설득하며, 미국의 이해를 구한 사실로부터도 확인할 수 있다.

1933년도 관세개정은 송자문의 주도하에 결정된 것이며, 그 배후에는 강한 배일의식이 자리하고 있었다. 1933년 초 송자문은 기자간담회 석상에서 만기가 되는 관세율을 반드시 개정할 방침임을 천명하였다.[47] 입법원장 손과 역시 중일관계의 악화로 인해 호혜관세협정을 더 이상 지속하기 어려우며, 따라서 현행의 관세는 만기가 도래할 시 즉시 무효화할 방침임을 내외에 공포하였다.[48]

관세개정 직전에 송자문은 주프랑스 공사 고유균, 주소련 대사 안혜경, 주영국공사 곽태기와 함께 중국대표 자격으로 세계경제회의에 참석하였다. 회의가 개최되는 기간 동안 송자문은 이들 대표와 대외정책의 주지를 배일에 두며, 이에 기반하여 경제정책에서도 배일적 정책을 시행하기로 다음과 같이 합의하였다.

① 일본상품의 수입 저지를 지속적으로 강화해 나간다.
② 우호 친선관계를 유지하고 있는 국가로부터의 수입으로 전환해 나간다.
③ 공업을 발전시켜 장기적으로 일본상품을 대체해 나간다.[49]

46_『美國對外關係文件』(Foreign Relations of United States, Diplomatic Papers)第一卷, 美國政府出版署(中國本), 1933, p.521.

47_『紡織時報』963, 1933.2, p.2155.

48_『紡織時報』964, 1933.2, p.2163.

49_社會科學院近代史研究所, 『顧維鈞回顧錄』2, 中華書局, 1985, p.249.

관세 인상 품목의 주요한 대상국인 일본으로서는 당연히 이에 반발할 수밖에 없었다. 일본은 중국의 관세개정을 "대일 경제 저항이자 미국에 영합하는 행위"[50]로 규정하였다. 일본방적연합회는 오사카면포상동맹회 및 수출면사포동업회 등과 연명으로 일본의 수상, 외상, 상상 앞으로 진정서를 발송하여, 중국의 관세개정을 일본공업의 사활문제로 규정하고 이를 저지해 주도록 청원하였다.[51]

일본외무성은 아주국, 통상국으로 하여금 중국의 관세개정에 대한 대책을 마련하도록 지시하는 한편, 5월 31일 아리요시 아키라 주중 일본공사를 통해 국민정부에 즉각적인 관세의 인하를 주요한 내용으로 하는 항의서한을 다음과 같이 전달하였다.

① 중국의 관세개정이 관세자주권에 기반을 둔 조치라 하더라도, 사전에 관계국에 일체의 예고도 없이 공포일부터 즉시 실시하는 것은 국제관례 및 국제도의를 무시한 부당한 처사이다.

② 관세개정으로 말미암아 일본으로부터 수입되는 상품에 대해서는 최고 70퍼센트의 인상률이 적용된다. 이러한 고율 관세의 적용은 중일 양국 무역의 근저를 파괴할 것이다.

③ 금번 관세개정이 재정난을 구제하고 국고 수입의 증가를 도모하기 위한 목적이라고 중국정부가 주장하지만, 이와 같은 대폭적인 관세 인상은 수입을 봉쇄하여 도리어 국고 수입을 감소시키는 결과를 초래할 것이 명백하다.

④ 이러한 사실에 비추어 중국정부에 개정된 세율을 재차 인하해

50_『朝日新聞』, 1933.5.23.
51_「支那關稅に關する陳情書」, 『大日本紡績連合會月報』489, 1933.5, pp.8-9.

주도록 요구한다.[52]

그러나 일본 측의 항의에 대해 중국정부는 즉시 "중일관세협정은 이미 5월 16일 만기가 되며, 중국이 관세자주권을 보유하고 있는 상황에서 일본이 이 문제에 간섭할 하등의 이유가 없다. 더욱이 금번 관세의 세율은 일본제품과 기타 외국제품에 일률적으로 적용되기 때문에 일본의 항의는 근거가 없다"[53]고 발표하였다. 중국정부 재정부 관무서는 6월 4일 세율을 변경할 의사가 없음을 거듭 천명하였다.

4) 인도의 일인통상조약 파기와 배일관세

1930년대 초 세계공황의 여파가 파급되면서 영국을 비롯한 각국은 기존의 시장을 독점적으로 확보하기 위해 경제블럭과 보호관세 장벽을 한층 높여 나갔다. 인도는 전통적으로 식민지 본국 영국의 주요한 수출시장이었을 뿐만 아니라 일본자본주의가 성장하는 과정에서 불가결한 중요한 수출시장이기도 하였다.

인도는 중국과 더불어 일본의 산업 발전 과정에서 불가결한 양대 수출시장이었다. 그러나 만주사변 이후 중국에서 전개된 일화배척운동으로 말미암아 수출시장으로서 중국이 갖는 절대적 의미가 감소하자, 상대적으로 인도시장에 대한 일본의 기대와 비중이 높아질 수밖

52_ 日本商工會議所,「支那の關稅引上に就いて」,『經濟月報』5卷 6號, 1933.6, p.46.

53_『朝日新聞』, 1933.6.2.

에 없었다.

그러나 일차대전 이후 인도에 대한 일본의 수출이 급증하면서 인도에서는 관세개정에 대한 요구가 비등하였다. 일찍이 1925년 12월 캘커타에서 개최된 상업회의소 회의석상에서 뭄바이방적연합회는 일본의 부정경쟁에 대항하기 위해 '덤핑방지법'을 제정해 주도록 인도정부에 청원하였다. 다음 해 2월 델리에서 개최된 제1회 인도상공인대회에서 뭄바이상업회의소는 일본의 저임금과 운수 보조를 통해 조장된 부정경쟁에 대항하기 위해서는 수입관세의 인상이 유일한 방법이며, 이를 위한 선행조치로서 일인통상조약을 파기해야 한다고 주장하였다.[54]

1931년 인도정부는 관세위원회를 설치하고 산업을 보호하기 위한 방안을 강구하도록 지시하였다. 이에 관세위원회는 6월 6일부터 뭄바이에서 심의를 개시하였으며, 인도공상업의 거래 내역과 금융, 경영, 생산현황 등에 관한 질문서를 작성하여 각 방면으로 발송하였다. 이러한 과정에서 다수의 공상업 관련 단체들은 수입세율을 인상해야 한다는 주장에 의견이 모아졌다.

마침내 인도정부는 1933년 4월 11일 일인통상조약의 파기를 선언하는 동시에, 인도산업보호안을 의회에 상정하여 통과시켰다. 인도산업보호안에 의하면, 1933년 6월 7일 이후 일본면포에는 75퍼센트의 높은 관세율이 적용되었다.[55]

54_『大日本紡績連合會月報』488, 1933.4, p.11.
55_「日印通商條約廢棄問題參考資料」, 『大日本紡績連合會月報』489, 1933.5, pp.13-18.

일본과 인도 간의 무역 내역을 살펴보면, 인도가 일본에 수출하는 제품은 대부분이 원료품목으로서, 완제품은 총액의 2.2퍼센트에 불과하였다. 더욱이 원료 가운데 85퍼센트가 면화였다.[56] 반면, 일본이 인도에 수출하는 제품은 대부분 완제품으로서, 이 가운데 64퍼센트 정도가 섬유제품이었다. 이로부터 인도의 원료면화와 면화로 가공된 일본의 섬유제품의 수출입이 일인 간 무역의 근간을 이루고 있음을 알 수 있다.

일본은 인도의 일인통상조약 파기와 일본수출품에 대한 고율의 관세 부과를 엄중한 조치로 인식하고 있었다. 특히 세계시장에서 일본과 경쟁적 입장에 있던 영국자본가의 입장이 관철된 것으로 받아들였다. 무엇보다도 1933년 3월 27일 일본이 국제연맹의 탈퇴를 선언하고 얼마 지나지 않은 시점인 4월 11일에 인도가 일인통상조약의 파기를 선언하였기 때문에, 일본정부로서는 이를 '만주사변에 대한 영국의 대일 제재'의 일환으로 의심하지 않을 수 없었다.[57]

면화를 원료로 면제품을 생산하는 일본방적연합회는 4월 12일 대책회의를 개최하고, 일본외무성 앞으로 강경한 대응책을 촉구하는 진정서를 전달하였다.[58] 뒤이어 4월 18일 일본방적연합회는 도쿄 소재의 일본공업구락부에서 대책회의를 개최하였다. 이들은 회의에서 일본정부의 합리적 해결방안이 제시될 경우 호응하여 따르겠지만, 만일 영국과 인도정부의 태도에 변함이 없다면 단호히 최후의 유일

56_ 松成義衛, 『日印貿易ノ特質』, 東亞研究所, 1939, pp.80-81.

57_ 石井修, 「日印會商1933-34年」, 『アジア經濟』, アジア經濟研究所, 1980.3, p.61.

58_ 『綿業時報』1-2, 1933.5, p.99.

한 수단을 행사할 수밖에 없다는 뜻도 표명하였다.

일본공상업자들의 요청에도 불구하고 1935년 10월에 개최된 일본의 수상, 외상, 장상, 육상, 해상의 오상회의는 만주사변 이후 국제적 고립 상황을 타개하는 것이 외교의 관건이라는 데 합의하였다. 이에 기반하여 일본정부는 국제관계를 평화적으로 유지한다는 방침에 근거하여 일인 간의 무역분쟁을 외교적인 해결책을 통해 해소해 나가기로 결정하였다.[59]

이에 일본방적연합회와 공상업자들은 자신들의 강경한 요구가 반영되지 못하자 6월 8일 일본면업구락부에서 특별위원회를 개최하고, 인도의 조치에 대응하여 인도면화의 불매를 단행하기로 의결하였다.[60] 1933년 6월 12일 일본방적연합회는 다시 회의를 개최하고, 다음 날부터 즉시 인도면화의 신규 매입을 중지하기로 결정하였다.[61]

일본방직업계가 인도의 일인통상조약 파기와 관세 인상에 대응하여 인도면화의 불매를 결의한 것은 스스로의 희생을 전제로 한 것이었다. 면화는 면제품을 생산하기 위한 불가결한 원료로서, 저렴한 인도면화의 수입을 금지할 경우 상대적으로 고가인 미국면화 등 기타면화를 사용하지 않으면 안된다. 영국의 『데일리 메일』은 "인도면화 불매로 어느 나라의 고통이 더욱 크겠는가"[62] 라고 냉소적인 기사를 전재하였다. 즉 인도면화에 대한 일본의 의존도를 생각할 때, 인도면

59_ 日本外務省編, 『日本外交年表竝主要文書』下, 1966.1, pp.275-277.

60_ 『綿業時報』1-4, 1933.7, p.153.

61_ 「日棉買入停止に關する聯合協議會」, 『大日本紡績連合會月報』489, 1933.5, p.2.

62_ 山本顧彌太, 「日印問題の對策に就て」, 『綿業時報』1-24, 1933.5, p.15.

화의 불매로 말미암아 인도 측보다도 오히려 일본 측의 고통이 더욱
클 것임을 빗댄 말이다.

이러한 이유에서 일본방직업계는 인도면화의 대용면화로서 저렴
한 중국면화의 사용을 적극 검토하였으며, 실제로 상당량의 중국면
화가 수입되기도 하였다.[63] 더욱이 일본방직업계는 인도면화의 불매
를 계기로 중국정부가 미국으로부터 현물차관으로 들여 올 예정인
면맥차관의 현물면화에 주목하고 있었다.[64]

5) 면맥차관의 도입과 일본의 대응

1930년대 초 중국의 경제 건설과 관련하여 국민정부 내에는 크게
두 노선이 대립하고 있었다. 송자문을 비롯한 구미파는 영, 미와의
협조를 통해 경제 건설을 추진할 것을 주장하였으며, 왕정위를 비롯
한 대일화해파, 친일파는 대일화해의 외교정책을 주장하였다. 이러한
과정에서 면맥차관의 도입과 중국의 경제 건설에서 주도적인 역할을
한 인물이 바로 재정부장 송자문이었다.

중국정부의 차관 도입이나 경제 건설이 궁극적으로 대일 항전능력
을 확보하기 위한 것이라고 한다면, 이를 위한 협조의 대상국은 당연
히 미국이나 영국일 수밖에 없었다. 이러한 국민정부의 의도는 그대
로 제반 정책에도 반영되었으며, 대표적인 정책이 앞서 언급한 배일

63_『上海日日新聞』, 1933.8.25.
64_ 金志煥,「棉麥借款과 在華紡」,『東洋史學硏究』58, 1997 참조.

관세의 실시와 미국, 영국과의 협조정책이었다. 이는 침략국 일본에 대한 묵시적인 국민적 합의라고 할 수 있는 일화배척운동과 경제절교운동의 정책적 반영이기도 하였다.

중국정부는 미국으로부터 정부 수립 이후 최대 규모의 차관인 면맥차관을 도입하여 대일항전의 역량을 강화하고 경제 건설의 자금으로 사용하고자 하였으며, 이를 추진한 주체가 바로 구미파인 재정부장 송자문이었다. 송자문은 경제고문인 영Arthur N. Young을 비롯한 일행[65]과 함께 1933년 5월 6일 워싱턴에 도착하여 5월 8일부터 미국 측과 차관을 도입하기 위한 협상을 개시하였으며, 5월 29일 정식으로 면맥차관 협정에 서명하였다.[66]

면맥차관은 미화로 5,000만 달러, 중국화폐로 2억 원에 상당하는 면화와 밀의 현물차관이었다. 이 가운데 5분의 4인 4,000만 달러가 면화였으며, 나머지가 밀과 밀가루였다. 따라서 면맥차관의 중심적인 현물은 바로 면화로서, 4,000만 달러는 시가로 면화 60만 포의 현물에 해당되는 액수였다. 차관의 세부 조항에 따르면, 면화 60만 포를 매월 5만 포씩 운송하여 12개월 안에 인도를 종료하는 것으로 규정되어 있었다.[67] 따라서 면맥차관이 현물차관인 이상 산업자본가 측의 구매를 통해 비로소 현금화될 수 있었던 것이다.

그런데 면맥차관을 현금화하는 과정에서 관세개정, 수입화물 원산

65_ 영Young 이외에도 其淞蓀, 秦汾, 魏文彬, 黃純島, 蔡壽生 등이 송자문과 동행하였다. 『大公報』, 1933.4.19.

66_ 면맥차관의 상환기간 및 조건에 관한 상세한 내용은 鄭學稼, 『棉麥大借款』, 1933.7, pp.9-10 참조.

67_ 全國經濟委員會, 『全國經濟委員會會議紀要』第4輯, 1940, p.8.

국표기조례 등 일련의 중국공업 보호정책의 실현과 배일적 성격에 상당한 변화가 발생하였다. 이러한 이유는 차관을 현금화하는 과정에서 면화의 판매처로서 일본방직공업의 수요와 불가분의 관계를 가지고 있었기 때문이다.

중국방직업계의 대표적인 기간물인 『방직주간』은 1931년과 1932년도 중국의 면화 생산량이 연평균 725만 2,708담이며, 사창에서 소비되는 면화의 수량은 평균 891만 2,952담으로서 166만 244담의 차이가 있으며, 기타 수공업용으로 소비되는 수량을 포함할 경우 매년 적어도 300만 담 정도가 부족했다고 집계하였다.[68] 국민정부 통계국도 전국의 사창에서 연간 소비된 면화를 870만 6,090담으로 집계하여 비슷한 수치를 보여주고 있다.[69] 따라서 중국은 매년 300-400만 담 정도의 면화를 외국으로부터 수입하여 부족분을 보충하는 실정이라 할 수 있다.

면화는 대부분 미국으로부터 수입되었으며, 더욱이 중국 안에서 공장을 설립하여 경영하고 있던 일본사창에서 대부분 소비되었다. 송자문의 재정고문인 영young은 통상 수입면화의 60-70퍼센트가 재화 일본사창에서 소비되었다고 지적하였다.[70] 1934년도 중국재정부 통계에서도 연평균 면화의 수입은 약 70만 포로서, 이 가운데 약 80-90퍼센트가 일본사창에서 소비된 것으로 집계하였다.[71]

68_ 「五千萬美金借款購棉問題2」, 『紡織週刊』3卷 25期, 1933.6, p.786.

69_ 國民政府主計處統計局, 『中華民國統計提要』, 1936.5, p.599.

70_ Arthur N. Young, *China's National-Building Effort 1927-1937*, Stanford Univ, 1971, p.385.

71_ 米谷榮一, 『近世支那外國貿易史』, 生活社, 1939, p.239.

이러한 상황은 일본사창과 중국사창이 생산하는 면제품 내역의 차이와 생산에 필요한 면화의 품질 차이에 그 원인이 있었다. 즉 일본사창은 중국사창에 비해 고급품에 속하는 고번수 면사와 세포의 생산 비중이 높았으며, 이러한 제품의 원료로서는 단섬유에 속하는 저렴한 중국면화나 인도면화보다는 섬유장도가 길며 상대적으로 고가인 미국면화가 제품의 생산에 적합하였다. 따라서 미국면화에 대한 일본사창의 방대한 수요는 차관면화를 현금화하기 위한 객관적 조건이 되었다.

1933년 6월 5일 면맥차관이 체결되었다는 소식이 중국에 전해지자, 중국의 일반 여론은 차관면화가 대부분 재화 일본사창에서 소비될 것이며, 중국사창에서는 거의 소비되지 않을 것으로 예측하였다.[72] 상해의 일본신문도 "화상사창만으로 차관면화를 소화하기는 힘들며, 따라서 재화 일본사창에 의존하지 않으면 안된다"[73]는 의견을 피력하였다.

현재 일본외무성 등에 남아있는 문서를 살펴보면, 중국정부는 이미 재화 일본사창에 차관면화를 판매하기로 결정해 두고 있었으며, 더욱이 이러한 결정은 사실상 차관의 도입을 추진한 송자문의 당초 구상이기도 하였음을 알 수 있다. 송자문의 구상은 다음의 몇 가지 구체적 행위에서 그 단서를 얻을 수 있다.

72_ "1933년 6월 5일 면맥차관의 성립 소식이 중국에 전해졌다. 아직 상세한 내용과 방법이 전해지지 않았음에도 불구하고…들리는 바에 의하면 대부분 일본사창에서 소비될 것이고, 중국사창에서는 거의 소비되지 않을 것이라 하였다." 蔣迪先, 「民國二十二年棉業之回顧」, 『國際貿易導報』6卷 3號, 1934.3, p.455.
73_ 『上海日日新聞』, 1933.8.24.

중미 간 면맥차관이 성립된 직후에 차관면화의 판매회사로 유력시되던 일본자본 금성양행의 한 간부는 재화일본방적동업회의 총무이사인 후나즈 다츠이치로船津辰一郞를 방문하여 차관면화의 판매를 타진하였다. 그런데 금성양행의 고문은 바로 면맥차관의 체결을 담당했던 송자문의 재정고문인 영Young이었다.[74]

미국도 역시 면맥차관을 현금화할 수 있는 대상으로서 재화 일본 사창에 주목하고 있었던 것으로 보인다. 이것은 아마도 제품 생산라인의 객관적 상황, 그리고 송자문과의 묵시적인 교감을 통해 이루어진 것이 아닌가 생각된다. 8월 10일, 미국농무성의 상해주재원은 재화일본방적동업회의 후나즈 총무를 방문하여 "면맥차관의 현물면화 및 소맥에는 별다른 제한 규정이 없으며, 수입품의 판매는 자유로운 것으로 중국자본에만 한정하는 하등의 조항이 없음"[75]을 강조하였다.

한편, 1933년 4월 인도는 국내 방직공업의 발전 과정에서 일본으로부터 수입되는 면제품을 가장 큰 장애로 간주하였다. 이러한 인식에 기반하여 일인통상조약을 파기하고 일본면포에 평균 75퍼센트의 높은 관세율을 적용한다고 발표하였다.[76] 이에 일본방적연합회는 4월 18일 인도 측에 인도면화 불매도 불사하겠다는 입장을 전달하였

74_ 日本外務省, 『外國ノ對中國借款及投資關係雜件 - 米國ノ部,棉麥借款關係』, E-1-6-0, X1-U1-4-4, 上海公使館武官 - 陸軍參謀次長, 支第614號, 1933.9.5.

75_ 日本外務省, 『外國ノ對中國借款及投資關係雜件 - 米國ノ部,棉麥借款關係』, E-1-6-0, X1-U1-4-4, 有吉公使 - 內田外相, 463號, 1933.8.11.

76_ 「日印通商條約廢棄問題參考資料」, 『大日本紡績連合會月報』488號, 1933.4, p.13.

으며, 4월 19일 일본상공성의 주최로 개최된 관민합동회의에서 방직공업 대표들은 인도면화 불매의 즉각적인 실시를 주장하였다.

송자문이 면맥차관의 협상을 위해 미국으로 출항하여 중간 기항지인 일본의 고베神戶에 도착한 시점이 바로 4월 20일이었으며, 같은 날 일본면직물공업조합연합회와 수출면직물동업조합은 일본방적연합회의 주장에 호응하여 인도면화의 불매를 즉각 실행할 것을 주장하였다.[77]

인도면화 불매를 실행하게 된다면 저렴한 인도면화 대신 고가인 미국면화의 사용이 불가피한 일이었다. 이러한 와중에서 일본방직공업은 중국이 도입한 면맥차관의 현물 미국면화에 주목하고 있었다. 면맥차관이 성립된 직후인 8월초 화상사창연합회는 일본이 인도면화 불매를 실행하고 있기 때문에 중국으로부터 차관면화를 구입할 것이라고 예상하였다.[78] 일본의 신문도 인도면화 불매를 실행 중인 일본 방직공업이 면맥차관의 현물면화에 주목하고 있다고 보도하였다.[79]

면맥차관의 분배를 주도한 중국의 면업통제위원회도 "일본이 인도와의 협상 과정에서 강경하게 인도면화 불매를 주장하고 있는 이유는 면맥차관의 면화에 착안하고 있기 때문이며, 결국 차관면화는 일본 측에 판매될 것"[80]이라고 예상하였다.

77_「日印通商條約廢棄問題に關する各方面の意見及び對策」, 『商工月報』9-5, 1933.5, p.4.

78_『紡織時報』1013, 1933.8, p.2564.

79_『朝日新聞』, 1933.8.8.

80_ 日本外務省, 『外國ノ對中國借款及投資關係雜件 - 棉麥借款關係』, E-1-6-0, X1-U1-4, 上海公使館武官 - 陸軍參謀次長, 833号, 1933.11.20.

그러면 면맥차관의 현물면화가 일본 방직공업이나 재화 일본사창의 원료 면화로 공급될 경우 직접 미국으로부터 수입하는 면화와 비교하여 어떠한 이점이 있는 것일까. 다시 말해 미국으로부터 직접 수입하는 면화와 비교하여 면맥차관의 미국산 현물면화는 가격에서 어떠한 유리한 점이 있는 것일까. 이 문제를 설명하기 위해서는 중국 국민정부를 비롯하여 역대 중국정부가 공채(내채, 외채)의 발행 시에 보편적으로 시행해 왔던 할인 관행에 대한 이해가 필요하다.

역대 중국정부는 공채를 발행할 경우 일종의 선이자를 지급하는 방식으로 공채의 할인을 시행하였다. 이러한 상관행은 중국의 특수한 경제적 조건하에서 산생되었다. 공채의 할인은 요즈음의 상거래에서 보여지는 할인 판매와 마찬가지의 원리로서, 이윤율을 제고함으로써 수용자로 하여금 공채를 보다 용이하게 수용할 수 있도록 하기 위한 목적에서 고안된 상관행이라 할 수 있다.

중국에서는 북경정부 이래 공채 할인 관행이 보편적으로 시행되었으며, 공채의 수용을 통한 이윤의 창출은 은행의 주요한 업무가 되었다. 1927년부터 1932년 초까지 중국정부 재정부가 발행한 19종 내채의 연이율은 8퍼센트 전후였으나,[81] 할인을 통해 판매되었기 때문에 실제 수익률은 무려 20-30퍼센트에 달하였다.[82] 또 다른 자료에서도 "1932년까지는 내채의 이율이 8퍼센트 1932년 이후에는 6퍼센트였지만, 할인율이 높았기 때문에 실제 연 이율은 22-43퍼센트에 달하였다"[83]고 기록하였다.

81_ 山上金男, 『浙江財閥論』, 日本評論社, 1938, p.148.

82_ 滿鐵經濟調查會, 『世界經濟班業務月報』, 1935.10, p.44

국민정부 재정부의 보고에 의하면, 1927년부터 1934년에 이르기까지 8년 동안 발행한 공채는 총액이 13억 3천만 원에 달하였으나, 실수령액은 8억 950만 원에 불과하였다. 즉 중국정부는 이 시기에 공채 발행액의 61퍼센트를 수취했음에 비해, 나머지 39퍼센트가 공채 수용자의 수중으로 흘러 들어갔음을 의미한다.[84] 공채 할인 관행을 통해 발생한 높은 이윤이 정부의 공채를 수용한 주체인 은행 등 금융자본가에 의해 흡수된 것이다.

이러한 가운데 1933년 1월에 일본군대가 산해관으로 침입해 들어오고 2, 3월경에 열하성을 점령하자 중일관계는 급속히 악화되었다. 이에 따라 중국정부는 시급히 군비를 확충해야 했으며, 이를 위해 다시 내채를 발행하지 않을 수 없었다. 1933년 2월 21일 송자문은 상해에서 금융계의 인사들과 이틀에 걸쳐 내채의 발행을 협의한 이후, 23일에 2,000만 원에 상당하는 내채의 발행을 선언하였다. 송자문은 4년간 내채의 발행을 중지하기로 약속한 바 있으나 1년 만에 다시 내채를 발행하게 된 것이다.[85]

이렇게 되자 내채에 대한 은행의 신용은 더욱 하락하게 되었다. 1933년부터 1937년까지 5년 동안 국민정부는 모두 25종에 이르는 공채를 발행하였는데, 이는 29억 2,000만 원에 상당하였으며, 미화로는 200만 달러에 상당하였다.[86] 내채의 발행이 은행자본가들의

83_ 東洋協會調査部, 『支那幣制改革の回顧』, 1936, p.12.

84_ 山上金男, 『浙江財閥論』, 日本評論社, 1938, pp.149-150.

85_ Parks M. Coble, The Shanghai Capitalist and the National Government 1927-1937(楊希孟譯, 『上海資本家與國民政府』, 中國社會科學出版社, 1988), p.141.

86_ 虞寶棠, 『國民政府與民國經濟』, 華東師範大學出版社, 1998, pp.82-83.

반대에 부딪히게 되자 송자문은 이들로 하여금 공채를 수용하도록 하기 위해 더욱 높은 이윤을 보증하지 않으면 안되었다. 구체적인 방법은 공채의 액면가를 대폭적으로 할인하여 은행자본가들로 하여금 수용하도록 하는 것이다. 심지어 상해전장은 액면가 1,490만 원의 공채를 실제 가격의 50퍼센트에 해당되는 750만 원으로 수용하였다.[87]

이와 같이 내채를 더 이상 발행하기 어려운 상황에서 중국의 시급한 재정상황을 보충하기 위해 남경국민정부 수립 이후 최대 규모인 면맥차관이 도입된 것이다. 중국에서 공채의 발행 시에 보편적으로 시행해 온 할인관행으로 말미암아 면맥차관 역시 생산자인 방직공업 측의 수용 과정에서 현물면화의 가격에 대한 할인이 상당 정도 시행될 것임은 예상할 수 있는 일이었다. 중국사창 가운데 최대기업인 영가기업의 영덕생은 정부가 공업의 구제를 명목으로 들여온 차관임을 감안할 때 30퍼센트의 할인 가격으로 현금화해야 한다고 주장하였다.[88] 8월 초가 되면 중국사창 측에서 차관면화의 50퍼센트 할인을 요구하였다.[89]

그러나 중국정부는 방직공업 측의 요구를 그대로 수용하여 차관면화의 할인 수준을 결정하기 어려운 입장이었다. 국민정부는 대일

87_ "내채는 더 이상 발행할 수 없는 상태가 되었으며, 발행한다고 하더라도 50퍼센트 이상의 실제 수입을 기대하기 힘들다." 「支那の對米新借款と綿業救濟問題」, 『東洋貿易研究』12卷 7號, 1933.7, pp.1262-1263.

88_ 榮宗敬, 「擬借美棉之羨餘以補華棉之不足節略」, 『農村復興委員會會報』6號, 1933.6, p.64.

89_ 『新聞報』, 1933.8.16.

항전의 비용과 경제 건설을 위한 재정 보충이 시급한 실정이었다. 다시 말해 국민정부는 면맥차관의 현금화 과정에서 중국사창이 요구하는 공업의 구제만을 고려하기는 어려운 입장에 처해 있었던 것이다.

송자문은 귀국 후 시급히 면맥차관의 현금화를 달성하기 위해 9월 13일 화상사창연합회 등 중국사창 대표들과 협의회를 개최하였다. 여기서 송자문은 차관면화를 시장가격에 비해 5퍼센트 저렴한 가격에 판매할 것을 제안하였으나, 방직공업 측은 차관면화의 30퍼센트 할인을 요구하였다. 더욱이 협의회에서 방직공업의 대표들은 불황으로 인해 적체된 면사 12만 포를 정부가 높은 가격으로 수매해 줄 것을 청원하였다.[90]

중국사창 측에서는 정부로 하여금 재정적 손실을 감수해서라도 민족공업의 구제에 나서줄 것을 요구하였으나, 국민정부의 재정적 취약성은 이러한 자본가들의 희망을 수용하기 어려운 입장이었다. 중국정부로서는 면맥차관의 현금화를 통해 재정의 확보가 절실한 입장이었다. 만일 중국정부가 차관면화를 중국사창 측의 요구인 원가의 70퍼센트 수준으로 판매하는 손실을 감당하기 어려운 입장이라면, 차관면화의 소비처는 바로 일본방직공업이나 재화 일본사창일 수밖에 없었다.

이러한 상황에서 화상사창연합회는 6월 16일 행정원장 왕정위 앞으로 청원서를 보내어 면맥차관이 중국방직공업을 구제하기 위해 불가결하며, 차관의 용도를 실업 진흥으로 용도를 제한하도록 국민정

90_ 金志煥, 『中國 國民政府의 工業政策』, 신서원, 2005, p.216.

부가 공식적으로 선포해 줄 것을 요청하였다.[91]

이러한 가운데 8월 초 중국의 신문은 일본자본 동양면화주식회사 등이 차관면화의 구매 계약을 체결하였다고 보도하였다.[92] 이에 대해 중국방직업계는 "정부가 중국방직공업을 구제하기 위한 목적에서 면맥차관을 도입한다고 하면서 차관면화를 일본상인에게 판매하는 행위는 본래의 목적에 위배되는 것"[93]이라고 강력히 비난하였다.

이에 대해 면맥차관관리사무처의 석덕무는 차관면화를 일본사창에 매각한 사안에 대해 "면맥차관을 차입한 목적은 중국경제를 구제하기 위한 것이기 때문에 일본자본에 판매되었다는 사실은 들은 바없다"[94]고 극구 부인하였다. 면맥차관의 차입을 주관하는 중앙은행 총재 공상희도 소문이 사실이 아니라고 해명하였으며, 실업부는 차관면화를 일본사창에 판매하려 한다는 소문은 일본인이 고의로 퍼뜨린 소문에 불과하다고 해명하였다.[95] 그러나 정작 일본자본 동양면화주식회사는 차관면화 가운데 이미 4,000포의 구입 계약이 체결되었음을 인정하였다.[96]

중국국민정부로서는 정부 수립 이후 최대 규모인 면맥차관을 경제 건설과 대일항전을 위한 불가결한 재원으로 간주하였으며, 따라서 재정부장 송자문으로 하여금 현물차관의 조속한 현금화를 독촉하고

91_ 『時事新報』, 1933.6.17.

92_ 『大公報』, 1933.8.5.

93_ 『紡織時報』1009, 1933.8, p.2531.

94_ 『申報』, 1933.8.13.

95_ 『紡織時報』1012, 1933.8, p.2555; 『紡織時報』1013, 1933.8, p.2564.

96_ 『新聞報』, 1933.8.16.

있었다. 8월 하순 송자문은 중국은행 총재인 장공권으로 하여금 재화 일본방적동업회 총무이사인 후나즈 다츠이치로를 방문하도록 하여 재화 일본사창 측이 차관면화를 구입해 주도록 요청하였다.[97]

이와 함께 송자문은 8월 30일 면맥차관의 용도가 중국의 경제 건설을 위한 용도로 차입한 것이므로 결코 군비로 사용되지 않을 것임을 거듭 강조하였다.[98] 9월에 들어서도 장공권은 여러 차례 후나즈 총무를 방문하여 차관면화를 구매해 주도록 요청하였다. 그러나 중국기자들의 사실 확인 요청에 대해 장공권은 한사코 이러한 사실을 부인하였다.[99]

6) 일본군부의 중미군사밀약설과 중일관계

면맥차관 계약이 체결된 직후인 8월 초에 일본의 대표적인 신문인 『아사히신문朝日新聞』은 "국민정부가 체결한 면맥차관 가운데 1차로 도착하는 면화 58,000포를 중국사창이 소화할 수 없어, 일본자본 동양면화주식회사와 구입 계약을 체결하였다. 그러나 일본육군은 여기에 대단히 신경을 날카롭게 하고 있다"[100]고 보도하였다.

이미 1933년 정월 일본에서는 미국이 중국에 대대적으로 무기를

97_ 日本外務省, 『外國ノ對中國借款及投資關係雜件 – 棉麦借款關係』, E-1-6-0, X1-U1-4, 有吉公使 – 廣田外相, 759-1号, 1933.9.7.

98_ 『申報』, 1933.9.4.

99_ 『時事申報』, 1933.9.22.

100_ 『朝日新聞』, 1933.8.13.

공급하려 한다는 중미 간의 '군사밀약설'이 널리 유포되고 있었다. 이러한 소문에 대해 미국 국무장관인 스팀슨Henry L. Stimson은 "미국이 중국에 무기를 공급하고 중국의 비행사를 훈련시키기 위해 비행교관을 보내어 대대적으로 원조할 것이라는 풍설은 호전론자 측에서 나온 억측"[101]이라고 해명한 바 있다.

이러한 보도는 국제연맹을 탈퇴한 이후 일본의 국제적 고립과 미국, 영국과의 정치적 대결구도 속에서 나온 결과로서, 일본은 미국이 중국과 면맥차관을 체결한 사실을 일본을 고립시키기 위한 정책의 일환으로 의심하고 있었다. 실제로 면맥차관이 체결된 직후 『아사히신문朝日新聞』은 "송자문이 미국을 비롯한 유럽에서 구입한 무기는 일반의 이목을 피해 극비리에 해주 및 온주에 상륙하여 낙양과 항주로 운반된다"[102]고 보도하였다. 일본의 『이코노미스트エコノミスト』도 "미국이 중국 측에 전투기를 제공하여 5년 이내에 전 중국의 비행기를 1,200대로 증가시킬 계획"이라고 보도하였다.[103]

그러면 이와 같은 풍설은 최초 어디로부터 나온 것일까. 면맥차관이 체결된 직후인 6월 8일 상해 일본공사관의 일본무관은 면맥차관 가운데 일부가 무기, 군수품으로 충당될 것이라는 풍설이 있어 조사 중이라는 내용의 전문을 일본정부에 전달하였다.[104] 같은 날 남경영사관의 일본무관 역시 본국에 "면맥차관의 총액 가운데 2,500만 원은

101_ 『朝日新聞』, 1933.1.18.
102_ 『朝日新聞』, 1933.8.10.
103_ 『エコノミスト』11-17, 1933.9.1, p.27.
104_ 日本外務省, 『外國ノ對中國借款及投資關係雜件－米國ノ部, 棉麥借款關係』, E-1-6-O, X1-U1-4-4, 佐藤武官, 機密69番電, 1933.6.8.

미국면화, 1,500만 원은 병기, 1,000만 원은 소맥"[105]이라고 더욱 구체적으로 보고하였다. 북경의 일본무관도 "면맥차관의 5,000만 달러 가운데 10분의 4가 면화, 10분의 1이 소맥, 나머지 10분의 5가 무기 구입에 충당될 예정"[106]이며 "중국 측이 병기를 완비한다면 중일 간에는 반드시 일전이 불가피하다"[107]고 보고하였다.

그러면 일본이 제기한 국민정부의 무기구입설과 중미항공밀약설의 진위 여부는 어떠한가. 일본이 제기한 1933년도의 중미군사밀약설과 무기, 항공구입설은 모두 사실이 아닌 것으로 판명되고 있으며 이는 정회흔鄭會欣과 김지환金志煥의 연구에서 잘 입증되고 있다.[108] 정회흔은 "중미항공밀약설은 일본 측의 정보에 입각하고 있으며 최초의 발설은 8월 4일의 『아사히신문朝日新聞』에서 이루어졌다"[109]라고 설명하였다.

그러나 김지환의 연구에 의하면, 중미항공밀약설을 최초로 보도한 것은 같은 신문의 7월 13일자 기사이다. 이 기사는 "중미 간에 계약이 체결되어, 미국의 커티스 비행기 제작회사Curtis Wright Co가 3개

105_ 日本外務省, 『外國ノ對中國借款及投資關係雜件 – 米國ノ部, 棉麥借款關係』, E-1-6-O, X1-U1-4-4, 南京須賀武官, 機密87番電, 1933.6.8.

106_ 日本外務省, 『外國ノ對中國借款及投資關係雜件 – 米國ノ部, 棉麥借款關係』, E-1-6-O, X1-U1-4-4, 有吉公使 – 內田外相, 340-1號, 1933.6.15.

107_ 日本外務省, 『外國ノ對中國借款及投資關係雜件 – 米國ノ部, 棉麥借款關係』, E-1-6-O, X1-U1-4-4, 有吉公使 – 內田外相, 1933.6.17.

108_ 鄭會欣, 「中美航空密約'辨析」, 『民國檔案』1988年 4期; 「關於戰前十年擧借外債的基本估計」, 『近代中國史研究通訊』9, 1990.3; 金志煥, 「中美航空密約說的由來及其本質評析」, 『民國檔案』2001年 1期 參照.

109_ 鄭會欣, 「中美航空密約'辨析」, 『民國檔案』1988年 4期, p.104.

월 내에 비행기 36대를 중국정부에 인도하기로 하였다"[110]-고 보도하였다.

더욱이 앞에서 살펴본 바와 마찬가지로 중국정부의 무기구입설과 중미항공밀약설은 이미 7월 13일의 보도 이전에 중국 주재 일본무관들의 보고에 기초하고 있었다. 다시 말해 중미군사밀약설은 일본의 군부가 깊숙히 개입하여 만들어낸 거짓 정보임을 알 수 있다. 주일 미국대사 그루Joseph C. Grew는 일본이 중미군사밀약설을 제기한 데 대해 "이는 일본이 만들어낸 허구이며, 놀라운 상상력에 감탄하였다"[111]-라고 논평하였다.

일본외무성은 최초 면맥차관의 도입을 정치적인 문제로 인식하지 않았으며, 순수한 경제적인 문제로 인식하여 특별히 제지하려 하지도 않았다. 그러나 일본군부가 정보를 제공한 이후 일본외무성은 군부의 방침을 추종할 수밖에 없었으며, 따라서 재화 일본사창 측에 현물차관의 면화 구입을 중단하도록 지시하였다.[112]-

그러면 일본군부가 중미군사밀약설과 무기구입설을 만들어 유포한 목적은 어디에 있을까. 일본은 면맥차관의 성패가 송자문을 중심으로 한 구미파가 국민정부의 외교정책을 결정하는 과정에서 헤게모니를 장악할 수 있는지의 여부를 결정하게 될 것으로 인식하였다. 따라서 일본은 면맥차관을 계기로 국민정부 내의 대일화해파와 구미파의 대립 속에서 후자가 주도권을 장악하지 못하도록 봉쇄하고자

110_『朝日新聞』, 1933.7.13.

111_ 鄭會欣, 「關於戰前十年擧借外債的基本估計」, 『近代中國史硏究通訊』9, 1990.3, p.64.

112_ 靑柳篤恒, 「宋子文氏の借款運動を嚴戒せよ」, 『外交時報』689, 1933.8.15, p.50.

하였던 것이다.[113] 이렇게 본다면 장개석에 의한 송자문의 사직은 이러한 일본의 의도에 영합하는 화해적 제스처였으며, "송자문을 중심으로 하는 구미파의 쇠퇴와 친일파로 분류되는 왕정위, 황부 등의 세력 부상을 의미하는 것"[114]으로 볼 수 있다.

일본군부의 반발을 의식한 국민정부로서는 차관협상을 위해 미국으로 출국한 송자문이 귀국하기 이전인 8월에 여산회의를 개최하였다. 여기서 장개석과 왕정위는 배일의 상징적인 인물인 송자문의 태도를 완화시켜야 할 필요가 있음에 합의하였다. 따라서 국민정부 중앙은 이러한 의향을 송자문이 귀국하기 전에 전달하려 하였다.[115]

송자문은 귀국길에 일본의 요코하마橫濱항에 기항할 예정이었는데, 중국정부는 기항 전에 미리 송에게 이 사실을 알리기로 방침을 정하였다. 이는 일본의 경계심을 완화시키기 위한 중국정부의 고육책이었다고 생각된다. 그리고 이러한 임무를 담당한 사람이 바로 중국은행 총재인 장공권이었다.[116] 장공권은 송자문이 요코하마에 도착하기 앞서 8월 16일 일본에 도착하였다.[117]

113_ 青柳篤恒, 「宋子文氏の借款運動を嚴戒せよ」, 『外交時報』689, 1933.8.15, p.57.

114_ 井村薰雄, 「抗日政策と宋氏の辭職」, 『外交時報』696, 1933.12.1, pp.82-83.

115_ 『朝日新聞』, 1933.8.21 및 「日支關係と宋子文」, 『滿洲評論』5-10, 1933.9, p.291.

116_ 중국은행 총재 장공권은 일본에 도착하여 배일의 해소에 관해 일본 조야 인사의 양해를 구함과 동시에 귀로에 일본에 기항하는 송자문을 맞아 이러한 의향을 전하였다고 전해진다. 新田直藏, 「日滿支經濟ブロック結成の要」, 『綿業時報』1-6, 1933.9, p.37.

117_ 「日支關係と宋子文」, 『滿洲評論』5-10, 1933.9, p.291.

이에 앞서 국민정부 외교부는 주일 중국공사관에 "송자문 재정부 장이 귀국길에 요코하마에 기항하여 도쿄로 가서 일본정부 당국자를 방문하게 될 것이니 제반 절차를 준비하도록"[118] 지시하였다. 장공권은 도쿄에서 이틀간 머물면서 일본정부의 요인들과 접촉한 이후 관서지방으로 가서 항해 도중의 송자문과 계속해서 전보를 통해 의사를 교환하였다. 이러한 방법으로 국민정부 중앙은 송자문에게 일본에 상륙하여 정부당국과 의견을 교환하도록 지시하였다.[119] 장공권과 일본 측 사이에 이루어진 사전 교섭의 상세한 내용은 알 수 없으나, 일본이 의구심을 가지고 있던 면맥차관에 대해 해명하는 내용이었을 것으로 추측된다.[120]

중국공사관은 송자문이 상륙할 예정임을 일본외무성에 통보하였다.[121] 당시 일본정부 내에서는 송자문의 상륙에 대해 크게 두 노선이 대립하고 있었다. 하나는 군부의 의견으로서, 송자문과의 회담은 불필요하며 계속 무력정책으로 나아가야 한다는 주장이었다. 또 하나는 외무성의 의견으로서, 중국의 배일정책으로 말미암아 일본의 재계가 고통을 겪고 있으므로, 송자문의 방일을 국면 전환의 호기로 이용해야 한다는 주장이었다.

118_ 『新聞報』, 1933.8.19.
119_ 『新聞報』, 1933.8.25.
120_ 코블Coble은 장공권이 일본을 방문한 목적에 대해 첫째, 중일 무역관계의 개선, 둘째 政學係와의 관계, 셋째 중일관계의 안정이라고 추정하였다. Parks M. Coble, *The Shanghai Capitalist and the National Government 1927-1937* (場希孟譯, 『上海資本家與國民政府』, 中國社會科學出版社, 1988), p.148.
121_ 『時事新報』, 1933.8.22.

외무성의 시게미쓰 마모루重光葵 차관은 송자문이 일본정부뿐 아니라 일본재계의 대표들과도 회담하게 될 것이라고 말하였다.[122] 이에 일본정부는 8월 23일 "송자문의 상륙을 받아들이며, 시게미쓰 차관과 협의할 예정"임을 통보하였다.[123]

그런데 8월 24일 중국공사관은 송자문의 상륙을 취소한다고 일본 외무성에 통보하였다.[124] 일본은 불과 얼마 전에 중국공사관과의 사이에 이루어진 합의가 갑자기 취소된 경위에 대해 의문을 갖지 않을 수 없었다. 특히 방문 취소가 중국정부에 의해 결정된 것인지 송자문 개인의 결정에 의한 것인지 의문을 갖게 되었다.[125]

송자문은 왜 상륙하여 일본정부 당국자와 협의하지 않았을까. 중요한 것은 일본과의 회담에 대한 송자문의 판단이었을 것으로 추측된다. 중국정부 중앙은 일본군부의 경계심을 완화시켜야 할 필요성을 느끼고 있었으며, 그 일환으로 장공권을 일본에 파견한 듯하다. 중국정부의 방침에도 불구하고 송자문은 근본적으로 일본정부와 회담할 필요성을 느끼지 못하였다. 송자문의 기본적인 입장은 미국, 영국과의 협력을 통해 일본을 견제하는 것이며, 현실적으로 일본정부와 협상한다고 해도 해결점이나 타협점을 찾기 힘들다고 판단한 듯하다. 이러한 이유에서 송자문은 일본에 정박 중 기자와의 회견조차 일체 거부했던 것이다.[126]

122_『時事新報』, 1933.8.22.

123_『朝日新聞』, 1933.8.24.

124_『新聞報』, 1933.8.25. *The China Weekly Review*의 1933년도 9월 2일자 기사는 중국공사관이 송자문의 상륙 취소를 통보한 날을 8월 23일로 기록하였다.

125_ *The China Weekly Review*, 1933.9.2.

귀국 후 일본기자들이 송자문에게 상륙하여 일본정부와 회담하지 않은 이유에 대해 질문하자, 송은 "특별한 이유는 없었으며, 단지 빨리 귀국하고 싶은 심정에서 그러한 것"[127]이라고 설명하였다. 그러나 12년 후 송자문은 상륙하지 않은 원인에 대해 다음과 같이 설명하였다.

> 1933년도 세계경제회의를 마치고 귀국길에 일본을 경유하게 되었는데, 그 때 일본천황은 나를 초청하여 만주문제에 관하여 상의하고자 하였다. 만약 중국이 만주에 대한 법률적 소유권을 포기한다면 일본은 중국에 대한 침략을 중지하겠다는 입장을 표명할 것이라는 사실을 미리 알게 되었다. 나는 초청을 거절하였다. 시게미쯔 외무차관은 요코하마로 와서 나에게 천황을 만나보라고 권고하였다. 그러나 나는 이를 거절함으로써 주권 영토에 대한 중국인의 열정이 얼마나 강렬한지를 알리고자 하였다.[128]

송자문은 만주국의 문제가 타협을 통해 해결될 수 있는 사안이 아니라고 판단하여 일본의 회담 요청을 거부했던 것이다. 이에 앞서 송자문은 세계경제회의 예비회담과 면맥차관의 체결을 위해 미국에 체류하던 중인 5월 23일에 연설을 통해 중국은 결코 만주와 열하를 포기하지 않을 것임을 내외에 천명한 바 있다.[129] 송자문은 미국과 유럽을 순방하면서도 계속해서 만주의 주권이 회복되지 않는 한 중

126_ *The China Weekly Review*, 1933.9.2.

127_ 『申報』, 1933.9.4.

128_ 吳景平, 『宋子文評傳』, 福建人民出版社, 1992, p.208.

129_ 郭廷以, 『中華民國史事日誌』3冊, 中央研究院近代史研究所, 1984, p.266

일 간의 관계 개선은 불가능하다고 언급하였으며, 이러한 내용은 수없이 일본에 급전으로 타전되었다.[130]

송자문의 불상륙과 회담 거부는 일본에 커다란 반향을 불러 일으켰다. 일본은 9월 28일 "송자문이 귀국길에 일본에 상륙하지 않은 것은 여전히 구미의 힘을 빌어 일본을 견제하고 항쟁하려는 의도"[131]라고 비난하였다. 같은 날 왕정위도 송자문의 면맥차관 도입에 대해 "국제적인 경제 및 기술의 원조는 우리도 필요한 바이지만, 연합과 이간의 수단을 가지고 한다면 동아 및 세계의 분쟁을 초래할 것"[132]이라고 비난하였다. 이는 일본의 입장을 그대로 대변한 것이라 할 수 있다.

9월 29일 일본의 히로타 외상은 아리요시 아키라有吉明공사에게 "후나즈船津 총무에게 면맥차관에 대한 일본국민의 반감이 상당히 심각하다는 사실을 알리도록 하라. 재화 일본사창 측이 장공권의 신청을 받아들이게 되면 중국과 미국과의 사이에 동종의 차관이 성립할 것이라고 일본의 여론은 일본사창을 공격하고 있다"고 지적하며, 불매를 견지하도록 지시하였다.[133] 실제로 다음 날인 9월 30일에 1,100포의 차관면화가 상해에 도착하자 송자문은 일본자본 미쓰이양행三井洋行에게 일괄구매를 요청하였으나 거절당하고 말았다.[134]

130_ *North China Daily News*, 1933.8.30.

131_ 『時報』, 1933.8.29.

132_ 王松等, 『宋子文傳』, 武漢出版社, 1993, p.99.

133_ 日本外務省, 『外國ノ對中國借款及投資關係雜件－棉麥借款關係』, E-1-6-0, X1-U1-4, 廣田外相－有吉公使, 360號, 1933.9.29.

134_ 『朝日新聞』, 1933.10.3.

당초 일본외무성은 10월 13일에 작성한 면맥차관의 대책에서 "중국 측이 금후 계속해서 일본 측에게 차관면화의 구입을 간청할 경우 이를 받아들이도록 하고, 일본으로서는 이를 이용하여 배일의 단속, 관세 인하 등을 요구하는 대책을 강구할 것"[135]이라는 방침을 정하였다.

그러나 일본육군은 면맥차관의 목적이 항일을 위한 무기의 구입에 있다고 하며 불매를 계속 강행하도록 요구하였다. 일본육군은 재화 일본사창이 차관면화를 구입하는 것은 중국 측에 항일자금을 제공하는 것과 같다는 항의를 일본외무성에 전달하고 이를 통제해 주도록 요구하였다.[136]

일본군부가 차관면화의 불매를 계속 요구한 이유는 차관면화의 적체를 통해 중국산 면화의 가격 하락을 유도하여 송자문에 대한 중국 국내의 광범위한 불만을 조장함으로써 송자문의 사직을 유도하고자 하였기 때문이다. 실제로 중국일반에서는 차관면화의 도입으로 인해 중국산 면화의 가격이 하락하는 현상에 대해 적지 않은 불만이 팽배해 있었다. 이러한 사실은 "차관면화는 가격이 높아 중국사창에서

135_ 日本外務省, 「棉麥借款ノ最近ノ狀況及之ニ對スル對策ニ關スル件」, 『外國ノ對中國借款及投資關係雜件, 棉麥借款關係』, E-1-6-0, X1-U1-4-4, 1933. 10.13.

136_ "10月 상순 三井物産 上海支店長 已斐平三이 차관면화 4,000포, 약 95만 원의 거래 계약을 체결했다는 소식이 들린다. 이에 관해 재계 유력자 간에는 이를 구입하면 면맥차관을 조장하는 것으로 중국 측에 항일자금을 스스로 제공하게 되는 것이라 비난하고 있다." 日本外務省, 『外國ノ對中國借款及投資關係雜件 - 棉麥借款關係』, E-1-6-0, X1-U1-4-4, 酒井 - 外務省亞細亞局, 1933.10.16.

사용하지 않는다. 더욱이 중국산 면화의 가격을 하락시키고 나아가 농가의 곤궁을 초래할 위험이 있어 일반의 환영을 받지 못하고 있다"[137]는 기록에서도 잘 알 수 있다.

일본군부는 이와 같은 불만을 더욱 조장함으로써 송자문 등 국민 정부 구미파에 대한 불만을 확대하려고 기도하였다. 이러한 사실은 "면맥차관의 현물면화가 상해에 도착하였으나, 일본 측이 구입하지 않아 현금화가 곤란하게 되었다. 청도의 방직업자들은 하남, 산동산 의 면화도 이로 인해 가격이 하락하지 않을까 예상하여 매입하지 않고 있다. 따라서 제남 부근의 하층민과 거래 상인들은 송자문을 비난하기 시작하였다. 일본 측은 이러한 풍조를 더욱 조장할 필요가 있다"는 일본육군의 보고에서도 확인할 수 있다.[138]

당초 일본외무성은 재화 일본사창을 통해 면맥차관을 수용함으로 써 외교적 실리를 확보하려는 방침을 정해 두었다. 그러나 일본군부 측의 강한 반발에 직면한 일본외무성은 10월 24일 아리요시 공사에 게 "면맥차관을 사실상 정지시키는 것이 가장 좋은 방책이라고 생각 되며, 따라서 당분간 중국 측의 태도를 주시하는 것이 필요하다"[139] 고 하여 불매를 계속 실행하도록 지시하였다.

바로 다음 날인 10월 25일, 국민정부는 송자문을 재정부장의 직위

137_ 日本外務省, 『外國ノ對中國借款及投資關係雜件 – 棉麥借款關係』, E-1-6-0, X1-U1-4-4, 西田總領事 – 廣田外相, 241號, 1933.9.18.

138_ 日本外務省, 『外國ノ對中國借款及投資關係雜件 – 棉麥借款關係』, E-1-6-0, X1-U1-4-4, 濟南花谷中佐 – 陸軍參謀長, 濟南268號, 1933.10.18.

139_ 日本外務省, 『外國ノ對中國借款及投資關係雜件 – 棉麥借款關係』, E-1-6-0, X1-U1-4-4, 廣田外相 – 有吉公使, 1933.10.13.

로부터 사임하도록 하였으며, 이는 배일의 해소를 위한 상징적인 조치였다. 일본이 송자문을 배일의 거두로서 인식하는 한 중일친선과 차관면화의 현금화는 달성되기 힘든 일이었다. 따라서 송자문의 사직 이후 국민정부는 차관면화에 대한 일본의 특별한 배려를 기대하였다.

그러나 일본정부는 차관면화의 불매를 계속 견지하도록 명령하였다. 이러한 이유는 면맥차관을 무산시킴으로써 구미파의 세력을 억제하고 왕정위 등 대일화해파의 입지를 강화함으로써 국민정부의 외교정책에 영향력을 행사하기 위한 것이었다. 이러한 의도는 친일파인 당유임의 의견을 상해의 일본무관이 자국 육군에 전달함으로써 관철되었다.

11월 20일 상해의 일본무관은 당유임을 만나 면맥차관에 관해 논의하였다. 당유임은 아리요시有吉 공사, 호리우치堀內 서기관 등 일본 외교관뿐 아니라 일본 육해군의 무관들과도 긴밀한 관계를 유지하고 있었다.[140] 일본무관이 당유임에게 면맥차관에 대한 국민정부의 의향을 질문하자, 당유임은 일본무관에게 다음과 같이 전하였다.

송자문의 사직 이래 구미파의 반왕정위 분위기가 매우 농후한 지금, 일본 측이 차관면화를 구입하면 바로 공격의 도구를 제공하게 되는 셈이다. 따라서 일본 측이 이를 구입하지 않는다면 송자문의 계획은 완전히 실패로 돌아가게 될 것이며, 재계에서 송자문의 신용은 더욱 실추될 것이다.[141]

140_ 松本重治, 『上海時代』上, 中央公論社, 1993, pp.266-267.
141_ 日本外務省, 『各國關稅立法規關係雜件 - 中國 / 部』, E-1-6-0, X1-U1-4-2, 上海武官 - 陸軍, 1933.11.20.

여기서 당유임은 일본과의 긴밀한 협조를 통해 국민정부 내의 구미파를 억누르고 정책 결정의 주도권을 장악하기 위해 면맥차관의 문제를 적극 이용하고 있음을 알 수 있다. 결국 일본외무성은 아리요시 공사와 호리우치 다데키 서기관을 통해 불매의 방침을 다음과 같이 재화 일본사창 측에 지시하였다.

이러한 사실은 "중국 측에서는 일본자본 사창과 일본상인 몇몇에게 판매 의사를 표명하였으나 일본자본 사창 측에 당분간 차관면화를 구입하지 말도록 내밀히 말해두었다", "차관면화를 저렴하게 일본자본 사창 측에 제공하겠다는 의사 타진에 대해 호리우치堀內는 구입하지 말도록 지시하였다"라는 기록으로부터 알 수 있다.[142]

7) 대일화해파의 친일 외교와 배일정책의 굴절

일본은 원산국표기조례의 입안과 실시에 대해 공식적으로 국민정부에 항의하는 한편, 정책의 실시를 저지하기 위해 내밀히 국민정부의 실력자들과 접촉하였다. 이러한 과정에서 특히 국민정부 내의 왕정위를 주요한 협력자로 하여 은밀한 공작을 추진하였다. 이미 1933년 6월 8일, 아리요시 공사는 왕정위와 만나 중일 간의 경제 현안에 관해 논의하였다. 왕정위는 회담을 마치고 나서 회담 내용에 대한 기자들의 질문에 "회견내용을 밝힐 수는 없으나, 어쨌든 중일 양국이

142_ 日本外務省, 『外國ノ對中國借款及投資關係雜件 - 米國ノ部, 棉麥借款關係』, E-1-6-O, X1-U1-4-2, 有吉公使 - 廣田外相, 709號, 1933.11.30, 721號, 1933.12.5.

공망의 정책을 버리고 공존의 정책으로 나아가야 한다고 의견을 교환하였다"[143]-라고 회답하였다.

그런데 이를 보도한 신문의 다른 기사는 도쿄발의 전문에서 아리요시와 왕정위가 관세문제를 비롯한 중일 간의 경제현안을 논의하였다고 보도하였다.[144]- 7월 7일 우치다 고사이内田康哉 외상은 아리요시 아키라有吉明 공사에게 왕정위와 계속 접촉하여 논의하도록 지시하였다.[145]-

8월에 들어 중국은 재화 일본사창을 통해 차관면화의 판매를 통한 현금화를 달성하려고 하였으나 일본, 특히 일본육군의 강력한 제지로 말미암아 실패하고 말았다. 따라서 국민정부로서는 일본군부의 의구심을 해소하기 위해 배일의 취소와 중일친선을 공개적으로 표방하지 않을 수 없었다.

이러한 가운데 9월 14일 아리요시 공사는 왕정위와 회담하였는데, 이 자리에는 외교부 차장 당유임도 동석하였다. 여기서 아리요시는 중일 간의 관계를 개선하기 위해서는 현실의 장애를 제거할 필요가 있다고 역설하면서, 이를 위해 관세재개정과 원산국표기조례의 취소를 요구하였다. 아리요시의 요구에 대해 왕정위는 "입법원회의에서 이 문제를 논의하였는데, 송자문의 반대로 관세재개정은 쉽지 않을 것 같지만 원산국표기조례의 문제는 비교적 쉽게 해결될 수 있을 것"[146]-이라고 회답하였다. 이로부터 왕정위 등이 관세재개정에 대해

143_『上海每日新聞』, 1933.6.9.

144_『上海每日新聞』, 1933.6.9.

145_ 日本外務省, 『各國關稅立法規關係雜件 - 中國ノ部』, E-3-1-2, X1-C1, 內田外相 - 有吉公使, 127-2號, 1933.7.7.

긍정적인 입장을 견지하고 있었음에 비해, 송자문은 원산국표기조례의 수정과 취소의 요구는 수용하면서도 관세재개정에는 반대하고 있었음을 알 수 있다.

일본은 왕정위뿐만 아니라 황부와도 빈번히 접촉하였으며, 국민정부의 입장에서도 황부는 대일 외교교섭의 중요한 통로 역할을 하였다. 황부는 일찍이 일본 유학과 북양정부 외교총장직을 거치면서 일본외교관들과 깊은 친분을 가지고 있었다. 따라서 장개석은 만주사변, 상해사변 이후 황부를 대일정책의 고문으로 임명하여 일본과의 외교교섭에서 주요한 임무를 수행하도록 하였다. 일본외무성과 관동군 역시 그를 친일파로서 협상할 수 있는 대상으로 간주하고 있었다.[147]

국민정부는 1933년 9월 6일에서 7일까지 개최된 제3차 여산회의에서 "당분간 대일 완화정책을 채택하여 일본과 정면 충돌을 피하고, 대일 교섭은 황부의 재량에 일임"[148]하기로 결정하였다. 9월 26일 황부는 아리요시 공사를 방문하여 회담하는 자리에서, "면맥차관의 현금화 문제가 관제개정 등 일본의 요구를 관철시킬 수 있는 현실적이고 유효한 방법"이라는 내용을 넌지시 전하였다.[149]

146_ 日本外務省, 『各國關稅竝法規關係雜件 – 中國ノ部』, E-3-1-2, X1-C1, 日高總領事 – 廣田外相, 449-1號, 1933.9.16.

147_ 曹德貴, 『蔣介石, 胡漢民, 汪精衛對日政策的爭議』, 中國社會科學院近代史研究所, 1995, p.39.

148_ 東亞研究所, 『日本大陸政策の發展』, 1940, p.43.

149_ 日本外務省, 『各國關稅竝法規關係雜件 – 中國ノ部』, E-3-1-2, X1-C1, 有吉公使 – 廣田外相, 565號, 1933.9.26.

왕정위도 아리요시 공사에게 "국민정부로서는 송자문의 면맥차관이 의도대로 이용되지 못하자 점차 송자문에 대해 경비의 염출 방안을 독촉하고 있으며, 송자문 자신도 여기에 대해 고심하는 기색이 역력하다"[150]고 말하였다. 이는 면맥차관의 문제가 일본의 요구를 관철할 수 있는 절호의 기회임을 강하게 암시하는 내용이었다.

송자문은 남경국민정부의 수립 이후 최대 규모인 면맥차관을 도입하였으나 결국 일본사창의 비협조로 말미암아 차관의 현금화가 지연되고 있었다. 따라서 국민정부 내에서도 면맥차관의 도입을 비판하는 의견이 점차 표면화되었으며, 송자문 자신도 각종 재원의 염출 방안을 독촉받게 되었다. 그러나 면맥차관의 현실적 수용자인 일본사창의 협조 없이는 재정 염출이 사실상 불가능하였다. 송자문도 면맥차관을 현금화하기 위해서는 배일의 취소가 전제되지 않으면 안된다는 사실을 분명히 인식하게 되었다.[151]

9월 25일 송자문은 기자회견을 통해 차관면화를 일본사창 측에 판매할 의사를 공개적으로 선언하였다. 기존 차관면화를 일본상인이나 일본자본 사창에 판매하려 한다는 정보는 사실이 아니라며 극구 부인하던 태도로부터 공식적으로 인정하는 입장으로 변화했다고 할 수 있다. 기자회견 직후인 9월 27일 국민정부 재정부는 각지 해관에 배일의 금지를 명령하였다. 구체적으로는 일본상품이 중국에 수입될

150_ 日本外務省, 『各國關稅竝法規關係雜件 - 中國 ノ 部』, E-3-1-2, X1-C1, 有吉公使 - 廣田外相, 597-4號, 1933.10.12.

151_ "국민정부가 배일정책을 취소하고 이를 위한 구체적 조치를 시행하지 않는 한 일본상인은 차관면화의 구입에 적극적으로 나서지 않을 것이다." 『上海日日新聞』, 1933.9.21.

때 항일회의 회원이 해관관리와 함께 일본제품을 검사하거나, 혹은 각지 시정부의 공공단체 등이 일본상품의 수입 수속과 운송에 간섭하는 것을 금지하였다. 행정원도 동일부로 각 시정부에 같은 내용의 명령을 하달하였다.

9월 29일 국민정부 입법원은 비밀회의를 개최하여 중일 간의 현안에 관한 제반문제를 협의하였다. 여기서 왕정위는 각국이 원산국표기조례의 수정을 강력하게 요구하고 있음을 상세히 설명하고 수정의 필요성을 정식으로 제기하였다.[152] 회의 결과 입법원은 수정의 필요성을 인정하여 6월 15일 해관고시로 발표된 '중국문자나 혹은 원산국문자로 표기한다'를 '표기가 곤란한 경우는 영문으로 표기할 수 있다'로 수정하기로 원칙적으로 합의하였다.[153]

국민정부가 영문 표기를 인정한 것은 원산국표기조례의 문제에서 일본의 요구를 수용한 결과였다. 따라서 이러한 조치는 배일의 해소를 위한 구체적 행동으로서 받아들여질 수 있었다. 이와 같은 조치에 대해 일본의 여론은 국민정부의 대일태도가 호전되고 있음을 실증하는 것이라 보도하였다.[154] 그러나 중국정부 입법원회의에서 합의된 대일유화의 조치는 원산국표기조례의 문제에 한정되었으며, 관세문제에 관한 구체적인 결정은 이루어지지 않았다.

10월 7일 일본의 우치다 외상은 스기무라 요타로杉村陽太郎[155]를

152_『上海日日新聞』, 1933.10.1.

153_『大阪朝日新聞』, 1933.10.3.

154_『大阪朝日新聞』, 1933.10.3.

155_ 杉村陽太郎는 일찍이 국제연맹의 사무국차장을 역임했으며, 만주사변 이후 국제연맹과의 협상을 담당했던 인물이다. 이에 대한 자세한 내용은 俞辛焞

특사로 파견하여 송자문과 회담을 개최하였는데, 이 자리에서 스기무라는 관세의 재개정과 중일친선을 촉구하였다. 이에 대해 송자문은 중일친선에 적극 동의를 표하는 한편, 면맥차관에 대한 일본군부의 의심에 대해 전혀 사실이 아님을 적극 설득하였다. 수입관세의 인하 요청에 대해 송자문은 "당분간 성적을 두고 보아야 한다"[156]-라고 하여 당장 인하할 뜻은 없음을 전하였다. 송자문은 스스로의 배일성을 부정하면서 차관면화의 구입을 요청하였으나, 관세재개정에 대해서는 부정적인 입장을 표명한 셈이다.

10월 10일 아리요시 일본공사는 왕정위를 방문하여 중일관계를 논의하는 자리에서 양국 간의 관계를 개선하기 위해서는 관세재개정이 필요하다고 요청하였다. 이에 왕정위는 "관세문제를 해결하기 위해 모든 노력을 기울이고 있지만, 재정문제의 전권을 장악하고 있는 송자문 일파가 정면으로 반대하고 있을 뿐 아니라, 관세재개정 시 오히려 현행 세율보다 인상해야 한다고 주장하고 있다"[157]-는 사실을 전해주었다.

결국 국민정부는 1933년 10월 25일 송자문을 재정부장 및 행정원 부원장의 직으로부터 해임하였다. 송자문의 해임은 대일화해를 위한 상징적인 조치이자 면맥차관의 현금화를 진전시키기 위한 조치이기도 하였다. 송자문의 사임으로 신임 재정부장으로 임명된 공상희는

著, 辛勝夏外譯, 『만주사변기의 중일외교사』, 고려원, 1994, p.150 및 pp.297-299 참조.

156_ 日本外務省, 『外國ノ對中國借款及投資關係雜件 - 米國ノ部, 棉麥借款關係』, E-1-6-0, X1-U1-4-4, 有吉公使 - 廣田外相, 364號, 1933.10.7.

157_ 『大阪每日新聞』, 1933.10.11.

11월 1일 기자회견을 통해 중일 간의 현안인 수입화물 원산국표기조
례에 대해 "원산국표기조례는 현재 각국의 반대와 수정 요구, 그리고
국민정부 자체의 대외기회균등주의와 모순되므로 실시 시기를 연기
한다"[158]라는 입장을 밝혔다.

이에 따라 국민정부는 원산국표기조례의 시행을 1934년 1월에서
6개월간 연기하였다. 상해해관은 11월 22일 해관고시 1327호를 통해
"외국수입화물에 원산국명을 표기하는 규정을 고시하였으나 정부의
명령에 따라 상기 규정의 실시를 1934년 7월 1일까지 연기한다"[159]
고 공포하였다.

11월 20일 히로타 외상은 호리우치 서기관에게 차관면화의 구입이
필요한지의 여부를 조사하도록 지시하였다.[160] 같은 날 상해의 일본
무관은 일본육군 차관 앞으로 차관면화를 구입하지 않음으로써 구미
파의 의도를 단절해야 한다고 청원하였다.[161] 11월 30일 아리요시
공사는 히로타 외상에게 현실적으로 차관면화를 매입할 필요성이 없
다고 보고하였다.[162]

158_『上海日報』, 1933.11.2.

159_『上海日日新聞』, 1933.11.21 및 1933.11.24;『上海日本商工會議所年報』
16(1933年度), 1934.5, p.112.

160_ 日本外務省,『外國ノ對中國借款及投資關係雜件 – 米國ノ部,棉麥借款關
係』, E-1-6-0, X1-U1-4-2, 廣田外相 – 堀內書記官, 19955號, 1933.11.20.

161_ 日本外務省,『外國ノ對中國借款及投資關係雜件 – 米國ノ部,棉麥借款關
係』, E-1-6-0, X1-U1-4-2, 廣田外相 – 堀內書記官, 19955號, 1933.11.20.

162_ 日本外務省,『外國ノ對中國借款及投資關係雜件 – 米國ノ部,棉麥借款關
係』, E-1-6-0, X1-U1-4-2, 有吉公使 – 廣田外相, 709號, 1933.11.30.

장개석은 재차 호리우치에게 차관면화의 판매 대금을 군비로 유용하지 않겠다는 의사를 전달하였다.[163] 1934년 1월, 일본공사는 장개석과 왕정위에게 항의서를 제출하고 신관세의 반대와 관세의 인하를 주장하였다.[164] 1934년 4월 초 재정부장 공상희는 면맥차관이 경제적인 용도로 사용될 것임을 재차 일본에 전하였다.[165]

국민정부 내에서 대일화해의 분위기 조성에도 불구하고 일본사창에 대한 차관면화의 판매는 실현될 수 없었다. 당초 일본외무성은 차관면화의 수용을 통해 일본의 제반 요구를 관철하려는 방침도 가지고 있었으나, 결국 군부의 계속적인 반발로 실현될 수 없었다.

1934년 4월 11일부터 13일까지 남창에서 개최된 회의에 참석한 장개석, 왕정위, 황부, 당유임은 "중일 공존, 공영을 위한 여러 방안을 중정회의에 제출하여 통과시키고, 이를 위한 전제로서 국민정부 내의 대일 분위기를 완화시키기 위해 노력한다. 중일 공존, 공영의 원칙에서 가능한 것부터 신속히 시행한다. 중일 간의 현안인 원산국표기조례는 무기한 연기한다. 관세도 밀수를 방지하기 위한 차원에서 재개정한다"[166]는 데 합의하였다. 국민정부의 이러한 방침은 일본의 요구를 수용한 결과이며, 배일의 취소와 중일친선을 표방한 것이다.

남창회의의 결과에 대해 왕정위는 4월 18일 남경에서 아리요시 공사를 만나 "원산국표기조례는 무기 연기되었으며, 관세재개정 문제

163_ 日本外務省, 『外國ノ對中國借款及投資關係雜件 - 米國ノ部, 棉麥借款關係』, E-1-6-O, X1-U1-4-2, 有吉公使 - 廣田外相, 721號, 1933.12.5.
164_ 李茂盛, 『孔祥熙傳』, 中國廣播電視出版社, 1992, p.61.
165_ Finance and Commerce, 1934.4.25, pp.485-486.
166_ 北支那協會, 『南昌四月會議と黃郛政權の再認識』, 1934.4, p.50.

는 5월 이후에 대체로 일본 측의 희망대로 개정될 수 있을 것"[167]-이라는 정보를 전달하였다. 6월 9일 호리우치 서기관은 왕정위와 당유임과 만나 관세문제를 논의하였다. 이 자리에서 관세 인하에 대한 호리우치의 요구에 대해 왕정위와 당유임은 공감을 표시하였다. 왕정위는 일본 측의 이러한 의견을 공상희에게 전달하였다.

행정원회의에서 공상희는 재정의 확보와 대외무역의 조정이라는 두 가지 목적에 근거하여 관세재개정을 제안하였다. 전자는 고율 관세로 급증한 밀수의 방지와 재정의 확보를 말하는 것이며, 후자는 중일관계의 호전을 기대한 것이라 할 수 있다.[168]- 그러나 실업부는 국내산업의 보호라는 입장에서 이에 반대하는 의견을 제시하였다. 그러나 왕정위와 당유임이 관세 인하를 강력히 주장함으로써 결국 인하의 방침이 결정되었다.[169]-

수마 야키치로須磨彌吉郎 총영사도 "면포 가운데 80퍼센트, 그리고 해산물 가운데 60-70퍼센트는 일본제품이다. 따라서 이러한 항목의 인하로 말미암아 일본제품의 수입이 상당히 증대되리라 생각된다"[170]-라고 하여, 관세재개정을 긍정적으로 평가하였다. 이와 같이 일본은 중국의 관세재개정을 자국의 입장을 고려한 대일 유화정책의

167_ 北支那協會, 『南昌四月會議と黃郛政權の再認識』, 1934.4, p.50.

168_ 中國第二歷史檔案館, 『中華民國史檔案資料滙編』第五輯 第一編 財政經濟(二), 江蘇古籍出版社, 1991, pp.102-103.

169_ 日本外務省, 『各國關稅竝法規關係雜件 - 中國ノ部』, E-3-1-2, X1-C1, 須磨總領事 - 廣田外相, 706號, 1934.6.21.

170_ 日本外務省, 『各國關稅竝法規關係雜件 - 中國ノ部』, E-3-1-2, X1-C1, 須磨總領事 - 廣田外相, 741號, 1934.6.29.

일환으로 받아들였다.[171]

8) 배일정책의 굴절과 중일관계의 변화

1927년 이래 남경국민정부는 북벌의 완수, 중국공산당 토벌전의 수행, 만주사변으로 본격화된 대일항전 등 일련의 정치, 군사적 현안을 해결하기 위해 막대한 규모의 재정을 필요로 하였다. 이러한 결과 국민정부는 만성적인 재정 부족의 상태에 빠지고 말았다. 1933년 말 재정부장 송자문은 국민정부의 재정에 매월 1,000여만 원의 적자가 발생하고 있다고 토로하였다.[172]

1934년 후임 재정부장으로 취임한 공상희도 국민정부의 재정에 관하여 "매월의 수입은 1,700만 원에 불과한데 지출은 3,000만 원으로 매월 1,200-1,300만 원의 적자가 발생하는 상태"[173]라고 언급하였다. 1931년부터 1933년까지 국민정부의 재정은 연평균 2억여 원의 세입이 부족한 상태였으며, 1935년이 되면 무려 3억 2,000만 원의 적자가 발생하였다.[174] 1930년대 중일전쟁 직전기에 국민정부의 재정 지출

171_ "중국정부는 7월 1일부터 현행 수입세율을 개정하여 즉시 실시하였다. 이는 관세 수입의 증가와 함께 외국과 일본 간의 불공정을 시정하기 위하여 일본제품에 대한 세율을 인하한다는 방침에 의거한 것이다. 이는 중일 경제관계의 조정을 도모한 것이다." 『大阪每日新聞』, 1934.6.22. 관세재개정은 재정적 성격과 함께 외교적 성격의 두 요소를 지니고 있다. 土井章, 「支那の新輸入税率とその財政政策」, 『外交時報』717, 1934.10, p.161.

172_ 上海日報社, 『中國年鑑』, 1934.12, p.66.

173_ 田中忠夫, 「支那の經濟的危機」, 『經濟往來』9卷 5號, 1934.5, pp.386-387.

내역은 다음의 표에서 잘 나타나고 있다.

1930년대 국민정부의 재정 지출 내역 (단위: %)

연도	당무비	행정비	군사비	각성교부금	채무비	기타
1930	0.7	5.2	40.0	8.6	37.2	8.2
1931	0.5	4.3	39.8	9.3	35.4	10.6
1932	0.6	5.6	44.1	9.4	28.9	11.3
1933	0.6	7.4	41.6	6.1	27.3	17.0
1934	0.6	10.4	37.6	5.4	23.0	22.7
1935	0.6	18.2	33.5	11.2	28.7	7.7
1936	0.5	25.0	32.5	10.7	24.1	7.1
1937	0.7	19.4	39.2	3.1	32.4	5.1

출처: 島一郞, 「中國民族工業に對する統稅の重壓」, 『經濟學論叢』18卷 1, 2, 3期, 1969.1, p.306.

위의 표에서 잘 알 수 있듯이 국민정부의 지출 가운데 가장 큰 항목을 차지한 것이 바로 군사비와 채무를 상환하기 위한 비용이었다. 이러한 재정의 지출 구조는 중요한 의미를 내포하고 있다. 먼저 전체 지출 구조에서 채무 상환의 항목이 상당히 높다는 점이 눈에 띈다. 국민정부는 매년 재정 수입 가운데 30퍼센트 정도를 채무를 상환하기 위한 비용으로 지출하였다. 국민정부는 재정을 보충하기 위해 공채를 발행하였으며, 공채의 상환이 다시 재정의 악화를 가중시키는 주요한 요인으로 작용하였다. 다시 말해서 국민정부는 공채를 상환하기 위해 다시 공채를 발행했던 것이다.

이 밖에 군사비의 지출이 지나치게 높다는 사실은 국내의 통일을 완수하기 위한 중국공산당 토벌전의 수행과 함께 만주사변 이후 본

174_『支那經濟年報』第一輯, 白揚社, 1936, p.245.

격화된 중일관계의 악화를 반영한 것이다. 국민정부의 재정상태는 만주사변으로 인한 군사비 지출의 증대와 동북시장의 상실로부터 기인하는 세원의 감소로 말미암아 크게 악화되었다. 중국 관내에서 동북지역으로 수출되는 총액은 1931년 13억 9,600만 원에서 만주사변이 발발한 다음 해인 1932년에는 7억 7,700만 원으로 반감되었으며, 그만큼 국민정부의 세수도 감소하게 되었다.[175] 이렇게 볼 때 남경국민정부의 경제 건설을 가로막았던 일차적인 원인은 정치, 군사적 불안정이었으며, 이후 중일관계의 변화 역시 중국 측의 심각한 적자재정이 주요한 근거였음을 짐작할 수 있다.

만주 침략으로 본격화된 일본의 중국 침략과 이로 인한 양국 간의 정치, 군사적 대립은 군사비의 지출을 제고시켜 결과적으로 중국정부의 재정 악화를 가속화시키는 주요한 요인이 되었다. 따라서 중일간의 정치, 군사적 긴장을 완화시키는 일은 바로 재정문제를 해결하기 위한 방편이기도 하였다. 이러한 사실은 국민정부의 외교적 변화와 중일화해의 움직임을 재정문제와 관련하여 해석한 다음과 같은 일본의 언론 보도에서도 잘 확인할 수 있다.

> 장개석으로서는 미증유의 재정, 경제적 위기에 직면하여 안으로는 중국공산당 세력이 발호하고 밖으로 구미의 원조를 기대하기 어려운 상황에서 중일친선공작은 필연적인 선택이 아닐 수 없다.[176]

175_ 吉原次郎, 「支那紡績業と民族銀行資本について」, 『滿鐵調査月報』17卷 12號, 1937.12, p.149.

176_ 『大阪朝日新聞』, 1935.2.20.

한편 앞에서 살펴본 중국의 관세 인상 조치는 재정수지의 악화를 가속화시키는 요인이 되었다. 국민정부는 시급히 정치, 군사비용을 조달해야 했으며, 세계공황 이후 중국경제는 침체의 늪에 빠져 있었다. 이와 같은 경제적 현안은 관세를 인상하기 위한 객관적인 조건이었음에도 불구하고 배일적 성격이 농후한 관세개정은 결국 본래의 목적을 성공적으로 달성할 수 없었다. 왜냐하면 수입관세를 대폭적으로 인상한 결과 수입 절대량이 감소되었을 뿐만 아니라, 관세율이 대폭 인상된 품목은 수입이 감소한 대신 천진항을 통한 밀수출이 증가하여 당초 기대했던 세수의 확보에 실패하고 만 것이다.

재정을 확보하기 위해 수입관세를 대폭 인상한다면 이는 수입 수량 자체를 감소시켜 오히려 세수의 확보를 어렵게 할 것이라는 우려는 이미 관세 인상을 전후하여 지적되고 있었다. 일본 측은 "국민정부는 관세개정의 목적이 재정난의 구제에 있다고 하지만, 고율 인상은 수입 자체를 봉쇄하여 도리어 국고 수입을 감소시키게 될 것"[177]이라고 하여 반대의 뜻을 표명하였다. 더욱이 국민정부 내부에서도 "관세장벽을 무리하게 제고하면 소비자의 부담이 가중될 뿐만 아니라 밀수입을 촉진시킬 우려가 있다. 현재의 수입세율 중에도 종류에 따라서는 지나치게 높아 오히려 인하가 요망될 정도"[178]라는 의견이 제기된 바 있다.

1933년도의 관세 인상은 강한 배일적 성격을 가지고 있었으며, 송

---

[177]_ 日本商工會議所,「支那の關稅引上に就いて」,『經濟月報』5卷 6號, 1933.6, p.46.

[178]_「日支關稅協定滿期後當分現行輸入稅率襲用」,『金曜會パンフレット』96 號, 1933.5, p.4.

자문을 중심으로 한 재정부의 주도로 입안된 것이다. 1932년 12월 16일 중국국민당 제4계 3중전회에서 '항일안'이 가결되었으며 송자문, 진공박 등은 이를 위한 구체적인 방안을 제출하였다. 주요한 내용은 전국적으로 시행되고 있는 일화배척운동을 국민당 및 정부가 지도해 나가야 한다는 것이다. 따라서 송자문은 국내산업의 보호를 단순히 전국적인 배일운동에만 의지할 것이 아니라, 정부 차원에서 합법적인 관세 인상을 통해 일화를 저지하고자 하였던 것이다.

그럼에도 불구하고 관세 인상은 재정의 보충보다는 오히려 무역 총량의 감소를 가져와 관세수입의 감소를 초래하였으며, 적자재정의 상황 속에서 관세 인상에 대한 재개정의 의견이 제기되기 시작하였다. 이러한 의미에서 중일 간의 정치적 대립을 완화시키는 일은 적자재정을 해소할 수 있는 방편이 아닐 수 없었다.

한편, 일본의 입장에서도 중국과 인도는 양대 수출시장이었지만, 만주사변 이후 만성적인 일화배척운동으로 말미암아 수출시장으로서 중국의 비중이 크게 감소하였다. 이러한 의미에서 인도시장은 일본 수출의 생명선과 다름없었다.[179] 그러나 1930년대 초 세계공황 이후 영제국을 중심으로 한 경제블럭이 형성되는 와중에서 1933년 4월 인도는 돌연 일인통상조약의 파기를 선언하고 관세 인상을 주요한 내용으로 하는 '인도산업보호안'을 의회에 상정하였다.

일본정부는 인도의 일인통상조약 파기라는 조치를 매우 엄중하게 받아들이고 있었다. 왜냐하면 인도가 단행한 극단적인 조치의 배후에 식민지 본국인 영국이 깊이 개입했다고 믿었기 때문이다. 인도가

179_ 三瓶孝子, 『日本綿業發達史』, 慶應書房, 1941.12, p.201.

통상조약의 파기를 선언한 4월 11일은 3월 27일 일본이 국제연맹의 탈퇴를 선언하고 얼마 지나지 않은 시점이었다. 국제연맹을 탈퇴한 이후 일본으로서는 국제사회로부터의 정치적 고립을 우려하는 불안감이 팽배하였다.

일본은 인도와의 통상 마찰 이후 수출시장을 안정적으로 확보해야 할 필요성을 절실히 느끼고 있었다. 이에 따라 '일본경제의 안전판'[180]으로서 중국시장의 중요성이 한층 부각되었으며, 이를 위해서는 먼저 중국시장이 소비시장으로서 기능할 수 있는 정치적인 여건이 조성되지 않으면 안되었다.

이러한 의미에서 히로타 외상은 의회에서의 연설을 통해 불위협, 불침략주의를 표명하였는데, 여론은 "일본으로서는 중국의 일화배척운동으로 인해 세계시장으로 진출하지 않으면 안되었다. 그런데 이제 세계시장으로부터 배척당해 다시 중국시장으로 돌아왔다"[181]고 평가하였다. 또 다른 언론도 "중국과의 국교를 호전시켜 상호 이익을 위해 경제적 교류를 회복함으로써 잃었던 시장을 되찾도록 노력해야 한다"[182]고 강조하였다.

1930년대 중국 침략정책에서 주도적 역할을 수행한 일본군부도 기본적으로 이와 동일한 인식을 가지고 있었다. 관동군 측은 각국의 경제블럭 형성과 함께 안정적인 시장의 필요성을 제기하면서 주요한 대상지로서 중국의 중요성을 강조하였다. 이에 대해 관동군은 "일본

180_ 野村叢文, 「支那市場の重要性」, 『綿業春秋』1卷 1號, 1936.3, p.10.
181_ 太田宇之助, 「日支調整より提携へ」, 『支那』26卷 4號, 1935, p.36.
182_ 『綿業時報』1卷 3號, 1933.6, p.37.

은 과연 최후까지 사수할 수 있는 시장을 가지고 있는가. 세계적인 경제블럭의 진전 속에서 일본은 적어도 7-8억 원대의 무역액을 유지할 수 있는 절대적인 시장이 필요하며 이를 위해 중국시장을 확보하지 않으면 안된다"[183]라는 의견을 제기하며, 이를 위한 전제로서 중일친선, 중일경제제휴의 필요성을 강조하였다.

도쿄 주재 영국대사관의 상무관은 '일본경제상황보고서(1933-34)'에서 중일경제제휴의 경제적 근거를 다음과 같이 지적하였다.

> 일본의 수출품은 세계 도처에서 배척당하고 있다. 일본정부와 국민이 이러한 난관을 돌파하기 위해서는 필연적으로 중국에서 판로를 개척해야 할 처지이다. 만약 일본이 정치적으로 중국을 지배하게 된다면 일본은 자국품을 배척한 제국에 대해 중국에서 똑같이 앙갚음을 할 것이다. 그러나 현재 일본제품을 가장 격렬하게 배척하고 있는 곳은 다름 아닌 중국이다.[184]

일본은 동북 침략과 만주국 수립 이후 국제적 고립을 탈피하고 미국, 영국에 의존하는 중국을 친일로 돌아서게 해야 할 필요성을 느끼고 있었다. 이러한 인식은 중일친선, 중일경제제휴 등의 분위기를 조성하기 위한 필요조건이 되었다. 특히 경제적으로는 배일운동의 단속을 통해 중국시장을 안정적으로 확보한다는 의도를 가지고 있었다. 이러한 측면에서 일본의 정책 방향은 중국시장의 중요성에 대해 새

183_ 中濱義久, 「日本製品に對する列國の輸入防渴措置」, 『滿洲國關稅改訂及日滿關稅協定方策』第一卷續, 1935.7(立案調査書類 第23編 第1卷續), pp.1020-1021.

184_ 「北支に於ける日支經濟提携問題」, 『東亞』10卷 3號, 1937, pp.48-49.

롭게 인식한 일본 산업자본가들의 이해를 대변했다고 할 수 있다.

앞서 언급한 바와 같이 만주사변 및 만주국 성립을 통해 일본은 중국 동북지역을 독점적인 시장으로 확보할 수 있었다. 그러나 동북시장의 확보는 반대로 중국에서의 격렬한 일화배척운동을 촉발시켜 중국시장의 상대적 비중을 저하시켰다. 예를 들면, 일본의 총수출에서 중국이 차지하는 비중은 공황 이전인 1928년에는 14퍼센트에 달하였으나 1932년에는 8퍼센트, 더욱이 관세 인상이 단행된 1933년에 이르러서는 5퍼센트로 격감하였다.[185]

이렇게 볼 때 만주사변으로 인한 일본경제의 이득은 그리 크지 않았다고 할 수 있다. 이러한 사실은 중국시장과 동북시장에서 차지하는 비중의 변화를 지적한 다음의 연구에서도 잘 확인되고 있다.

> 만주 침략을 통해 일본은 만주시장을 독점할 수 있었다. 그러나 한편으로 일화배척운동으로 말미암아 화중, 화남의 대시장을 상실하고 말았다. 중국에 대한 일본의 수출은 화중, 화남으로의 수출을 만주로 대체했을 뿐 총량은 증대되지 않았다.[186]

실제로 일본의 중국 침략으로 말미암아 열강 간의 시장 점유율에는 큰 변화가 발생하였다. 중국은 일본자본주의가 발전하는 과정에서 불가결한 시장이었지만 공황 이후, 특히 만주사변 이후 그 중요성이 현저히 감소되었다. 말하자면 정치, 군사적인 중일관계의 악화가

185_ 大橋逸三, 「北支工作と日支綿業關係の編成替」, 『大日本紡績連合會月報』541, 1937.9, p.31.
186_ 原郎, 「大東亞共榮圈の經濟的實態」, 『土地制度史學』71號, 1976.4, p.15.

그대로 중일 간의 무역 규모를 축소시킨 것이다. 예를 들면, 1930년 일본의 대중국 무역은 수출이 총액 가운데 15.3퍼센트를 차지하였으며, 수입은 총액 가운데 7.5퍼센트를 차지하였다. 그러나 1934년 수출은 5.4퍼센트, 수입은 5.5퍼센트에 불과하였다.[187]

중국 수출무역에서 일본, 미국, 영국의 비중 변화   (단위: %)

국가	1913년	1923년	1929년	1934년
일본	16.8	26.3	25.2	15.1
미국	9.3	17.2	13.5	17.6
영국	4.0	5.7	7.3	9.3

출처: 浪江淸太,「支那外國貿易論」,『支那經濟事情硏究』, 東亞事情硏究會, 1935, p.121.

중국 수출무역에서 일본, 미국, 영국의 비중 변화   (단위: %)

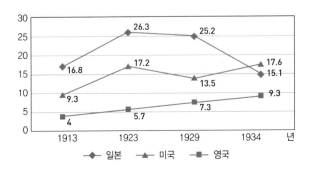

앞의 그래프는 1913년부터 1934년까지 중국 수출무역에서 각국의 비중 변화를 그래프로 나타낸 것이다. 이로부터 일차대전 이후 중국의 대외무역에서 수위를 차지해왔던 일본의 비중이 만주사변 등 배

187_ 東亞經濟調局,「最近日本的對華貿易」,『經濟評論』3卷 1號, 1936.1, p.1.

일운동을 기점으로 급속히 저하되었으며, 일본으로부터의 수입은 중국의 우호국인 미국, 영국 등으로 대체되었음을 알 수 있다. 더욱이 이러한 추세가 가속화되고 있음을 잘 알 수 있다. 이러한 결과 1930년대 전반기 중국의 대외무역에서 수출입의 총액과 국가별 비중은 다음과 같다.

1930년대 전반기 중국의 대외무역 (단위: 천원)

국가	1933년도			1934년도		
	수출	수입	합계	수출	수입	합계
미국	113,146	297,468	410,614	94,435	271,732	366,167
영국	48,765	154,041	202,806	49,806	124,647	174,453
일본	95,807	132,349	228,156	81,232	126,886	208,118
기타	354,575	775,120	1,129,695	310,260	515,714	825,974
합계	612,293	1,358,978	1,971,271	535,733	1,038,979	1,574,712

출처: 馮亨嘉,「最近中日貿易與英美日在華市場之戰爭」,『錢業月報』15卷 11期, 1935.11, p.27.

위의 표에서 보는 바와 같이 중국의 대외무역에서 일본의 비중이 감소한 반면 미국과 영국과의 교역 규모는 점차 증대되고 있었다. 1930년대 미국은 영국, 일본을 제치고 교역 규모에서 중국의 가장 중요한 무역 상대국이 되었다. 이렇게 볼 때, 중일경제제휴는 바로 중일 간의 무역 축소를 시정하고 나아가 확대 발전시켜 나아가는 것이 주요한 목적이었음을 알 수 있다.

9) 중일경제제휴론과 중국 외교노선의 변화

앞서 살펴본 바와 마찬가지로 만주사변 이후 본격화된 중일관계의 악화는 중일 양국에 심대한 타격을 주었다. 국민정부는 중국공산당 토벌전을 수행하기 위해 이미 막대한 군사비를 지출하고 있었는데, 중일 간의 정치, 군사적 충돌로 인한 천문학적 재정 부담을 더 이상 감당하기 어려운 지경에 이르게 된 것이다. 일본으로서도 영제국 경제블럭의 형성과 이로 인한 세계적인 일화배척운동의 와중에서 중국 시장의 안정적 확보는 절실한 과제가 아닐 수 없었다. 이와 같은 양국의 인식을 기초로 중일관계의 안정과 화해는 당면의 정책적 과제로 등장하게 되었다.

1933년 7월 25일 주미 일본대사관 참사관인 다케토미 도시히코武富敏彦는 "일본이 현상을 기초로 중국과 화해를 모색하고 장개석도 이를 수용하려고 하지만, 송자문과 기타 몇몇은 여기에 동의하지 않는다"[188]라고 하여 송자문을 중일화해의 최대 걸림돌로 지적하였다. 만주사변 이후 송자문의 이름은 바로 배일정책의 상징이 되었으며,[189] 따라서 중일화해는 송자문 및 그가 실시한 정책의 변화가 전제되지 않으면 안되었다.

1933년 7월 19일부터 26일에 걸쳐 소집된 제1차 여산회의에서 장개석은 화북지역에 일부 군대를 주둔시키는 외에는 모든 군대를 강서지역에 집중시켜 중국공산당 토벌전剿共에 대비하기로 결정하였다.[190] 말하자면, 중국공산당에 대해 군사적 역량을 집중시키기 위해서 중일관계의 악화로 인한 군사적 충돌의 위험성을 감소시키지 않으면 안되었던 것이다. 따라서 이 회의에서 대일외교 방침에 대해

188_ 『美國對外關係文件』(Foreign Relations of United States, Diplomatic Papers) 第三卷, 美國政府出版署(中國本), 1933, pp.503-504.
189_ 場希孟, 『上海資本家與國民政府』, 中國社會科學出版社, 1988, p.152.
190_ 『新聞報』, 1933.7.25.

"항일정책은 국내의 반장파에게 빌미를 제공할 뿐만 아니라 일본과의 긴장상태를 조성할 우려가 있으므로 왕정위, 황부의 대일정책을 채택하기로"[191] 결정하였다. 이는 송자문을 중심으로 하는 구미파의 정책으로부터 왕정위를 중심으로 하는 대일화해파의 정책으로 전환되었음을 의미하는 것이다.

7월 30일 장개석은 왕정위와 회담한 이후 "대미외교를 위해 출국한 송자문이 귀국한 이후에도 대일방침을 변경하지 않을 것"[192]에 합의하였다. 8월 16일에는 대일 강경외교를 주장하던 외교부장 나문간과 외교부차장 유숭걸劉崇杰이 사직하고 왕정위가 외교부장을 겸임하게 되었으며, 외교부차장에는 왕정위 휘하의 친일파인 당유임이 임명되었다. 뿐만 아니라 왕정위는 친일파의 일원인 고종무를 아주사장 대리로 발탁하여 대일외교의 포진을 갖추었다.

중국의 언론은 나문간의 사직을 국민정부가 외교상 대일 타협정책을 실행하는 분기점으로 해석하였다. 중국의 언론은 이를 계기로 국민정부의 외교방침, 특히 대일태도의 변화를 지적하였으며, 8월 23일 일본공사관의 아리노 마나부有野學 서기관도 중일 양국이 외교상 접근 중이라는 담화를 발표하였다.[193]

9월 초 개최된 여산회의는 사실상 국민정부의 대일방침을 확정하는 자리였다. 국민정부는 회의에서 동삼성과 열하를 할양하거나 만주국을 승인하는 일은 불가하지만, 그 외의 문제에 대해서는 일본과

191_ 東亞硏究所, 『日本大陸政策の發展』, 1940, p.39.
192_ 東亞硏究所, 『日本大陸政策の發展』, 1940, p.40.
193_ 『新聞報』, 1933.8.24.

타협하여 일체 일본의 감정을 자극하는 행동이나 언급을 피하기로 결정하였다. 그러나 이러한 국민정부의 외교방침에 대해 송자문은 정면으로 반대하였다. 장개석과 왕정위는 일본과의 우호관계를 회복해야 한다고 주장하였으나, 송자문은 기존의 배일방침을 견지해야 한다고 주장하였다.[194]

마침내 1933년 10월 25일 송자문은 재정부장의 직위로부터 해임되었으며, 이는 배일의 해소를 위한 상징적인 조치였다. 일본이 송자문을 배일의 거두로서 인식하는 한 중일친선은 달성되기 어려운 일이었다. 10월 27일, 중국국민정부 행정원은 실업부, 재정부, 외교부 등 관계기관과의 연합회의를 개최하여 관세개정으로 인한 미증유의 무역 역조와 무역의 조정문제를 논의하고 관세율의 재개정에 합의하였다.[195]

이러한 가운데 1935년 1월 22일 일본의 히로타 고키廣田弘毅 외상은 중국에 대해 '중일친선', '중일제휴'를 주창하였다. 일본의 아리요시 아키라 공사는 남경으로 달려가 왕정위와 장개석을 만나 중일친선의 뜻을 전하였으며, 장개석도 중일경제제휴와 중일친선에 공감을 표시하였다. 1월 29일 장개석은 남경군관학교 내의 관사로 일본공사관 무관인 스즈키 데이이치鈴木貞一 중장을 초치하여 중일관계에 관해 논의하였다.

양자의 회견은 친일파 당유임의 통역으로 진행되었다. 먼저 장개석은 중일관계의 호전에 비추어 현안의 문제를 해결하기 위해서는 중일 간의 교섭이 필요하다고 역설하였다. 이에 스즈키는 "중국이

194_ 吳景平, 『宋子文評傳』, 福建人民出版社, 1992, p.216.
195_『上海日日新聞』, 1933.10.28.

일본의 세력을 무시하고 헛되어 구미 세력에 의존하는 것은 중일관계의 중대한 장애"임을 강조하며, 구미 각국으로부터 무기와 군비를 도입하는 정책을 포기하도록 요구하였다. 이와 함께 배일운동 및 배일교육을 철저히 근절할 것을 요구하였다. 장개석은 이에 원칙적으로 공감을 표하며 배일의 단속을 약속하였다.[196]

같은 날 왕정위도 아리요시 공사와 회견하였는데, 여기서 왕정위는 장개석, 황부와 논의한 결과 중일화평의 방침을 결정하였다는 사실을 전해 주었다. 그리고 중일관계의 긴장 완화를 위해 일본이 중국 침략의 의사가 없다는 뜻을 표명해 주도록 요청하였다. 이에 대해 아리요시는 배일운동의 단속과 일본에 대한 적대적 행위의 금지를 선결조건으로 요구하였다.

다음 날인 1월 30일 장개석은 아리요시 공사를 만나 히로타 외상의 연설에 동의하며, 중일관계의 개선을 위한 의견을 구하였다. 여기서 장개석은 일본군부의 강경한 태도를 완화시켜 주도록 아리요시 아키라 공사에게 요청하였다. 이에 아리요시 공사는 배일운동의 철저한 단속을 재차 요구하였다.[197] 2월 2일 장개석은 대국민담화를 발표하여 중국정부가 종래부터 배일운동을 금지해 왔음을 강조하며, 중일관계의 호전에 비추어 배일운동을 금지하도록 포고하였다.[198]

상해 일본공사관의 요코다케 헤이타로橫竹平太郎 상무참사관은 2월 13일에 중일경제제휴에 대해 "중국의 농업방면에 기술을 원조하

196_ 上海日報社, 『中國年鑑』, 1935, pp.123-124.
197_ 東亞硏究所, 『日本大陸政策の發展』, 1940, p.66.
198_ 上海日報社, 『中國年鑑』, 1935, pp.125-126.

고 면화의 대량 생산을 지원하며, 일본에서 이를 구입하도록 한다"는 구체적인 방법을 언급하였다. 바로 다음 날 일본외무성은 시게미쓰 마모루重光葵 외무차관을 비롯하여 요코다케 상무참사관, 구루스 사부로來栖三郎 통상국장, 가와시마 가쓰에桑島主計 동아국장 등이 참석하여 중일경제제휴의 구체적인 방안에 대해 논의하고, 다음과 같이 합의하였다.

① 중국은 배일운동을 단속하여 성의를 표시하도록 한다. 일본은 중국에서 면화 등의 농산물을 수입하고 동시에 중국으로 공업품, 기계류 등을 수출한다.

② 중국경제의 안정을 위해 신용제도의 설정이 필요하다.

③ 백은 유출 이후 발생할 재정상의 불안에 대책을 강구한다.[199]

2월 16일 요코다케 상무참사관은 히로타廣田 외상을 예방하여 중국의 재정 경제 상황을 보고한 이후, 경제제휴를 위한 방안을 다음과 같이 건의하였다.

① 중국의 배일사상을 근절하는 것이 바로 경제제휴의 근본 목적이다.

② 바터제도를 채용하여 일본은 중국의 면화 등 농산물을 수입하고, 일본은 공산품을 중국에 수출한다.

③ 중국농업에 대해 적극적으로 기술 및 경제 원조를 실행한다.

④ 차관문제를 원만하게 진행시킨다.[200]

199_『紡織週刊』5卷 6期, 1935.2, p.175.
200_『紡織週刊』5卷 6期, 1935.2, p.177.

이상에서 살펴본 바와 같이 중일경제제휴의 구상은 기존 중일 간의 무역 구조 상에서 나타난 현상을 더욱 강화하고 확대하려는 의미를 가지고 있었다. 아래의 표에서 나타난 바와 같이 중일 간의 무역구조를 살펴보면 중국의 대일 수출품목 가운데 가장 큰 비중을 차지한 것이 바로 면화였으며, 반대로 일본의 대중 수출품목 가운데 가장 큰 비중을 차지하는 것은 바로 면직물이었다. 따라서 만주사변 이후 양국 무역의 축소를 중일경제제휴를 통해 종래 중일 간의 무역구조를 유지하면서도, 주력 품목의 교류를 확대해 나감으로써 양국의 외교 및 경제관계를 회복시키고 나아가 발전시켜 나아간다는 목적이 있었던 것이다.

중일 양국의 주요 수출입 상품   (단위: 천원)

중국의 대일본 주요 상품 수출				일본의 대중국 주요 상품 수출			
주요상품	1932	1933	1934	주요상품	1932	1933	1934
면화	18,886	24,348	15,693	면포	37,150	25,299	13,030
식용유	6,873	9,478	11,215	철제품	2,663	6,059	10,108
식물섬유 (면화제외)	5,898	7,923	10,170	설탕	2,655	6,158	6,990
면	5,190	6,027	8,712	기계및부품	3,847	4,951	6,691
석탄	2,719	4,104	6,818	종이	5,122	4,786	6,153
피혁	2,351	4,901	5,472	수산물	2,532	2,279	4,432

출처: 陳志遠, 「中日經濟提携之基礎工作論」, 『經濟評論』2卷 3號, 1935.3, p.6.

1935년 2월 19일 행정원장 왕정위는 각 성시에 일본상품의 검사와 항일조직의 활동을 중지하도록 명령하였다. 같은 날 국제사법재판소 판사인 왕총혜는 국민정부의 대표로서 도쿄로 가 열흘에 걸쳐 일본 조야의 인사와 접촉하고 중일경제제휴에 관해 논의하였다. 왕정위는

2월 20일 히로타 외상과 회담하고 중일의 제휴를 위해서는 "첫째, 중일 평등의 원칙, 둘째, 불위협, 불침략, 셋째, 외교교섭은 외교기관을 통할 것"[201]이라는 중국 측의 3원칙을 제시하였다.

2월 27일 장개석은 왕정위와 연명으로 전국 각 기관과 단체에 배일운동을 엄격히 금지하도록 하는 지시를 하달하였다. 같은 날 국민당 중앙정치회의는 각 신문 통신사에 통고하여 배일과 일본상품의 반대 기사를 게재하지 못하도록 하였다. 3월 1일에는 중앙당부선전위원회주석의 명의로 전국의 각 당부에 배일행위의 중지와 함께 중일경제제휴의 뜻이 전달되었다.[202] 이러한 가운데 1935년 5월 8일 일본과 국민정부는 양국의 공사를 대사로 승격시켜 장작빈과 아리요시 아키라를 각각 주일대사와 주중대사로 임명하였다.

10) 중일경제제휴론과 중일관계의 변화

이상에서 살펴본 바와 같이 중일경제제휴는 국민정부에게는 중일화해 무드의 조성을 통해 중일 간의 군사적 긴장을 완화시켜 군사비의 지출을 경감시키고, 이를 통해 중국공산당 토벌전에 전력할 수 있는 정치, 군사적 환경을 조성한다는 의미를 가지고 있었다. 다른 한편 일본에게는 영제국 경제블럭이 형성된 이후 인근의 중국을 안정적인 원료 공급시장과 제품 수출시장으로서 확보하고자 하는 목적

201_ 尾岐秀實, 『嵐に立つ支那』, 亞里書店, 1937, p.197.
202_ 東亞硏究所, 『日本大陸政策の發展』, 1940, p.66.

이 있었다.

　이 밖에 일본의 입장에서는 경제적인 이해 이외에도 정치적인 화해와 긴장의 완화를 통해 동북지역의 점령과 만주국의 성립을 기정사실화하려는 의도가 있었다. 세계공황과 경제블럭의 진행 속에서 일본에게 독점적인 만주시장을 확보하는 일은 매우 중요한 의미를 가지고 있었다. 이러한 사실은 1933년 4월 송자문이 일본에 기항했을 당시 일본이 전개한 외교활동으로부터도 짐작할 수 있다. 일본천황은 외무성 루트를 통해 송자문에게 만주에 대한 중국 측의 법률소유권을 포기한다면 일본은 중국에 대한 침략정책을 중지하겠다는 의사를 전달하였다. 그러나 송자문은 일본외무성과의 접촉마저 단호히 거부함으로써 영토주권에 대한 중국의 의지를 다시 천명하였던 것이다.[203]

　이미 1934년 초부터 중일 간 정상적인 경제관계를 회복하기 위해 양국 공상자본가들을 중심으로 그 필요성이 제기되고, 이를 위한 구체적인 논의가 본격적으로 전개되기 시작하였다. 1934년 3월 일본의 도미타 유타로富田勇太郎 재무관은 상해를 방문하여 중국금융계 및 공상자본가들과 중일경제제휴의 필요성과 그 실천 방안을 협의하고 16일 귀국하였다. 도미타는 상해에 체재하면서 중국은행 총재 장공권, 염업은행 경리 진개陳介, 송자문과도 협의하였다.

　회담에서 도미타는 송자문에게 중국이 배일정책으로 일본을 경제적으로 압박하는 행위는 잘못된 처사이며, 양국의 외교는 무엇보다도 경제관계의 정상화가 급선무임을 강조하였다. 이에 대해 송자문

吳景平, 『宋子文評傳』, 福建人民出版社, 1992, p.208.

도 동의를 표시하고 중일경제제휴의 방침에 원칙적인 찬성의 뜻을 전하였다. 특히 장공권은 중일경제제휴의 필요성에 가장 적극적이었다.[204]

중국은 대일 화해와 중일경제제휴의 상징적 조치로서 관세재개정을 단행하여 수입관세를 인하하였다. 이에 대해 "중국과의 국교를 호전시켜 상호 이익을 위해 경제적 교류를 회복함으로써 잃었던 시장을 되찾도록 노력해야 한다"[205]는 일본언론의 보도를 보더라도, 일본은 중일친선의 분위기를 통해 수출시장의 확대를 기대하고 있었음을 잘 알 수 있다.

중일경제제휴는 중국에 대한 일본의 자본 수출 가운데 대표적 존재인 재화 일본방직공업에게도 새로운 발전의 전기를 마련해 주었다. 재화 일본사창에서 생산된 면제품은 1923년 이후 상해사포교역소에 상장이 금지되어 왔다. 1923년 여대회수운동을 계기로 중국은 대일경제절교운동을 전개하였으며, 이러한 운동의 일환으로 상해사포교역소는 일본사창 제품의 반입과 판매를 거부하기로 결정하였다.[206]

재화일본방적동업회 총무이사인 후나즈 다츠이치로船津辰一郎는 중일관계의 호전을 계기로 일본사창 제품도 상해사포교역소에 상장할 수 있도록 국민정부에 요청하였다. 그는 영국사창의 제품이 상장되고 있는 상황에서 유독 일본사창의 제품이 상장되지 못할 이유가 없다고 주장하였다. 후나즈는 이를 실현하기 위해 국민정부 내의 실

204_『大阪每日新聞』, 1934.3.15 및 1934.3.17.

205_『綿業時報』1卷 3號, 1933.6, p.37.

206_ 高村直助, 『近代日本綿業と中國』, 東京大學出版會, 1982, p.143.

력자인 두월생과 접촉하였으며, 상해사포교역소 이사장인 목우초에게도 일본사창 제품의 반입과 판매를 정식으로 요청하였다. 일본사창은 3월 30일 상해사포교역소 앞으로 요청서를 보내는 동시에 국민정부 재정부에도 이를 청원하였다.[207]

상해사포교역소 이사회는 중국방직공업 측의 반대를 고려하여 주저하였으나 결국 두월생의 주선으로 일본 측의 요구를 받아들였다. 상해사포교역소 이사장 목우초는 6월 12일 이사회를 개최하여 재화일본사창의 가입을 협의한 이후 6월 20일 재화일본방적동업회 총무이사인 후나즈에게 이를 허가한다는 내용의 회신을 전달하였다. 마침내 1935년 8월 1일부터 재화 일본사창 제품의 상장이 승인되었다. 이는 중일친선을 통해 중국시장에서 판로를 확대하려는 상징적인 사건이었다.[208] 일본사창으로서도 배일의 해소를 통해 면제품의 소비시장을 확대하기 위해서는 중일친선의 분위기가 선행적으로 조성되지 않으면 안되었다.

일본사창은 사포교역소에 자사의 제품을 상장할 수 있게 되었을 뿐만 아니라, 만보산사건 이후 사실상 중단되었던 상품의 광고도 재개할 수 있게 되었다. 이에 따라 6월 24일부터 중국신문에 일본회사의 이름을 게재하는 것이 가능하였으며, 7월 8일부터는 일본상품의 광고를 게재할 수 있게 되었다.[209]

한편 일본은 중국을 제품의 소비시장뿐만 아니라 원료의 공급시장

207_「日支關係の調整と在支綿業」, 『東洋貿易研究』14卷 8號, 1935.8, p.1287.
208_ 日本外務省, 『各國ニ於ケル本邦輸出綿紗布取引關係雜件』3卷, E-4-5-0, 有吉 - 廣田外相, 第487號, 1935.6.15.
209_「日支關係の調整と在支綿業」, 『東洋貿易研究』14卷 8號, 1935.8, p.1286.

으로도 확보하고자 하였다. 특히 중국에서 면화를 안정적으로 확보하는 일은 일본 최대의 공업부문이며 최대의 수출산업인 방직공업의 발전을 위해서 매우 긴요한 일이 아닐 수 없었다. 면화와 중일경제제휴의 관련에 대하여 당시 미쓰이三陵재벌은 "면화의 개량과 경작 방식이 발전된다면 장래 중국면화를 일본의 수요에 충당할 수 있게 될 것이다. 이것이 바로 중일경제제휴에서 농업의 중요성을 누차 강조하는 중요한 원인"[210]이라고 설명하였다.

이러한 이유에서 중국 일반에서도 중일경제제휴를 추진하는 일본의 의도를 '공업일본, 농업중국'의 경제 예속을 심화시키기 위한 의도로 해석하여 다음과 같이 경계하였다.

> 중일경제제휴론에서 우리가 가장 주의해야 할 것은 일본이 경공업국으로서 면제품이 대외수출품 가운데 수위를 차지하고 있다는 점이며, 더욱이 이러한 면제품의 원료인 면화가 일본에서 충분히 생산되고 있지 않다는 점이다.[211]

일본공사관의 상무참사관인 요코다케 헤이타로横竹平太郎는 경제제휴의 구체적인 방안을 협의하기 위해 본국으로 일시 귀국하였다. 요코다케는 히로타 외상 및 각 방면과 협의하고 4월 4일 중국으로 돌아와 중일경제제휴의 구체적인 실천방안에 관해 화북지역의 면화

210_ Mitsubishi Economic Research Bureau, *Japanese Trade and Industry*, 1936, p.237.

211_ 畢雲程, 「中日經濟提携と中國の紡績業」, 『日支經濟提携に對する支那側の意見』, 上海雜誌社, 1935.5, p.1.

를 개량하여 일본으로의 수출을 증가시켜야 한다는 주장을 다음과 같이 피력하였다.

> 일본은 매년 해외로부터 4억 원에 상당하는 면화를 수입하고 있으며, 중국으로부터도 3,000만 원 상당의 면화를 수입하고 있다. 그러나 이는 방적용이 아니기 때문에 중국이 면화를 점차 개량한다면 일본이 중국에서 가져갈 수 있는 면화는 매년 증가하여 수년 후에는 1억 원 정도에 달하게 될 것이다.[212]

1935년 5월 28일 히로타 외상은 재차 아리요시 아키라 대사와 중일경제제휴의 구체적인 방안을 협의하고 중국면화의 증산과 개량을 조장함과 동시에 재배된 면화를 일본방직공업으로 하여금 실제로 수용하도록 하는 문제를 협의하였다. 아리요시 대사는 귀임길에 관서지방의 방직공업 관계자들과 회견하고, 중국면화의 매입에 대해 협의하였다. 주요한 내용은 하남, 산동, 강서성 방면의 면화가 상당히 증산되었고 품질도 개량되었기 때문에, 일본으로서는 가능한 한 다량의 면화를 구입하여 경제제휴에 일조할 수 있도록 하는 것이었다.[213] 이와 같이 중일경제제휴에서 면화의 확보는 매우 핵심적이 문제였음을 잘 알 수 있다.

한편 1935년 7월 2일 관동군, 남만주철도주식회사, 동양척식주식회사와 만주국 재정부, 실업부는 장춘에서 개최된 연석회의에서 화북자원을 확보하기 위한 구체적인 대강을 결정하였다. 회의 결과 광

212_ 『朝日新聞』, 1935.2.12.
213_ 大連商工會議所, 『滿洲の棉花問題』, 1935.8, p.94.

산업, 교통업, 무역 및 면화 재배사업에 우선적으로 착수하고, 남만주철도주식회사가 산동의 면화를 중심으로 일본의 면화 자급에 노력하기로 합의하였다.

면화의 확보가 대중국정책, 특히 중일경제제휴에서 중요한 문제로 취급되었던 이유는 대영제국 경제블럭의 형성 및 일본과 인도 간의 통상 마찰, 그리고 이로 인해 발생한 인도면화 불매 이후 심각한 문제로 대두된 일본의 면화 부족을 해결하기 위한 정책적 배려라고 할 수 있다. 일본경제에서 차지하는 방직공업의 절대적 비중과 원료면화의 중요성을 생각할 때 저렴하고 안정적인 면화의 확보는 중요한 문제가 아닐 수 없었다. 이러한 이유로 중일경제제휴에서 면화의 확보가 핵심적인 문제로 대두된 것이다.[214]

일본은 면화를 확보하기 위해 특히 중국의 하북, 산동, 하남 등 화북지역에 주목하였다. 일본의 신문은 "화북지역으로의 진출에서 우리 자본이 특히 주목할 것은 하북, 산동, 하남으로 이어지는 면화"[215]라고 보도하였다. 그리고 이를 위해서는 배일의 해소라는 분위기가 선행되지 않으면 안되었던 것이다.

1935년 10월 9일 중국재계는 중화민국경제시찰단을 조직하여 일본을 방문하고, 일본재계 및 정부관계자와 중일경제제휴의 구체적인 방안을 협의하였다. 시찰단장 오정창은 같은 해 12월에 국민정부 실업부장으로 임명되었다. 도쿄에 도착한 오정창은 기자회견에서 중일경제제휴에 대한 소회와 계획에 대해 다음과 같이 언급하였다.

214_ 『日本經濟年報』21輯, 1935, pp.38-39.
215_ 『朝日新聞』, 1935.7.1.

중국과 일본 양국의 친선을 촉진하기 위해 우리 경제시찰단은 특수한 사명을 가지고 방문하였다. 우리 시찰단의 목적은 귀국의 경제계와 우리 경제계가 어떠한 방안을 가지고 제휴할 것인지를 조사하여 양국의 경제제휴의 기초를 쌓고자 하는 목적을 가지고 방문한 것이다. 따라서 일본에 체류하는 동안 이러한 목적에 따라 조야의 인사를 만나고 상공업을 시찰하고 자료를 수집할 예정이며, 각 방면의 원조와 합작을 희망하는 바이다.[216]

1935년 10월 10일 중국의 경제시찰단은 일본에서 중일경제제휴를 위한 간담회를 개최하였다. 중국 측에서는 오정창을 비롯하여 중국은행 총경리 송한장, 한구상회 회장 황문식黃文植, 상해시은행동업공회 회장 진광보, 북평은행공회 회장 주작민, 상해총상회 회장 유좌정俞佐廷, 초상국 총경리 유홍생, 천진은행공회 회장 종악鍾鍔, 절강흥업은행 총경리 서신육 등이 참석하였다. 일본에서는 고다마 겐지兒玉謙次 요코하마정금은행 총재, 후카이 에이고深井英五 일본은행 총재, 이노우에 지혜이井上治兵衛 미쓰이물산三井物産 회장, 미야가와 햐쿠다로三宅川百太郎 미쓰비시시상사三菱商社 회장 등 19명이 출석하였다. 이 회의에서 중국은 배일정책의 종식을 선언하였으며, 일본은 중국 면화의 개량과 농업의 개진에 적극 협력하기로 약속하였다.[217]

이와 함께 중국의 경제시찰단과 일본의 재계 대표들은 중일경제제휴를 구체적으로 실천하기 위한 상설기구로서 중일실업협회를 창설하기로 결정하였다. 본 협회의 설립은 중일경제제휴를 촉진하기 위

216_『中外商業新報』, 1935.10.10.
217_『大阪毎日新聞』, 1935.10.11.

한 목적을 명시하였으며, 중일실업가들을 망라하며 본부는 도쿄와 상해 두 도시에 두기로 결정하였다. 회장은 두 명으로서, 중일 양국에서 각 한 명씩을 선출하기로 하였으며, 총회는 매년 한 차례 중국과 일본에서 번갈아 개최하기로 결정하였다. 중일실업협회의 성립은 중일 공상자본가가 경제적으로 밀착하고 있음을 보여주는 것으로 중일 경제제휴의 상징적인 조치였으며, 그 근저에는 국민정부 외교정책의 변화가 이를 뒷받침하고 있었다.

결론

만주사변 이후 중국의 외교노선은 송자문을 비롯한 구미파가 주도권을 장악함으로써 구미와 연합하여 일본의 침략에 대항하려는 성격을 내포하고 있었다. 이러한 이유에서 1930년대 초 중국정부의 경제정책은 관세정책에서 보여지듯이 자연히 강한 배일적 성격을 지니고 있었다.

그러나 국민정부가 추진한 배일적 외교정책 및 경제정책은 막대한 재정부담을 초래하였으며, 국내적으로 중국공산당 토벌전의 수행에 집중하기 위해서는 어떠한 방식으로든 일본과의 정치, 군사적 충돌을 완화하지 않으면 안되었다. 이와 같은 배경하에서 국민정부는 배일정책의 상징적 인물인 송자문을 실각시킴으로써 일본과의 화해를 모색하였다.

송자문의 해임은 국민정부 외교정책 및 경제정책의 근본적인 변화를 보여주는 조치였다. 구체적으로 국민정부의 배일정책으로 고양된 일본군부의 경계심을 완화시켜 '선안내후양외' 정책을 실시하기 위한 정치적 정세를 조성할 필요가 절실해진 것이다.

이와 같은 정책적 변화 속에서 새롭게 제기된 것이 바로 중일친선, 중일경제제휴였다. 장개석은 왕정위, 당유임 등 대일화해파, 혹은 친일파를 외교정책의 수장으로 임명함으로써 외교정책의 변화를 선언하였다. 뿐만 아니라 구미파인 재정부장 송자문을 해임시킴으로써 기존 강한 배일적 성격을 내포한 관세개정, 원산국표기조례 등이 수정되거나 폐기되었으며, 수정된 정책에서는 기존의 배일적 성격이 크게 완화되었다.

이렇게 볼 때 1930년대 송자문을 비롯한 배일파의 주도로 입안되었던 경제정책과 이후 대일화해의 기조 속에서 변화된 경제정책의 입안 목적 및 그 성격을 각각 가늠해 볼 수 있을 것이다. 더욱이 경제정책의 변화는 1930년대 외교정책의 변화를 그대로 반영하고 있음을 알 수 있다.

2

만주국의 해관 접수를
둘러싼 국제관계

근대 이래 관세는 염세, 통세와 함께 중국의 3대 세수 가운데 하나로서 국가재정에서 매우 큰 비중을 차지하였다. 따라서 관세의 부과 대상과 범위, 그리고 세율을 결정하는 일은 국가재정을 확보하기 위해 매우 중요한 의미를 가지고 있었다. 더욱이 관세는 보호관세로서의 성격을 내포하고 있어 자국 산업과 시장에 대한 국가권력의 구상을 보여주는 것이기도 하다. 따라서 관세정책은 재정 및 산업정책을 구현하기 위한 핵심적인 경제정책이며, 정책을 실현하기 위해서는 무엇보다도 해관을 배타적으로 장악하는 일이 매우 긴요하였다.

만주사변 이전에 일본의 조차지에 위치한 대련항을 비롯하여 영구, 안동 등 중국 동북해관은 기본적으로 중국국민정부 재정부와 영국인 총세무사의 통제 및 관리하에 있었으며, 관세 수입은 중국은행으로 귀속되었다. 그러나 1931년 '만주사변'(9·18사변)의 발발과 다음 해 만주국의 수립으로 이 지역이 남경국민정부의 통제로부터 이탈하면서 해관 행정 역시 만주국의 소관으로 편입되었다. 만주국이 스스로 독립자주의 주권국가를 표방한 이상 재정, 산업 등 경제정책을 구현하기 위해서 동북지역의 해관에 대한 배타적 권리를 행사하는 일은 핵심적인 과제가 아닐 수 없었다.

만주사변은 세계대공황의 파급과 영연방 관세장벽 등에 대응하여 일본이 구상한 '일만선日滿鮮 경제블럭'을 조성하기 위한 정책의 첫걸음이었다. 중국 동북지역은 후발 자본주의 국가인 일본에게 소위 '생명선'으로 여겨지는 중요한 시장이었다.[1] 더욱이 관세는 중국외채

1_ '만몽지역 생명선론'과 관련된 상세한 내용은 加藤陽子著, 김영숙譯, 『滿洲事變에서 中日戰爭으로』, 어문학사(『シリーズ日本近現代史』五卷, 岩波書店,

의 담보로 설정되어 있었기 때문에 열강의 이해와도 불가분의 관계에 있었다.

본 연구는 먼저 제1차 세계대전(일차대전) 이후 중국시장을 둘러싼 관세문제, 그리고 세계대공황 이후 1930년대 초 세계적인 관세장벽의 제고와 이에 대한 일본의 대응, 그리고 중국의 관세정책을 살펴볼 것이다. 이와 같은 배경하에서 만주사변 이후 만주국의 동북해관 처리문제를 통해 신흥 만주국의 이해와 정책을 살펴보고 중국시장, 특히 동북시장이 후발 자본주의 국가인 일본의 대륙 침략정책과 어떠한 상관관계를 가지는지도 살펴보려 한다.[2]

이와 함께 기존 동북해관에 대한 지배권을 행사해 왔던 중국국민정부의 대응, 그리고 관세를 차관의 담보로 설정하고 있던 영국 등 열강의 동향을 살펴보고자 한다. 이와 같은 과정을 통해 1930년대 초 만주국의 동북해관 처리, 접수가 가지는 성격을 규명하고, 이를 둘러싼 만주국과 중국 및 일본, 그리고 열강 사이의 이해 및 국제관계를 조망해 보고자 한다.

2010), 2012, pp.65-67 참조.

2_ 만주국의 동북해관 접수와 관련된 전론적인 연구는 副島圓照, 「滿洲國による中國海關の接收」, 『人文學報』47號, 1979.3; 于耀洲, 「九一八事變后日本對東北海關的强占與東北貿易的變化」, 『學習與探索』2013年 6期; 連心豪, 「日本奪取中國東北海關述略」, 『厦門大學學報』1997年 1期; 石岩, 「九一八事變后日本對東北海關的劫奪」, 『山西大同大學學報』2010年 5期 등을 들 수 있다. 이 밖에 朱艷, 「僞滿洲國時期的東北海關」, 『棗庄學院學報』24卷 6期, 2007.12; 陳詩啓, 『中國近代海關史』, 人民出版社, 1999 등에서 이와 관련된 내용을 일부 서술하고 있다. 기존 연구는 주로 해관 접수의 현상적 분석에 집중되어 있으며, 일본 침략정책과의 관계나 동북시장에 대한 작용, 동아시아 국제관계의 변화 등과 관련된 연구는 부족한 실정이다.

1) 관세와 동아시아 국제관계

일차대전은 일본자본주의의 발전 과정에서 매우 중요한 계기적 사건이었다. 일차대전으로 인해 구미 각국이 공업경제에서 전시생산체제로 전환하면서, 기존 이들 지역으로부터 아시아 각국으로 수입되던 공산품의 수량이 급속히 감소하였다. 특히 중국, 인도시장에서 구미 수입상품이 급속히 감소하면서 이를 일본상품이 대체하게 된 것이다. 이와 같이 중국과 인도시장은 일본자본주의가 발전하는 과정에서 매우 중요한 의미를 가지고 있었다.

그러나 아시아시장에서 구미상품의 수입 감소는 일본과 마찬가지로 중국과 인도의 국내산업 발전에도 중요한 계기를 마련해 주었다. 중국의 수입품 가운데 수위를 차지했던 면사의 수입 추이를 살펴보면, 1913년의 1,982,995담擔으로부터 1920년에는 1,325,378담으로 급감하였다. 반면 중국사창에서 생산된 면사 수량은 1913년의 1,200,000담으로부터 1920년에는 3,000,000담으로 급증하여, 면사의 자급률이 1913년의 37.7퍼센트로부터 1920년에는 70.0퍼센트로 크게 제고되었다. 1913-1920년 중국공업은 연평균 성장률이 무려 13.8퍼센트에 달하여, 공업경제의 황금시대라 일컬어지고 있다.[3]

일본의 입장에서 보자면 일차대전이 자국의 산업 발전에 중요한 계기가 되었지만, 기존 주요 수출시장이었던 중국과 인도에서의 산업 발전이 오히려 일본의 수출에 부정적 효과를 발생시키게 된 것이

3_ 金志煥, 「中國 資本主義 발전의 歷史的 경험과 그 성격」, 『東洋史學硏究』97
輯, 2006.12, pp.161-164 참조.

다. 특히 중국, 인도는 자국산업을 보호하기 위해 관세의 보호적 기능을 적극 활용하였다. 이것이 바로 중국에서 관세자주권의 요구와 정책이 수립되게 된 이유였으며, 인도에서도 관세개정이라는 동일한 요구가 등장하게 된 배경인 것이다.

아편전쟁 이래 자주독립의 주권국가를 수립하고, 이를 위한 전제로서 관세자주권을 획득하는 것은 중국의 오랜 숙원이었다. 특히 일차대전 이후 중국공업의 발전을 계기로 산업자본가들은 정부에 관세의 제고를 통한 산업의 보호를 요구하였는데, 이를 위해서는 무엇보다도 관세자주권이 전제되지 않으면 안되었다.

일찍이 1925년 10월 26일 단기서정부는 북경에서 관세특별회의를 개최하였는데, 여기에는 중국을 비롯하여 미국, 영국, 일본, 프랑스, 이탈리아 등 12개국이 참석하여 중국의 관세자주 방안을 논의하였다. 열강은 중국의 관세자주권에 기본적으로 동의하였으나, 국내정세의 불안정 등으로 본격적인 실시는 연기되었다. 1926년 북벌의 개시 이후 같은 해 12월 영국은 중국의 국권회복운동에 공감하였으며, 미국도 1927년 1월 26일 중국의 관세자주권을 승인하였다. 더욱이 미국은 1928년 7월 25일 중국의 관세자주권을 전면적으로 승인하였다.[4]

그러나 중국시장에 깊은 이해를 가지고 있던 일본은 주요 수출품인 면제품을 비롯하여 해산물, 밀가루 등 62개 품목의 수입관세를 3년 동안 현행세율로 유예하는 조건으로 중국의 관세자주권을 승인하였다.[5] 따라서 관세자주권의 실현과 이에 근거한 관세개정 및 신

4_ 東亞經濟調査局, 『美國の對支經濟政策』, 1931, pp.133-136.

세율의 설정은 사실상 1933년이 되어서야 비로소 가능했다.

한편 일차대전 이후 인도의 산업자본가들은 자국 내 시장에서 일본상품과의 경쟁에서 우위를 확보하기 위해 보호관세의 설정이 필요하다는 점을 적극 제기하였다.[6] 이러한 사실은 "인도면업의 곤경은 일본상품과의 경쟁으로부터 기인하였으며, 이것이 바로 관세 인상이 필요한 이유"[7]라는 기록에서도 잘 알 수 있다. 일찍이 1925년부터 인도에서는 일인통상조약을 재검토해야 한다는 주장이 제기되었다.

1925년 12월 캘커타에서 열린 상업회의소 회의석상에서 뭄바이방적연합회는 일본제품에 대항하기 위해 덤핑방지법의 제정이 필요하다는 사실을 인도정부에 청원하였다. 더욱이 1926년 2월 델리에서 개최된 제1회 인도상공인대회에서 뭄바이상업회의소는 일본의 저임금과 정부의 운수 보조금 지급에 대항할 수 있는 유일한 길은 바로 관세 인상뿐이라고 지적하며, 이를 위해서는 일인통상조약의 파기가 선결조건이라고 강조하였다.[8]

영국의 입장에서도 인도는 매우 중요한 수출시장이었다. 특히 최대의 수출품인 면제품을 중심으로 세계시장에서 영국과 일본은 상호 경쟁적 입장에 있었는데, 경쟁이 가장 치열했던 지역이 바로 인도와

5_ 米谷榮一, 『近世支那外國貿易史』, 1939.4, pp.183-195.

6_ 일본과 인도 사이의 무역 마찰과 협상에 관해서는 金志煥, 「日印會商과 在華紡」, 『日本歷史研究』7輯, 1998.4 및 정안기, 「1930년대 日印 통상마찰과 조선 면화 증산정책의 연구」, 『經濟史學』42호, 2007 참조.

7_ Vera Anstey, *The Economic Development of India*, London Longmans, 1929, p.212.

8_ 金志煥, 「日印會商과 在華紡」, 『日本歷史研究』7輯, 1998.4, p.90.

중국이었다. 영국은 1920년대 일본과 경쟁을 거치면서 중국시장의 상당 부분을 상실하였으며, 그 결과 인도시장의 중요성이 한층 부각되었다. 1928년 영국의 최대 공업인 방직공업은 생산품의 80퍼센트를 수출하였으며, 이 가운데 40퍼센트를 인도에 수출하였다.[9] 더욱이 영국은 식민지라는 경제외적 강제성으로 말미암아 중국시장에 비해 경제적 이해를 관철시키는 데 유리한 입장이었다.

중국과 인도를 둘러싼 일본과 영국의 시장경쟁은 세계대공황 이후 더욱 격화되었다. 1932년 7월부터 8월까지 영국, 캐나다, 오스트레일리아, 뉴질랜드, 남아프리카공화국, 아일랜드, 인도 등 영연방국가들이 캐나다 수도 오타와에서 '제1회 제국경제회의'를 개최하여 영제국내 특혜관세제도를 주요 내용으로 하는 무역협정을 체결하였다.

특혜관세의 주요한 내용은 영국 및 자치령, 식민지 등에서 영연방 상호 간 관세 감면, 관세장벽의 소멸을, 제국 외 상품에 대해서는 수입관세의 제고를 통해 관세장벽을 설정함으로써 영연방 국가 간 무역 독점을 결의하였다. 영국의 산업자본가들은 1932년 12월 맨체스터상업회의소에서 "인도의 재정적 자치는 랑카셔자본가와의 협조를 통해 이루어져야 하며, 모든 식민지 제국은 외국, 특히 일본과의 경쟁을 염두에 두어 영국에 충분한 특혜를 부여해야 한다"고 결의하였다.[10]

인도정부는 1933년 4월 일인통상조약의 파기를 전격 선언하는 동시에 '산업보호법'Safeguarding of Industries Act을 의회에 상정하여 통

9_ 名和統一, 『日本紡績業と原棉問題研究』, 1937, p.579.

10_ 金志煥, 「日印會商과 在華紡」, 『日本歷史研究』7輯, 1998.4, p.91.

과시켰다. 이 법안은 수입제품이 인도산업의 존립을 위협할 정도로
저렴하게 수입될 경우 총독은 조사 후 관보 고시를 통해 합당한 수준
의 관세를 부과할 수 있도록 하였다.[11] 이러한 결과 1933년 6월 7일
이후 일본면포에 75퍼센트의 고율 관세가 적용된 것이다.

일본에게 통상 마찰로 인한 인도시장의 동요는 '일본경제의 안전
판'[12]으로서 중국시장의 중요성을 한층 인식시키는 계기가 되었다.
이는 "우리는 중국의 일화배척운동으로 인해 세계시장으로 진출할
수밖에 없었는데, 세계시장으로부터 배척을 받아 다시 중국시장으로
돌아오게 되었다"[13]는 일본외상 히로타 고키廣田弘毅의 의회연설에
서도 잘 알 수 있다.

그러나 일차대전 이후 중국 내에서 공업의 발전, 그리고 1931년
만주사변 이후 산업자본가의 적극적 후원하에 끊임없이 발생한 일화
배척운동 등으로 말미암아 일본의 수출시장으로서 중국의 비중이 축
소된 것이다. 1930년 11월 중국의 전국공상회의는 관세보호정책을
실시하도록 정부에 촉구하였다. 공상업의 선진지역인 상해시의 오철
성 시장은 1932년 12월에 개최된 중국국민당 제4계 3중전회에서
"1933년 5월에 만기가 되는 중일관세협정은 반드시 완전 철폐해야
하며, 관세율을 현행 세율의 두 배로 제고해야 한다"[14]고 주장하였
다. 이러한 분위기 속에서 중국정부는 1933년 5월 22일 '개정중화민

11_ 日本紡績連合會,「日印通商條約廢棄問題參考資料」,『大日本紡績連合會
    月報』488號, 1933.4, p.13.
12_ 野村叢文,「支那市場の重要性」,『綿業春秋』1卷 1號, 1936.3, p.10.
13_太田宇之助,「日支調整より提携へ」,『支那』26卷 4號, 1935, p.36.
14_紡織週刊社,「保護本國紡織業案」,『紡織週刊』2卷 50期, 1932.12, pp.1414-1416.

국수입세율표'를 발표하여 관세개정을 단행하고 즉일 실시할 것을 선포하였다.[15]

2) 관세와 외채의 담보

중국 동북시장에 대한 일본의 관심과 이해는 특히 1930년대 초 세계대공황 이후 급속히 심화되었다. 영제국 간 특혜무역과 관세장 벽의 설정은 1929년 미국 월가에서 시작된 세계대공황과 이에 대처 하는 과정에서 영제국 내 시장을 독점적으로 확보한다는 경제블럭의 구상을 실현한 것이며, 이는 다시 일본으로 하여금 '일만선 경제블럭' 을 본격적으로 추진하게 되는 빌미를 제공하였다.

만주사변이 발발한 다음 해인 1932년 1월 일본외무성은 육군성, 해군성과 공동으로 '중국문제처리방침강요'를 제정하여 중국 동북지 역에 새로운 통일정권을 수립하기로 결의하고, 2월 17일 이를 구체화 하기 위한 실무기관으로서 '동북행정위원회'를 발족하였다. 동북행정 위원회는 동북지역 독립의 필요성에 공감하여 2월 25일 국호를 만주 국으로, 국기를 오색기로 우선 결정하고, 장춘을 신경新京으로 개칭 하여 수도로 정하는 방안을 마련하였다. 1932년 2월 22일 우치다 고 사이內田康哉 남만주철도주식회사 총재는 기자들과의 회견에서 만몽

15_ 개정된 신세율은 기존의 규정품목을 647개로부터 672개로 확대하고, 면제품 등에 특히 인상률을 높게 적용하였다. 관세개정과 관련된 상세한 내용은 華商 紗廠聯合會, 『紡織時報』1004號, 1933.7, pp.2491-2498 참조.

지역에서 새로운 국가가 수립되려는 시점에 즈음하여 일본과의 새로운 관계 설정이 매우 중요하며, 이를 위해 관세문제가 우선적으로 해결되어야 한다고 역설하였다.[16]

그러나 중국의 해관 수입은 열강이 공여한 차관의 담보로 설정되어 있었으며, 해관 행정 역시 영국 등 열강의 이해와 불가분의 관계에 있었다. 열강이 관세를 외채의 담보로 설정한 이유는 중국정부의 세입 가운데 드물게 확실한 재원으로 간주하였기 때문이었다.[17] 이러한 이유로 1859년 이후 총세무사의 직위는 차관 공여액에서 수위를 차지한 영국의 몫으로 돌아갔다. 영국인 총세무사는 관세의 징수뿐만 아니라 해관 관련 인사의 이동 및 배치에 관한 절대적 권한, 톤세의 징수, 해관 행정, 축항업무, 세무학교의 경영, 내외채의 상환 등 사실상 중국정부의 재정고문으로서 위상을 갖추고 있었다.

관세를 담보로 공여된 차관은 총액 2억 3,800여만 원에 달하였다.[18] 해관 수입은 중국정부의 총수입에서 큰 비중을 차지하였다. 1928년도 중국의 총수입은 434,440,712원이었는데 이 가운데 관세가 179,141,917해관량으로 전체의 42퍼센트를 차지하였으며, 1929년에는 539,005,919원 가운데 275,545,215원으로 전체의 52퍼센트를 차지하였다.[19]

중국 동북지역의 해관은 대련, 안동, 영구(우장), 하얼빈, 연길(용정촌), 훈춘 등의 6개 해관과 그 산하에 동구東溝, 만주리, 수분하,

---

16_ 「新國家が成立せば關稅問題解決が第一だ」, 『滿洲日報』, 1932.2.23.

17_ 山中岩次郎, 『新國家の關稅政策に關する意見書』, 關東廳, 1932.2, p.1.

18_ 山中岩次郎, 『新國家の關稅政策に關する意見書』, 關東廳, 1932.2, p.5.

19_ 日本陸軍省調査班, 『支那及滿洲海關制度』, 1932.8, p.19.

삼성三姓, 여순 등에 분관이 설치되어 있었다.[20] 이들 해관은 국민정부 재정부의 소속으로서 감독을 받고 있었으며, 실질적으로 상해 영국인 총세무사 메이즈F. M. Maze(1929-1934)의 관할하의 세무사(해관장)에 의해 운영되고 있었다.[21]

만주국해관 소재지와 개설 일자[22]

해관명	해관소재지	개설일자	조약체결일	세무사(해관장)
大連	봉천성	1907.7	1907(日)	福本順一郎(日)
牛莊(營口)	봉천성	1862	1858(英)	Dawson-Grove (아일랜드)
安東	봉천성	1907.3.1	1903(日)	Talbot(美)
大東溝(분관)	봉천성	1907.10.1	1903(日)	
愛琿	흑룡강성	1909.8.1	1903(日)	Joly(英)
三姓(분관)	길림성	1907.7.1 1928 폐관	1905(日)	
滿洲里(분관)	흑룡강성	1908.2.5	1905(日)	Schjoth(노르웨이)
哈爾濱	길림성	1910.1.1.	1905(日)	Prettejohn(英)
綏芬河(분관)	길림성	1908.2.10	1895	
琿春	길림성	1910.1.1.	1909(日)	Mackkenzie(英)
龍井村	길림성	1910.1.1.	1909(日)	Wallas(英)

그런데 만주국의 재정편성에서 관세는 매우 중요한 의미를 가지고 있었다. 만주국의 재정에서 경상비는 1억 5, 6천만 원(만주국폐)이었

20_ 國立東北大學編, 『東北要覽』, 1944, pp.361-363.

21_ 중국해관 관련 업무는 기본적으로 국민정부 관무서의 소관이었으며, 총세무사는 형식상 관무서에 속하였다. 그러나 총세무사는 각 해관의 세무사를 실질적으로 임면하고 통제하였다. 관무서는 각 해관에 해관감독을 파견하여 업무를 감독하였으나 해관이 징수한 세액의 보고 등으로 권한이 한정되었으며, 따라서 중국해관은 사실상 총세무사에 의해 운영되었다고 할 수 있다.

22_ 「滿洲中國海關所在地」, 『醒鐘』1卷 4期, 1931, p.6.; 臼井勝美著, 宋漢鏞譯, 『中日外交史研究』, 선인, 2004(『日中外交史』, 塙書房, 1971), p.87.

는데, 이 가운데 8천만 원이 해관 수입이었다. 당시의 일본은 23억 원 가운데 1억 3, 4천만 원 정도가 해관 수입으로서 전체의 5.7-6퍼센트에 불과하였다.[23] 1932년도 만주국의 세수를 살펴보면 관세는 총 40,460원(만주국폐)으로서 총세수의 약 48퍼센트로 절대적인 비중을 차지하였다.[24]

1932년도 만주국 세수 예산표 (단위: 원-만주국폐)

종류	관세	톤세	鹽稅	田賦	契稅	出産稅	鑛稅
세액	40460	430	16814	2955	1445	6213	465
종류	營業稅	목축세	煙酒稅	統稅	印花稅	雜稅	합계
세액	3694	1010	2069	7172	1954	159	84838

출처: 解學時, 『僞滿洲國史新編』, 人民出版社, 2015, p.117.

신흥 만주국의 국가재정에서 관세가 차지하는 절대적 비중에 비추어 해관 및 관세의 장악은 매우 중요한 의미를 가지고 있었다. 그러나 차관의 담보로 설정된 동북해관의 상환 분담은 매우 중요한 사안이었다. 만주국의 관세 수입을 살펴보면 1931년 대련 12,415,588해관량, 영구 3,814,973해관량, 안동현 3,728,527해관량, 하얼빈 5,288,998해관량, 연길(용정촌) 803,259해관량, 아이훈愛琿 37,176해관량이었다.[25]

1960년까지 상환해야 할 채무액 가운데 만주국이 분담해야 할 액수는 139,793,000원으로 미상환 채무 총액의 약 16퍼센트에 상당하였다.[26] 전체 해관 수입에서 동삼성이 차지하는 비중은 1926년에

23_ 日本實業協會, 『滿洲に於ける關稅及鐵道運賃に就て』, 1935.5, p.5.

24_ 滿鐵經濟調査會編, 『滿洲國經濟年報』, 改造社, 1931, pp.318-320.

25_ 神戶正雄, 『滿洲國の財政經濟』, 1932.8, p.76.

15.1퍼센트, 1927년 18.2퍼센트, 1928년 17.5퍼센트, 1929년 14.3퍼센트, 1930년 13.2퍼센트에 달하였다.[27]

중국 동북지역에서 각 해관의 관세는 기본적으로 중국은행으로 보내져, 여기에서 다시 상해의 총세무사에게 송금되었다. 동북지역에는 중국은행 분행이 대련, 심양, 영구, 안동, 장춘, 하얼빈, 길림, 연길, 치치하얼, 흑하, 수화, 호란, 영고탑, 서풍, 개원, 조남, 공주령, 통화, 요양, 신민, 금현, 부여, 개평, 철령, 전가전에 설립되어 중국정부의 국고 기능을 수행하고 있었다.[28] 일본의 조차지에 위치한 대련해관의 경우 중국은행과 함께 일본의 요코하마정금은행이 세수를 수취하여 상해의 총세무사에게 송금하였다. 일찍이 1904년에 요코하마정금은행은 대련과 심양에 지점을 설립하였으며, 이후 여순, 요양, 철령, 안동, 장춘, 하얼빈으로 지점을 확대하였다.[29]

3) 동북해관의 접수와 중국은행

동북지역 각 해관에서 관세 징수 시스템은 형식상 총세무사와 중국은행 총행 사이에 협정을 통해 중국은행이 행원을 파견하여 관세를 징수하였다. 매일의 관세는 각 해관 세무사의 관리하에서 통제되었다. 따라서 만주국 재정부가 관세의 송금선을 변경하기 위해서는

26_ 山中岩次郎, 『新國家の關稅政策に關する意見書』, 關東廳, 1932.2, p.7.

27_ 紹曾, 「傀儡制度下東北海關問題之研討」, 『民衆之路』12期, 1932, p.6.

28_ 侯樹彤, 『東三省金融槪論』, 各大書局, 1931.4, p.140.

29_ 侯樹彤, 『東三省金融槪論』, 各大書局, 1931.4, p.246.

먼저 해관세무사를 통제하지 않으면 안되었다.[30]

3월 25일 만주국 재정총장 희흡熙洽은 중국은행으로 하여금 보관하고 있던 관세 수입과 26일 이후 수취하는 관세를 모두 동삼성관은호東三省官銀號로 이관하도록 요구하였다. 그러나 중국은행은 관세를 상해의 총세무사에게 송금하고 있기 때문에 잔여 수입이 존재하지 않으며, 이후에도 총세무사의 허가없이는 송금선을 변경하기 어렵하고 전하였다.[31] 중국국민정부는 만주국이 중국은행의 관세 수입을 동삼성관은호로 이관하라는 지시가 일본의 사주라 판단하여 3월 31일 일본에 항의서를 전달하였다. 그러나 4월 6일 일본은 만주국의 조치가 자국과 아무런 관련이 없다고 중국에 해명하였다.[32]

3월 중순 만주국은 중국국민정부에 비공식적으로 동북해관의 처리 교섭을 제안하였으나 응하지 않았으며, 총세무사와의 교섭도 여의치 않았다.[33] 만주국의 협상 제안에도 불구하고 중국정부는 여전히 수용의사를 표명하지 않았다. 메이즈 총세무사가 후쿠모토 준이치로福本順一郎 대련해관장에게 전한 말에 의하면, 중국 측은 협상에 임할 경우 신생 만주국을 승인하는 셈이 된다고 하여 회피하였던 것으로 보인다.[34]

중국정부의 무대응은 만주국의 재정적 어려움을 가중시키고 있었

30_ 鄭會欣, 「九一八事變后有關東北關稅問題檔案資料選:中國銀行總管理處致總稅務司函」, 『民國檔案』1989年 1期, p.17.

31_ 日本外務省, 『滿洲國稅關關係雜件』第一卷(分割1), 1932, p.64.

32_ 日本外務省, 『海關接收ニ關スル帝國及各國ノ態度』, 1932, p.2.

33_ 日本外務省, 『滿洲國稅關關係雜件』第一卷(分割1), 1932, p.64.

34_ 日本外務省, 『滿洲國稅關關係雜件』第一卷(分割2), 1932, p.11.

다. 만주국은 6월에 들어 동북해관을 접수하기 위한 구체적 계획을 수립하였다. 이러한 배경에는 신생 만주국의 재정에서 관세가 차지하는 비중과 밀접한 관련을 가지고 있었다. 6월 4일 일본외무성의 보고에 따르면 만주국은 건국 당초에 예상된 세입 6,400만 원의 확보가 중대한 난관에 봉착하였다. 더욱이 1,900만 원의 관세 수입[35] 및 1,000만 원의 아편전매 수입을 상정하였기 때문에, 이 두 항목을 신속히 처리하여 세입을 편성하지 않으면 9,300만 원으로 예정된 세출을 조달하기 어려운 형편이었다.

안동해관의 보고에 따르면, 3월 초 일본영사가 당해관을 만주국 관할로 이관하라는 지시가 있었으며, 6월 4일 일본인 고문이 만주국 재정부의 명령에 근거하여 향후 중국은행에 보관하고 있던 관세를 상해로 송금하지 말도록 지시하였다. 우장(영구)해관의 경우 3월 26일 일본인 고문이 중국은행에 관세를 모두 동삼성관은호로 송금하도록 강요하였다. 세무사는 요코하마정금은행에 예치되어 있는 관세를 상해로 송금하도록 명령하였으나, 요코하마정금은행 경리는 만주국이 승인하지 않는다는 이유로 이를 실행하지 않았다.[36]

중국은행 요녕분행과 영구지행이 중국은행 총관리처에 보고한 내용에 따르면, 3월 26일 만주국 산해관감독공서 제1과장이 일본인 고문 오자와 시게이치小澤茂一, 비서 손금파孫金波, 동삼성관은호 경리와 함께 중국은행을 방문하여 만주국 재정총장의 명령서를 제시하며,

---

35_ 총 2,400만 원의 동북 관세 수입 가운데 외채 담보분의 500만 원을 제외한 액수인 1,900만 원을 말한다.

36_ 陳詩啓, 『中國近代海關史』, 人民出版社, 1999, p.323.

향후 관세를 모두 동삼성관은호로 송금하도록 지시하였다.

이에 대해 중국국민정부 재정부 관무서는 중국은행에 보관되어 있는 관세를 조약 규정 이외의 기관이나 개인에게 송금할 경우 해당 중국은행에 엄중한 책임을 묻겠다고 회답하였다.[37] 그러나 중국은행 영구지행이 총세무사에 비밀리에 보낸 보고에 따르면, 일본인 해관 감독이 영구세무사와 면담한 자리에서 사태가 해결되기 이전에는 중국은행에 예치되어 있는 관세를 상해로 송금할 수 없다고 통보하였다.[38] 이에 중국은행 총관리처는 동북지역 소재 중국은행 분지행이 불가항력의 특수한 상황하에서 현지 세무사가 신속한 해결책을 강구하지 않는 이상 만주국의 명령을 거스리기는 사실상 불가능하다고 호소하였다.[39]

6월 초 만주국은 대련의 중국은행과 요코하마정금은행으로 하여금 대련의 해관 수입을 상해로 송금하지 말도록 명령하였다.[40] 그러나 6월 5일 총세무사는 대련해관 측에 만주국의 압력에 극력 저항할 것을 지시하였다. 6월 9일 대련해관 및 그 수취은행인 요코하마정금은행, 중국은행 양 은행 지점에 대해 만주국 재정총장의 명으로 6월 12일 이후 다른 해관과 마찬가지로 해관 수입의 상해 송금을 중지하

37_ 鄭會欣, 「九一八事變后有關東北關稅問題檔案資料選:中國銀行總管理處致總稅務司函」, 『民國檔案』1989年 1期, pp.14-15.

38_ 鄭會欣, 「九一八事變后有關東北關稅問題檔案資料選:中國銀行總管理處致總稅務司函」, 『民國檔案』1989年 1期, p.16.

39_ 鄭會欣, 「九一八事變后有關東北關稅問題檔案資料選:中國銀行總管理處致總稅務司函」, 『民國檔案』1989年 1期, p.16.

40_ 吳景平, 『宋子文評傳』, 福建人民出版社, 1992, p.166.

도록 명령하였다.[41] 6월 15일 후쿠모토 준이치로福本順三郎 대련해관
장은 봉천의 모리시마 모리토森島守人 일본총영사를 방문하여 이 문
제에 관해 협의하였다.

이러한 가운데 만주국은 6월 18일 만주국 내의 모든 해관에 대한
접수 의지를 피력하였다. 6월 19일 만주국 재정총장 희흡熙洽은 "3월
21일 중국정부에 대해 만주국의 관세자주권을 선언하고 이의 실행을
통보한 바 있으나, 제의를 받아들이지 않았다. 만일 총세무사 및 중국
정부가 계속 비협조적으로 일관한다면 만주국은 단호한 조치를 취할
것"이라는 성명을 발표하였다.[42]

6월 18일 총세무사는 후쿠모토 준이치로에게 중국은행에 보관된
세수를 상해로 송금하도록 명령하였다. 그러나 20일 후쿠모토는 만
일 송금할 경우 일본의 이익을 침해할 뿐만 아니라, 만주국과 중국
사이에 분쟁을 야기할 우려가 있어 받아들일 수 없다는 뜻을 전하였
다. 더욱이 이러한 사태가 대련에서 일본의 무역을 저해할 우려가
있기 때문에, 자신은 일본의 신민으로서 명령에 따르기 어렵다는 뜻
을 총세무사에게 전달하였다.

21일 총세무사는 후쿠모토에게 송금을 재차 지시하며, "귀관의 소
극적 태도를 시정하여 즉시 예금 전액을 송금하고, 요코하마정금은
행의 예금도 인출하여 상해로 송금할 것"을 지시하는 동시에, 명령을
준수하지 않을 경우 복무위반으로 징계할 뜻을 통고하였다. 그러나
후쿠모토는 관동청의 정책 변화를 희망하는 수밖에 방도가 없다고

41_ 日本陸軍省調査班, 『支那及滿洲海關制度』, 1932.8, p.35.
42_ 「僞國承日人意旨攫奪東北關稅」, 『申報』, 1932.6.20.

회답하였다. 24일 총세무사는 이를 송자문에게 보고하였으며, 송자문은 6월 24일 후쿠모토 준이치로를 즉시 파면하도록 명령하였다. 총세무사는 대련관고시 제500호를 발령하여 후쿠모토를 명령불복종으로 해임한다는 뜻을 공포하였다.[43]

이에 대련해관 소속 일본관원 60명은 총세무사가 하등의 이유없이 파면하였다고 항의하며 후쿠모토 세무사와 운명을 같이 하겠다는 결의와 함께 26일 일제히 사표를 제출하였다. 이러한 결과 대련해관장 후쿠모토 준이치로와 나카무라中村 부세무사, 그리고 기타 일본직원은 공동선언서를 발표하고 중국해관과의 관계를 단절하였다.[44]

6월 27일 만주국 재정총장은 제1호 고시를 선포하고 후쿠모토 준이치로를 만주국 재정부 관세징수처장으로 임명하고 당일부터 대련 부두사무소에서 업무를 개시하도록 하였다.[45] 후쿠모토는 27일 오전 수출입상에 대해 고시 1호를 통해 만주국 재정총장의 위임에 따라 당일부터 즉시 수입관세 징수업무를 개시한다고 선포하였다.[46]

4) 대련해관 처리를 둘러싼 협상

만주국의 동북해관 독립선언에 대해 6월 20일 중국국민정부 재정

43_「滿洲國政府の海關接收經緯」, 『滿鐵調査月報』12卷 7號, 1932.7, p.341.

44_ 日本外務省, 『滿洲海關接收ニ關スル公文』1, 1932, pp.23-24.;「日本人官吏全部辭表提出」, 『每日申報』, 1932.6.27.

45_ 解學時, 『僞滿洲國史新編』, 人民出版社, 2015, pp.114-115.

46_「福本氏에 大連海關 事務全權을 委任」, 『每日申報』, 1932.6.28.

부장 송자문은 이를 일본의 사주로 규정하고, "일본이 만주국으로 하여금 동북의 해관, 염세에 관여하여 이미 하얼빈, 안동, 영구 각 해관의 상해 송금을 정지시켰으며, 더욱이 6월 7일부터 막대한 대련 해관 수입의 송금도 중지하였다. 이는 일본이 공공연히 국제협정을 위반하여 중국의 해관제도를 파괴하려는 의도로서, 내외채 담보에 큰 타격을 줄 뿐만 아니라 중국재정에 중대한 손해를 끼칠 것"이라고 거칠게 비난하였다.[47]

총세무사는 6월 25일 일본공사 앞으로 후쿠모토 해관장의 파면을 통고한 이후 후임으로 기시모토 히로기치岸本廣吉 총세무사서 세무 과장을 추천하고 일본의 동의를 구하였다. 그러나 일본정부는 "대련 해관장의 임면은 1907년 협정의 제1조 및 제3조에 따라 사전에 일본 정부에 통고하고 협상해야 하는데, 이번 후쿠모토 해관장의 파면은 중국정부가 명백히 협정을 위반한 것으로서 항의한다. 대련해관장의 임면은 사전에 관동도독(관동청장)에게 통고해야 한다"고 항의하였다.[48]

그러나 총세무사는 다시 반박성명을 내었다. 즉 "해관 당국이 취한 조치는 협정에 저촉되지 않는다. 해관당국은 이미 협정 제1조의 규정에 따라 일본공사관에 후보자를 통고하여 동의를 구하고 있다. 관동 청 장관에 대해서는 그 후 제3조에 의해 사후에 통고하면 된다"라고 반박하였다.[49]

47_ 「滿洲國의 關稅」, 『每日申報』, 1932.6.22.

48_ 「韓旋を無視!今後責任を負わず」, 『神戸又新日報』, 1932.6.26.

49_ 日本外務省, 『滿洲海關問題に關する件』, 1932.7.17, p.9.; 「大連海關長 罷免問題」, 『每日申報』, 1932.6.28.

이와 관련하여 당시 중국 측의 기록인 1907년 5월 30일 북경에서 체결된 '會訂大連海關試辦章程'의 조항을 살펴보면, "대련해관에는 각 세무사 가운데 일본인을 당해관의 세무사로 임명해야 하며, 총세무사가 일본국 주경대신駐京大臣(공사)과 논의하여 파견한다. 당해관 세무사 경질의 경우 총세무사는 마땅히 먼저 여대(여순대련) 조계 판사대신(관동도독)에게 이를 통지해야 한다"[50]-라고 기록하고 있다.

일본외교문서를 통해 일본 측의 기록을 살펴 보면, "1조) 대련해관 장은 일본국적을 가진 자로 임명하며, 신임의 경우에는 총세무사가 북경주재 일본공사관과 협상을 거쳐야 한다. 2조) 대련해관장의 직원 은 일본국적을 가진 자로 임명하지만, 만일 우연히 결원이 발생하거 나 혹은 필요한 경우 임시로 타국적에 속한 직원을 대련에 파견할 수 있다. 3조) 대련해관장의 경질은 미리 총세무사가 관동도독에게 통고해야 한다"[51]-라고 기록되어 있다.

동북해관의 처리와 관련하여 일본이 가장 주의를 기울인 것은 외 채의 담보로 설정되어 있는 중국해관에 대한 열강의 이해였다. 이러 한 사실은 "영미 등 열강이 강경한 항의를 제출할 것임에 분명하다. 만주국해관의 독립선언은 국제사회에 파장을 불러일으킬 것"[52]-이라 는 기록에서도 잘 알 수 있다.

6월 22일 송자문은 제2차 성명을 발표하고 만주국이 사실상 일본

50_ 北京大學法律係國際法敎硏實室編,「會訂大連海關試辦章程」,『中外舊約 章彙編』第二冊, 三聯書店, 1959, p.395.
51_ 日本外務省,「大連海關設置ニ關スル協定」,『日本外交文書』(明治40年5月 30日北京), 1907(日本外交文書デジタルアーカイブ第40卷 第1冊, p.367.)
52_「滿洲國政府海關獨立의 宣言」,『每日申報』, 1932.6.20.

인 고문의 지휘하에 있으며, 결과적으로 일본이 조약을 파괴한 것이
므로, 관세 수입의 강탈에 따른 손해는 일본에 배상 책임이 있다고
주장하였다. 특히 송자문은 러일전쟁 직후 일본상품의 만주 수입이
무관세로 진행됨으로써 영미상품이 차별대우를 받은 바 있는데, 만
주국해관의 독립은 유사한 사태를 초래할 것이라고 영국과 미국에
호소하였다.[53]

송자문은 3월 25일과 4월 5일 영국공사 램슨Miles Lampson에게 일
본이 동북관세를 탈취하려는 기도에 대해 영국으로 하여금 일본에
압력을 행사하여 이를 제지해 주도록 요청하였다. 그러나 영국공사
는 일본과 만주관세의 명확한 관련 증거가 없다며 이를 받아들이지
않았다. 영국공사는 도리어 해관총세무사로 하여금 만주국 해관 당
국과 교섭하도록 제의하였으나, 송자문은 이를 거부하였다.[54]

일찍이 1932년 3월 만주국은 수립 직후 동북해관 처리문제와 관련
하여 두 가지 협상방안을 마련하였다. 첫째, 관세 수입을 실질적으로
확보함으로써 건국 직후의 재정적 기반을 마련하는 실리를 취하는
동시에, 기존 해관의 조직과 운영은 형식적으로 국민정부 소관으로
남겨두는 것이다. 다시 말해, 해관의 조직은 그대로 존치하더라도 외
채 담보의 상환분을 제외하고 대련을 포함한 전체 동북해관의 수입
을 만주국으로 귀속하는 것에 대해 총세무사와 협상을 진행한다는
내용이었다. 둘째, 만일 이 방안이 성립되지 못할 경우 제2안으로서
대련 이외의 모든 해관을 접수하고, 대련해관의 관세 가운데 외채

53_「南京政府 列國에 哀訴」, 『每日申報』, 1932.6.24.
54_ 吳景平, 『宋子文評傳』, 福建人民出版社, 1992, p.166.

담보 부분의 관세수입을 총세무사에게 송금한다는 내용이었다.

6월 26일 영국공사는 야노 마코토矢野眞 참사관에게 일본 측의 권유에 따라 중국과 만주국 사이의 협상을 촉진할 필요가 있으며, 타협책으로서는 만주국이 대련 이외의 모든 해관 수입을 억류하는 대신에 대련의 세수는 모두 상해로 송금하는 방안을 제안하였다.[55] 이와 같은 영국 측의 제안에 대해 국민정부는 기본적으로 긍정적인 태도를 견지했던 것으로 보인다.

국민정부는 "첫째, 대련을 제외한 만주 각 해관의 수입은 만주국이 취득하는 것으로 하고, 둘째, 대련해관의 수입은 경상비를 제외하고 모두 총세무사에게 송금하고 만주 각지 해관의 외채 상환금은 이로부터 지출한다"는 입장을 전하였다.[56]

그러나 만주국의 입장에서 이와 같은 타협안은 기대에 미치지 못하는 매우 미흡한 수준이었다. 1931년도에 영국은 대련해관의 수입을 1,250만 량, 만주국의 외채담보 부담액을 1,050만 량으로 계산하였다.[57] 그러나 만주국 측의 계산에 의하면 중국 전체 및 만주해관의 수입은 대체로 2억 6,000만 해관량 및 2,400만 해관량으로서 관세 담보 외채 상환액은 6,350만 해관량이었다. 만주의 외채 분담액은 약 500만 해관량으로서, 대련해관의 수입은 전체 해관 수입의 약 절반인 700만 해관량의 잔액이 발생하게 된다.[58] 따라서 대련해관을 포함하여 외채 담보의 상환액을 제외하고 세수를 장악할 방침을 적극 고려

55_ 日本外務省, 『海關接收ニ關スル帝國及各國ノ態度』, 1932, p.5.
56_ 日本陸軍省調査班, 『支那及滿洲海關制度』, 1932.8, p.38.
57_ 日本外務省, 『海關接收ニ關スル帝國及各國ノ態度』, 1932, p.5.
58_ 陳詩啓, 『中國近代海關史』, 人民出版社, 1999, p.327.

하게 된 것이다.

　일본의 야노 마코토 참사관은 대련의 해관 수입과 만주국 측의 외채 담보 분담액의 차이가 영국의 계산보다 훨씬 커서 받아들이기 힘들다는 입장을 전하였다.[59] 만주국의 반대에 부딪히자 영국과 일본은 조정안을 만들어 만주국과 중국 양측에 다음과 같이 전달하였다. 첫째, 국민정부는 대련해관장의 파면을 취소하고, 만주국은 대련해관의 회수 혹은 관동주와 자국 영토의 경계에 새로운 해관을 설치하려는 기도를 단념한다. 둘째, 국민정부는 만주국이 대련을 제외하고 만주국 내의 해관 수입을 모두 자유롭게 처분할 수 있는 권리를 승인한다. 셋째, 대련해관 세수는 만주국 전 해관에 할당된 외채 상환액을 공제하여 이를 중국정부에 송부하고, 그 나머지는 만주국이 취득한다.[60]

　그러나 이와 같은 제안 역시 중국으로서는 받아들이기 어려운 것이었다. 대련해관이 전체 동북지역 관세 수입에서 차지하는 비중으로 볼 때, 송자문은 "대련해관은 동북 전체 관세 수입의 절반을 초과한다"[61]라고 불만을 토로하였다. 6월 말 일본외무성은 양측의 입장을 절충하여 "대련해관의 수입은 1,200만 량으로서, 외채 담보를 제외하면 약 700여만 해관량이 남는다. 여기에 대해 중국정부와 만주국이 절반씩 분배하는 길 외에는 해결책이 없다"[62]는 타협안을 마련하였다.

　7월 2일 밤 재정부장 송자문은 자신의 관저에서 행정원장 왕정위,

59_ 日本外務省, 『海關接收ニ關スル帝國及各國ノ態度』, 1932, p.6.
60_ 日本陸軍省調査班, 『支那及滿洲海關制度』, 1932.8, p.39.
61_ 陳詩啓, 『中國近代海關史』, 人民出版社, 1999, p.327.
62_ 陳詩啓, 『中國近代海關史』, 人民出版社, 1999, p.329.

외교부장 나문간, 영국공사 곽태기 등과 두 차례에 걸쳐 회의를 개최하였다. 이 자리에서 만주국의 해관 접수에 대해 심의하였다. 여기서 만주에서 모든 해관을 만주국에 이관시키고 대련해관의 수입을 국민정부에 귀속시키거나 혹은 대련해관의 접수를 승인하지 않고 모든 수입을 만주국에 귀속시키려는 일본정부가 제안한 조정 방안을 거부하기로 결정하였다.[63]

송자문은 7월 4일 다시 입법원 및 사법원 관리들을 초치하여 "첫째, 대련행 화물에 대해 적출지에서 세금을 선취하는 수단을 취하여 이중, 삼중의 과세를 부과하여 만주국 무역에 막대한 타격을 준다. 둘째, 대련해관에 관한 중일협정의 일방적 폐기를 불사해야 한다"라고 결정하였다. 또한 미국과 영국으로 하여금 대련해관의 접수문제에 나서게 함으로써 일본의 국제적 입장을 불리하도록 유도하여 대련해관을 포기시키도록 하는 방침을 결정하였다.[64]

5) 동북해관 접수와 동북시장의 변화

세계대공황 이후 세계적인 관세장벽과 경제블럭의 구축으로 인해 일본경제는 사면초가의 상태에 빠졌다. 특히 '영제국 경제블럭'의 형성과 인도의 대일통상조약 파기는 일본의 수출시장을 크게 축소시켰다. 이러한 위기감은 일본의 산업자본가들이 "세계적인 불황과 함께

63_「海關問題에 關한 日本의 調停을 拒絶」, 『每日申報』, 1932.7.5.
64_「日本의 調停을 拒絶」, 『每日申報』, 1932.7.6.

각국이 관세장벽을 높이고 경제블럭을 결성하여 수입을 저지하고 있다. 이러한 경제봉쇄가 완화되지 않는다면 일본상품은 정치적이나 지리적으로 국내시장이나 중국시장 이외에 종국적으로 안전한 시장이 없게 될 것이다"[65]라는 위기감에서도 잘 나타나고 있다.

일본에게 만주사변이 가지는 경제적 의미는 대공황 속에서 심화되고 있던 경제 위기의 탈출구를 동북시장의 독점과 전시경제에서 찾고자 했던 것이다. 세계공황 이후 일본의 양대 시장인 중국과 인도시장이 축소되면서 일본에서는 동북시장과 일본경제와의 연계를 더욱 긴밀히해야 한다는 주장이 비등하였다.[66]

이러한 배경에는 중국 동북지역이 갖는 시장으로서의 성장 가능성이 있었다. 1907년 수출입 무역액을 100으로 할 경우 1930년도에 중국 관내시장은 321로 증가하였음에 비해, 만주지역은 1173으로 증가하였다. 19세기 후반기 전국의 수출입에서 동북지역이 차지하는 비중은 1퍼센트 이내였다. 20세기 초 동북지역의 수출은 전국 수출 총액의 3퍼센트, 수입은 2퍼센트였다. 1907년 대련 등이 개방된 이후 동북의 수출은 전국 총수출 가운데 15퍼센트 이상에 달하였으며, 수입은 약 10퍼센트 내외에 달하였다.

일차대전 이후 구미 제국이 후퇴한 상황에서 일본이 중국과의 무역을 발전시킨 이후 특히 동북지역에서의 무역량이 크게 증대되었다. 1920년대 동북지역의 수출은 전국 총수출액의 4분의 1 내지 3분의 1이었으며, 수입은 전국 총수입의 15퍼센트에 상당하였다.[67] 동북지

65_ 齊藤良衛, 『對支經濟政策の或基本問題』, 有光社, 1938, p.133.
66_ 井村薰雄, 「支那紡績の現勢」, 『東亞』7卷 6號, 1934.6, p.33.

역의 대외무역 총액은 1908년을 100으로 할 경우 1930년에는 610으로 증가하여 총 7억 300만 해관량에 달하였다. 이 가운데 수출의 증가는 같은 시기 100에서 724로 증가하여 총액 3억 9,600만 해관량에 달하였다.[68]

중국 관내 및 동북지역에 대한 일본의 무역총액 비교 (단위: %)

	1907	1910	1915	1920	1925	1930
동북지역	100	304	397	719	929	1173
중국관내	100	124	128	192	253	321

출처: 日本外務省, 『日滿經濟統制2-我が商品市場だるへき滿蒙對策』, 1933, p.14.

일본이 중국 동북지역에서 자신의 독점적 이해를 관철시켜야 한다는 핵심적인 내용은 바로 원료의 수입이라는 문제에 맞추어져 있었다. 이는 "만몽으로부터 우리나라의 제조공업에 필요한 원료의 공급을 의지하고, 만몽지역을 일본상품의 소비시장으로 조성해야 한다"[69]는 일본관동청의 인식으로부터도 잘 알 수 있다. 일본이 만주로부터 수입하는 총액은 1920년대 말 - 1930년대 초에는 평균 1억 5천만 엔 정도였으며, 이는 총수입액의 7-8퍼센트에 지나지 않았다.

그러나 수입품목을 보면 1930년 석탄 수입 총액의 62퍼센트가 만주지역으로부터 수입되었으며, 철의 37퍼센트, 두류의 70퍼센트, 식용유의 45퍼센트 등 주요 품목이 수입되었다.[70] 일본은 원료자원의

67_ 朱艷, 「僞滿洲國時期的東北海關」, 『棗庄學院學報』24卷 6期, 2007.12, p.28.
68_ 解學時, 『僞滿洲國史新編』, 人民出版社, 2015, p.113.
69_ 山中岩次郎, 『新國家の關稅政策に關する意見書』, 關東廳, 1932.2, p.1051.
70_ 江口圭一, 「日本帝國主義の滿洲侵略」, 『世界歷史』27卷, 岩波書店, 1971,

태반을 당시 세계시장에서 경쟁하고 있던 미국, 영국 등 선진 열강 및 이들의 지배권역으로부터 수입하고 있었기 때문에 원료자원의 안정적인 수입에 의구심과 불안감을 가지고 있었다.

다시 말해 제품의 수출시장이나 원료의 구입시장이 동종 상품의 경쟁구도에 있던 열강에 의존하는 무역구조가 상존하는 가운데, 세계공황 이후 만주사변 등 정치적으로 미국, 영국 등과의 경쟁이 불가피한 상황에서 시장의 협력을 유지해야 하는 상황에 놓인 것이다. 결국 이와 같은 구도 속에서 일본자본가들은 영미와의 관계 악화에 필연적으로 불안감을 느낄 수밖에 없었던 것이며, 군부 주도의 침략 정책은 바로 이와 같은 상황을 타개하기 위한 정당성을 확보하였던 것이다.

일본은 만주국 수립 직후 만주시장과 일본의 관계에 대해 "면화와 같은 자원은 만주국에서 적극적으로 장려하여 우리의 원료 공급지로 삼고, 우리나라는 가공지가 되어 제품의 시장으로서 동북지역을 확보하는 정책으로 나아가야 한다"[71]-, "일본과 만주를 하나의 경제권으로 하여 만주를 자원 공급 및 일본제품의 소비지역으로 한다. 따라서 관세의 적용은 이러한 원칙의 구현을 이상으로 한다"[72]-고 인식하였다.

중국 동북지역의 무역 상황을 살펴보면 1934년도 수입이 5억 9,300만 원, 수출이 4억 4,800만 원이었다. 무역 상대국을 살펴보면

---

pp.216-217.

[71]_ 日本外務省, 『日滿經濟統制2-我が商品市場だるへき滿蒙對策』, 1933, p.13.

[72]_ 南滿洲鐵道株式會社經濟調査會(第4部關稅班), 「日滿關稅政策方針」, (極秘)『滿洲國關稅改正及日滿關稅協定方策』第1卷(立案調査書類 第23編 第1卷), 1935.7, p.228.

일본이 압도적인 비중을 차지하였다. 일본으로의 수출이 2억 1,800만 원, 수입은 4억 800만 원이었다. 일본으로부터의 수입이 전체의 68.8퍼센트를 차지하였으며, 수출은 전체의 48.6퍼센트에 상당할 정도로 전체 무역에서 절대적인 비중을 차지하였다.[73]

중국 동북지역에 대한 투자에서 열강과 비교하여 일본의 관심이 매우 컸음을 알 수 있으며, 이는 다음의 수치로부터도 잘 알 수 있다. 일본은 국외 투자 가운데 동북지역에 대한 투자 비중이 58퍼센트에 달하였으며, 전체 중국 투자 가운데 65퍼센트를 차지하였다.

일본과 열강의 동북지역에 대한 투자 비교(1930년)

	(A) 국외투자액 (100萬円)	(B) 중국투자액 (100萬円)	(C) 만주투자액 (100萬円)	만주투자총액 중 비중(%)	C/A (%)	C/B (%)
일본	2,780	2,500	1,617	70.45	58.0	65.0
영국	42,000	2,532	40	1.73	0.1	1.6
미국	48,780	382	26	1.15	0.06	6.8
프랑스	9,400	376	21	0.92	0.2	5.6
소련	590	590	590	25.71	100.0	100.0

출처: 東亞經濟硏究所, 『滿蒙政治經濟提要』, 改造社, 1932, p.519.

일만무역을 살펴보면 1928년의 수출이 불과 1억 1,000만 원으로서 수출 총액의 5.6퍼센트에 불과하였으나, 만주사변 이후 1933년에는 3억 원, 1936년에는 5억 원, 1938년에는 8억 5,000만 원에 달하였다. 따라서 수출 총액에서 차지하는 비중도 1933년 16.3퍼센트, 1936년 18.5퍼센트, 1937년에는 19퍼센트, 1938년에는 32퍼센트로 급증하였

73_ 日本實業協會, 『滿洲に於ける關稅及鐵道運賃に就て』, 1935.5, pp.6-9.

다. 이에 반해 중국으로의 수출은 만주사변 이후 현저히 감소하였다. 만주사변 이전 1928년에는 만주를 제외한 대중국 수출이 4억 3,000만 원으로서 그 비중이 22퍼센트에 달하였으나 상해사변이 발발한 1932년에는 1억 5,000만 원으로 격감하였으며, 1933년에는 배일관세의 설정으로 인해 1억 3,000만 원으로 그 비중이 7퍼센트에 불과하였다.[74]

중국 재정부장 송자문에 따르면 1932년까지 5개년간 동북지역의 관세 수입은 전 중국해관 수입의 15퍼센트에 상당하며, 1931년 동삼성의 해관 수입은 26,078,000량(관평은)으로서, 이는 국폐 39,217,000원에 달한다고 밝혔다.[75] 총세무사가 국민정부 재정부에 보고한 정황에 따르면, 1932년 전국 해관 수입은 총 200,239,000량兩으로서, 이를 1931년도의 246,087,000량과 비교하면 45,848,000량이 감소한 것이다. 구체적인 수치는 수입세 165,301,000량, 수출세 19,008,000량, 전구세 13,191,000량, 톤세 2,739,000량, 총계 200,239,000량에 달하였다.[76] 이러한 이유에서 송자문은 행정원회의에서 "일본의 의도는 동삼성의 경제를 관내로부터 분리하기 위한 목적"[77]이라고 강조하였다.

만일 중국이 외국으로 취급되어 중국과 만주국 사이에 수출입 관세가 적용될 경우 중국상품의 만주 수입이 곤란하게 될 뿐만 아니라, 이를 보충하기 위해서는 일본상품 및 기타 외국상품으로 보충되지

74_ 高橋龜吉, 『東亞經濟ブロック論』, 千倉書房, 1939, p.331.

75_ 「宋子文發表聲明書」, 『申報』, 1932.6.22.

76_ 「1932年份全國海關稅收」, 『中行月刊』6卷 1,2期, 1933.2, p.136.

77_ 鄭會欣, 「九一八事變后有關東北關稅問題檔案資料選:中國銀行總管理處致總稅務司函」, 『民國檔案』1989年 1期, p.22.

않으면 안되었다. 그렇지 않을 경우 만주 자체적으로 산업 발달을 촉진할 가능성도 있었다.[78]

다음의 표에서 잘 나타나고 있듯이 동북해관이 중국 본토로부터 분리되어 만주국의 해관 행정체계로 편입된 이후 동북지역에 대한 일본의 수출입 무역이 급격히 증가했음을 잘 알 수 있다. 사실상 1932년을 기점으로 중국 관내와 동북지역에 대한 무역의 비중이 역전되었음을 알 수 있다. 이러한 결과는 사실상 일본 제국주의가 만주국에 의한 동북해관의 접수라는 정책적 의도를 그대로 관철하였음을 알 수 있다.

일본의 만주 및 중국에 대한 수출입 비교 (단위: 100만 원)

지역		1922	1928	1932	1933	1935	1936	1937	1938
수출	만주	72	110	147	303	426	497	612	853
	중국 및 홍콩	399	429	148	132	199	218	228	330
	중국 만주 합계	471	540	294	435	625	716	840	1,182
	기타 제3국	1,167	1,422	1,116	1,426	1,874	1,977	2,335	1,507
	수출 총계	1,637	1,972	1,410	1,861	2,499	2,693	3,175	2,690
수입	만주	131	150	128	169	216	239	294	399
	중국 및 홍콩	187	236	78	115	137	158	149	166
	중국 만주 합계	318	386	206	284	352	398	443	565
	기타 제3국	1,572	1,810	1,225	1,633	2,119	2,366	3,340	2,098
	수입 총계	1,890	2,196	1,431	1,917	2,472	2,764	3,783	2,663

출처: 高橋龜吉, 『東亞經濟ブロック論』, 千倉書房, 1939, p.330.

78_ 神戶正雄, 『滿洲國の財政經濟』, 1932.8, p.77.

만주국의 전체 무역량에서 살펴보면 중국으로부터의 수입 감소분은 모두 일본으로부터의 수입으로 대체되었다. 만주국의 수입 비중에서 일본은 1932년의 58.4퍼센트에서 1935년에는 75.4퍼센트로 증가하였으며, 중국은 18.1퍼센트에서 5.29퍼센트로 감소하였다.[79] 국민정부의 재정은 만주사변으로 인해 급증한 군사비용과 만주시장의 상실로 인한 세원의 감소로 매우 어려운 형편에 처해 있었다. 실제로 중국 관내로부터 만주시장으로 이출되는 상품의 총액은 1931년 13억 9,600만 원으로부터 다음 해인 1932년에는 7억 7,700만 원으로 반감되었으며, 그만큼 국민정부의 세수도 급감할 수밖에 없었다.[80]

6) 만주국의 신관세와 중국 동북시장의 변화

만주사변과 만주국의 수립 이후 중국 동북시장에는 이전과 비교하여 큰 변화가 발생하였다. 만주국이 수립된 이후 중국 동북시장은 국민정부의 통제로부터 벗어나 일본의 정책 의도에 부합하여 일본경제와 밀접한 관계를 갖게 되었다.

1932년 9월 15일 만주국 재정부총장 희흡熙洽은 25일부터 신관세를 실시하겠다는 방침을 내외에 널리 선포하였다. 신관세의 핵심적인 내용은 중국을 독립국으로 간주하여 중국으로부터 수입되는 제품

79_ Kiyoshi Kanai, *Economic Development in Manchoukuo*, Nihon Kokusai Kyokai, 1936, p.47.

80_ 吉原次郎, 「支那紡織業と民族銀行資本について」, 『滿鐵調査月報』17卷 12號, 1937.12, p.149.

에 대해 높은 관세를 적용하며, 일본으로부터 수입되는 제품에 대해서는 상대적으로 낮은 관세를 부과한다는 내용이었다. 만주국의 신관세는 10일간의 유예기간을 두고 즉시 시행되었다.

중국 동북지역 내에서 공산품의 수급상황을 면제품의 사례로 살펴보면 다음과 같다. 이 지역 내의 면제품 수요는 매년 면사 10만 포와 면포 700만 필에 상당하였는데, 이 가운데 지역 내에서 자체적으로 생산되는 수량은 면사 3만 포, 면포 30만 필이 전부였다. 따라서 나머지 수요는 수입품으로 충당되지 않으면 안되었다. 그런데 수입면사 가운데 80퍼센트가 중국면사, 나머지 20퍼센트가 일본면사였다. 면포의 경우 중국면포가 45퍼센트, 일본면포가 55퍼센트를 차지하였다.[81] 이와 같이 만주국 수립 이전부터 동북시장을 둘러싼 중국과 일본 간의 경쟁이 치열했음을 잘 알 수 있다.

희흡 총장의 명의로 공포된 만주국의 신관세는 중국으로부터 수입되는 제품에 대해 다음과 같은 명확한 규정을 마련해 두었다. 우선 신관세의 설정 이유에 대해 희흡은 "만주국은 관세 및 통상관계에 대해 중화민국을 순수한 외국으로 간주하여, 종래의 변칙적 관계를 개정하기로 결정하고 9월 25일부터 이를 실행한다"고 선포하였다. 이와 함께 신관세를 실시하기 위한 구체적인 방안을 다음과 같이 설명하였다.

① 만주국으로부터 중국으로 수출되는 제품에 대해서는 수출세를 부과한다.

② 중국으로부터 만주국으로 수입되는 제품에 대해서는 수입세를

81_ 『紡織週刊』2卷 23期, 1932.6, p.595.

부과한다.

③ 중국에서 발급된 납세증명서는 만주국에서 효력을 상실한다. 만주국해관을 출입하는 선박은 반드시 만주국세관에서 수출입세를 부과한다.

④ 이를 위해 산해관과 기타 필요한 지역에 세관을 설치하여 관세의 징수를 시작한다.[82]

만주국의 동북해관 봉쇄 및 신관세의 설정, 그리고 중국상품에 대한 신관세의 적용으로 말미암아 중국은 막대한 세수의 손실을 피할 수 없었다. 이에 중국국민정부 재정부장 송자문은 만주국의 조치를 "일본이 동북3성을 중국 관내로부터 분리하기 위한 책동"으로 규정하고, 이에 대한 보복 수단으로서 동북 각 지역의 해관을 폐쇄하고 이중과세를 강행하기로 결정하였다.

중국은 만주국으로 수출되는 모든 제품에 대해 먼저 중국해관에서 수출입세를 징수하도록 하였으며, 탈세행위가 적발될 경우 수출품을 적재한 선박의 항행권을 박탈하였다. 더욱이 만주국으로부터 중국 이외의 지역으로 수출되는 제품을 선적한 선박이 천진이나 상해 등 중국해관이 소재한 지역을 경유할 경우 이를 자국으로부터 수출하는 상품으로 간주하여 수출세를 징수한다는 방침을 정하였다. 결국 이러한 조치는 만주국의 무역을 제한하기 위한 목적에서 비롯되었다고 볼 수 있다.

82_「滿洲國承認によって現はれた關稅の變革」, 『大連商工月報』206, 1932.10, pp.1034-1035.

만주사변은 경제적으로 볼 때 세계대공황 이후 심화되고 있던 일본경제의 위기를 동북시장의 독점과 전시경제에서 찾고자 시도한 것으로 볼 수 있다. 따라서 일본 산업자본가의 요구가 동북시장에서 관철될 것은 충분히 예상할 수 있는 결과였다. 만주국은 표면적으로 독립국가의 행정이 실현되는 형태를 취하였지만, 실상은 일본군부, 특히 관동군의 영향력이 절대적이었다.

1932년 9월 15일 일본은 만주국과 '일만의정서'를 교환하고, 육군대장 무토 노부요시武藤信義를 관동군사령관으로 임명하였다. 무토는 임시특명전권대사와 관동장관을 겸임하였으며, 전권사무소는 12월 1일 대사관으로 승격되었다. 12월 23일 무토는 만주국 황제 부의에게 신임장을 제출하고 정식으로 대사업무를 개시하였다.

만주국의 일본대사관은 외면적으로는 독립국의 대사관과 같은 형식을 취하였지만, 관동군을 중심으로 일본외무성, 척무성 등이 공동으로 군림하는 기구로서의 성격이 강했다. 대사관을 설치할 당시 일본은 만주국에 총영사관 5개소, 영사관 10개소, 영사관 분관 10개소, 출장소 1개소를 설치하였다. 총영사관은 하얼빈, 신경(장춘), 길림, 봉천, 간도에, 영사관은 만주리, 하이라얼, 치치하얼, 정가둔, 안동, 영구, 금주, 적봉, 승덕, 수분하에 두고, 돈화, 훈춘, 연길, 백초구, 두도구, 도문, 해룡, 통화, 신민부 등에는 분관을, 흑하에는 출장소를 두었다. 이들 파견기관들은 일본외무성에 속하였으나, 대사관의 설치로 관동군사령관인 일본대사의 지휘 아래 들어가 만주국을 통제, 지배하는 기구가 되었다.[83]

83_ 유신순저, 신승하외역, 『만주사변기의 중일외교사』, 고려원, 1994, p.391.

만주국의 정책 결정에서 관동군의 입장이 관철되는 구조는 다음과 같다. 즉, 만주국정부의 행정 입안과 결정에서 '수요회의'라는 조직이 매우 중요하였는데, 이 회의에는 만주국의 총무장관, 각 부의 일본인 차장과 총무사장, 총무청차장, 법제국장이 참여하였다. 주목할 것은 수요회의에 항상 관동군 참모가 출석하여 의사를 표시하였다. 만주인으로 구성된 국무회의와 참의부회의는 수요회의가 결정한 방안을 그대로 승인하였다. 다시 말해 만주국의 주요 정책은 관동군사령관의 승인없이는 실행되기 어려운 구조였던 것이다.[84]

1932년 만주국이 수립된 이후 남만주철도주식회사 조사부를 바탕으로 설립된 만철경제조사회가 관동군과 긴밀한 연계를 가지면서 만주경제에 대한 방대한 계획안을 작성하였다. 경제조사회에서 입안된 정책은 즉시 관동군에 보고되었으며, 다시 관동군의 방침에 따라 수정되어 통보되었다. 조사회는 이를 기초로 정책을 입안한 이후 최종적으로 만주국정부에서 실행되었다.[85]

1932년 5월에 남만주철도주식회사 경제조사회 제2부 공업반이 작성한 '방적공업대책요강'과 '방적공업대책안'을 살펴보면 일본 제국주의가 중국 동북시장의 성격을 어떻게 설정했는지 잘 알 수 있다. 예를 들면, 방직공업의 경우 "만주국에서 방직공업은 하급제품의 생산으로 한정하고, 나머지 제품은 모두 일본으로부터의 수입에 의존하도록 하며, 중국으로부터 수입되는 제품에 대해서는 정규의 수입세를 징수하도록" 규정하였다.[86]

84_ 滿洲史硏究會編, 『日本帝國主義下の滿洲』, 御茶の水書房, 1972, p.42.

85_ 滿洲史硏究會編, 『日本帝國主義下の滿洲』, 御茶の水書房, 1972, p.20.

비록 방직공업이라는 특정 공업분야이기는 하지만, 일본은 중국 동북시장을 자국상품의 수출시장이자 원료의 공급시장으로 규정함으로써 일본 국내의 산업 발전을 조장한다는 원칙을 견지하고 있었다. 더욱이 이를 위해 기존 동북시장에서 일본제품과 치열한 경쟁을 전개해 왔던 중국제품을 신관세의 규정을 적용하여 인상된 수입세를 적용함으로써 일본제품의 경쟁력을 강화하고 결과적으로 독점적 시장으로 확보한다는 전략임을 잘 알 수 있다.

1934년 5월 24일 관동군 특무부 제1위원회의 다음과 같은 경제원칙을 살펴보더라도 동북시장에 대한 일본 제국주의의 구상을 잘 엿볼 수 있다.

① 일본산업이 현상을 감안하여 만주국 내에서 산업의 발달을 억제한다.

② 만주국의 수입에서 일본제품의 우위를 보증한다.

③ 만주국에서 일본제품이 외국제품과 경쟁관계에 있을 경우 일본제품에 대한 수입세율을 경감하여 판로의 확장에 기여한다.[87]

결론

관세의 기능은 보호관세적 측면과 재정관세적 측면을 동시에 내포

86_ 南滿洲鐵道株式會社經濟調查會(第2部工業班),「紡績工業對策要綱」,『滿洲紡績工業に對する方針及滿洲に於ける棉花改良增殖計劃』, 1935.6, pp.9-10.

87_ 南滿洲鐵道株式會社經濟調查會(第4部關稅班),「日滿關稅政策方針」(極秘)『滿洲國關稅改正及日滿關稅協定方策』第1卷, 1935.7(立案調査書類 第23編 第1卷), p.383.

하고 있다. 따라서 만주국 수립 이후 관세율의 결정은 중국 동북시장에 대한 국가권력의 구상을 그대로 보여주는 것이라 할 수 있다. 만주국은 건국 직후 여러 차례에 걸쳐 관세개정을 단행하게 되며, 이후 동북시장은 큰 변화를 겪게된다. 관세개정의 목적과 의미를 규명하기 위해서는 우선 동북해관의 접수가 가지는 의의를 살펴보는 것이 선결과제일 것이다. 만주사변이 세계공황 이후 '영제국 경제블럭'과 관세장벽에 대응하여 '일만선 경제블럭'을 형성한다는 일본 제국주의의 구상을 실현하는 것이라면, 만주국에 의한 해관의 접수는 이를 위한 불가결의 전제조건이 아닐 수 없었다.

그러나 동북해관의 접수는 용이하게 단행하기 어려운 복잡성을 내포하고 있었다. 중국국민정부는 만주사변 이전부터 이 지역에 대한 실질적인 지배권을 행사해 왔으며, 일본은 대륙 침략정책의 연장선상에 이 지역을 '생명선'으로 자처하였다. 신흥 만주국의 입장에서는 국가재정에서 차지하는 관세의 절대적인 비중에 비추어, 해관의 장악과 관세정책의 실시는 경제정책의 핵심이라 할 수 있었다. 더욱이 중국의 관세는 외채의 담보로 설정되어 있어 영국, 미국 등 열강의 이해가 상호 복잡하게 착종되어 있었다.

중국정부는 만주국의 일방적인 동북해관 접수에 대해 국제연맹에 제소하는 등 열강과의 협조를 통한 해결책을 적극 모색하였다. 그러나 중국정부의 요청에도 불구하고 영국 등 열강은 오히려 만주국과의 타협을 촉구하였다. 이러한 배경에는 외채의 담보인 관세 분담금을 안정적으로 확보하려는 이해가 자리하고 있었다. 반면 만주국은 철저히 열강의 이익을 보장함으로써 동북지역의 해관에 대한 접수를 실현할 수 있었다. 만주국의 동북해관 접수는 사실상 일본 제국주의와 만주국, 열강의 타협으로 가능했던 것이다.

만주국은 동북해관의 접수를 통해 국가재정에서 매우 큰 비중을 차지하는 관세를 안정적으로 확보할 수 있게 되었으며, 이를 통해 신흥 국가의 재정적 어려움을 상당 부분 해소할 수 있었다. 더욱이 이후 여러 차례에 걸친 관세 개정 역시 동북해관의 접수 위에서 비로소 가능한 경제정책이었다. 만주국이 국가재정의 안정성을 바탕으로 다양한 경제정책을 구현하였음에 비추어, 동북해관의 접수 및 관세정책은 만주국의 재정 운용과 자국 산업의 보호를 위한 핵심적인 경제정책이라 할 수 있다. 관세정책은 동북해관의 접수와 불가분의 관계에 있으며, 나아가 일본경제와의 관계 속에서 동북시장의 변화를 가져온 매우 중요한 계기적 사건이 아닐 수 없었다.

3

일본의 중국 침략과
중국 유태이주민

일찍이 아놀드 토인비Arnold J. Toynbee는 나치의 유태인 학살과 관련하여 "20세기 독일은 우리들이 스스로의 얼굴을 들여다 볼 수 있게 만들어 준 거울이었다. 20세기 독일이 괴물이었다면, 20세기 유럽 문명은 독일이라는 괴물을 만들어 낸 프랑켄 슈타인이었다"[1]-라고 지적한 바 있다. 유태인에 대한 히틀러의 구상은 『나의 투쟁Mein Kampf』에 잘 나타나 있다. 여기서 그는 유태인을 기생충으로 묘사하면서 "그들은 자신들이 증오하는 백인종을 파멸시키고 지배자의 지위에 오르려고 기도하고 있다"[2]-고 비난하며, 이들의 뿌리를 박멸해야 한다고 주장하였다.

독일을 비롯한 유럽 각국의 유태인들은 점증하는 반유태주의[3]-를 피해 미국을 비롯한 각지로 이주를 감행하였다. 그러나 일차대전을 계기로 유럽으로부터 미국으로의 이주가 용이하지 않게 되었으며, 대전 이후 미국의회는 외국인들의 이민을 저지하기 위한 이민억제법 안을 통과시켰다. 더욱이 1930년대 초 세계공황의 여파로 각국은 자국의 경제적 어려움을 극복하고 실업률을 저하시키기 위해 이민자들의 유입을 억제하는 방안을 적극 강구하였다.

이와 같은 상황하에서 상해를 비롯한 중국 각 지역은 유태인들이

1_ 최창모, 『이스라엘사』, 대한교과서주식회사, 1994, pp.284-285.

2_ 히틀러저, 서석연역, 『나의 투쟁』상, 범우사, 2001, p.435 및 p.465.

3_ 반유태주의anti-Semitism는 종교적 반유태주의Religious anti-Semitism, 사회적 반 유태주의Social anti-Semitism, 신학적 반유태주의Theological anti-Semitism, 경제적 – 인종적 반유태주의Political-Racial anti-Semitism 등으로 나눌 수 있는데 그 기원과 내용에 대한 구체적인 내용은 최창모, 「반유태주의」, 『이스라엘사』, 대한교 과서주식회사, 1994, pp.230-240.

이주하기 위한 좋은 조건을 갖추고 있었다. 상해 등 각 개항장의 조계지역은 중앙권력의 통치력이 관철될 수 없었으며, 1937년 국민정부가 중경으로 천도한 이후 상해 등 조계지역은 그야말로 권력의 공백지역으로 남게 되었다.[4] 유럽 각지의 중국영사관은 조약에 따라 여권을 제시하고 중국으로 이주를 희망하는 신청자들에게 비자를 발급하였으며, 중일전쟁으로 인해 상해에서 출입국관리체계가 정상적으로 작동할 수 없었다. 따라서 설령 비자를 소지하지 않은 경우라 하더라도 이들의 유입을 통제하기 어려웠다.[5] 이러한 결과 유럽으로부터 수많은 유태이주민들이 시베리아를 거쳐 만주지역으로 들어오거나, 혹은 해로를 통해 상해 등 조계지역으로 유입되었다.

비록 상해 등 조계지역의 행정관리가 공부국에 의해 이루어지고 있기는 했지만, 중일전쟁이 발발한 이후 이들 지역에 대한 생사여탈권은 사실상 일본의 수중에 장악되어 있었다고 해도 과언이 아니다. 따라서 중국으로 이주한 유태인들을 어떻게 처리할 것인가는 바로 일본 제국주의의 정책적 판단에 달려 있었다고 할 수 있다.

주지하다시피 일본은 독일 및 이탈리아의 동맹국이자 맹방이었으

4_ 근래 중국과 일본을 중심으로 중국 유태이주민에 대한 연구가 활발하게 이루어지고 있다. 대표적인 연구로는 潘光, 『猶太人在中國』, 五洲傳播出版社, 2008; 潘光, 『上海猶太人』, 社會科學文獻出版社, 2002; 丸山直起, 『太平洋戰爭と上海のユダヤ難民』, 法政大學出版局, 2005; 李述笑, 『猶太人在哈爾濱』, 社會科學文獻出版社, 2006; 瑞娜著, 雷格驛, 『上海往事1923-1949: 猶太少女的中國歲月』, 五州傳播出版社, 2009.2; 榮振華, 李渡南, 『中國的猶太人』, 大象出版社, 2005; 王健, 『上海猶太人社會生活史』, 上海辭書出版社, 2009 등이 있다.

5_ 丸山直起, 『太平洋戰爭と上海のユダヤ難民』, 法政大學出版局, 2005, p.73.

며, 따라서 독일의 반유태정책에 동조할 개연성이 컸다고 할 수 있다. 그럼에도 불구하고 일본은 유태인들의 중국 이주를 적극적으로 저지하지 않았으며, 이들에 대해 차별적인 정책을 시행하지도 않았다. 여기에서는 유태인에 대한 일본의 인식을 살펴보고, 이를 바탕으로 일본이 당시 세계정세의 전개 속에서 이들의 역할을 어떻게 받아들이고 있었는지 살펴보려 한다. 이와 함께 일본정부 내에서 유태인에 대한 정책이 실제로 어떠한 근거와 목적을 가지고 입안되었는지 살펴볼 것이다.

1) 유럽의 반유태주의와 유태인의 중국 이주

수천 년 동안 이방인으로 세계 각지를 떠돌던 유태인들의 궁극적인 꿈은 하나의 이상적인 유태국가를 건설하는 것이었다. 이를 구체적으로 실천하기 위한 운동인 '시온주의Zionism'[6]라는 용어는 19세기 말 나단 번바움Nathan Birnbaum에 의해 처음으로 사용되었다. 이후 시온주의의 아버지라 불리는 헤르츨Theodor Herzl은 1896년 『유태국가』라는 책을 출판하면서 "우리의 과제는 일정한 지역에 자신의 욕구에 부합할 수 있는 영토를 획득하고, 국제법의 보호하에 독립

6_ 성경에 따르면, 시온은 예루살렘을 중심으로 유태인들이 집거하던 지역의 이름이다. 성경에서 말하는 시온은 주로 'Sion'으로 표현하고, 시온주의를 말할 때는 'Zion'이라고 쓴다. 시온주의란 17-18세기 세계 각처로 흩어져 있던 유태인들이 원 고향 예루살렘에 있는 시온으로 돌아가 나라를 세운다는 운동을 일컫는다. 이리유카바 최, 『거짓, 모욕 그리고 음모』, 창작시대, 2002, p.4.

국가로서의 주권을 획득하는 것이다. 이는 유태인의 오랜 열망과 목표를 지향하는 것으로서, 도덕적이며 합법적인 것이다"[7]-라고 주장하였다.

헤르츨 등 유태인 영도자들이 노력한 결과 마침내 1897년 제1차 시온주의총회1st Zionist Congress가 개최되기에 이르렀다. 이후 유럽 각국에서 유태인들의 적극적인 노력과 조직에 힘쓴 결과 영국에서는 1898년에 '영국시온주의연맹'이 결성되었으며, 미국에서도 1917년에 '미국시온주의기구ZOA, Zionist Organization of America'가 성립되었다.

1917년 11월 2일 영국외상 벨푸어는 유명한 벨푸어선언Balfour Declaration을 통해 "영국정부는 팔레스타인에 유태인의 민족적 향토national home 수립을 지지하고, 이를 달성하기 위한 노력을 경주한다"[8]-고 선포하였다. 그러나 '벨푸어선언'이 곧 팔레스타인에 대한 유태국가 건설을 가져다 준 것은 아니었다. 이후 아랍세계의 반발을 비롯하여 시오니즘운동은 유럽 등 세계 각지에서 엄청난 수난을 겪게 되었다.

일차대전에서의 패배와 세계대공황의 충격으로 독일은 극심한 경제적 어려움과 사회혼란을 겪게 되었다. 아돌프 히틀러Adolf Hitler는 이와 같은 혼란기를 틈타 자신의 정치적 세력을 급속히 확대해 나갔다. 히틀러는 유태인을 공산주의가 국제적으로 확산되는 주범으로 몰아가고 있었다. 나치는 1930년의 선거에서 107석, 1932년의 선거에서는 230석의 하원의석을 차지하여 집권당이 되었다. 1933년 마침

7_ 최창모, 『이스라엘사』, 대한교과서주식회사, 1994, p.242.
8_ 立山良司저, 유공조역, 『팔레스타인』, 가람기획, 2002, p.34.

내 수상이 된 히틀러는 나치를 제외한 모든 정당을 해산하고 실시한 선거에서 92퍼센트의 지지율을 획득하였다.[9]

히틀러는 이미 1919년의 연설에서 "나는 투쟁을 통해 최종적으로 유태인 자체를 확실히 제거할 것"[10]이라고 강조했다. 히틀러는 세계 공황 이후 독일의 경제적 어려움을 이용하여 6,500만 명의 인구 가운데 1퍼센트인 65만 명에 불과한 유태인이 80퍼센트의 백화점을 소유하고 있다고 비난하며, "나치의 첫 번째 정책은 유태인들을 우리 민족의 문화적, 경제적 생활로부터 제거시키는 데 목적이 있다"[11]고 주장하였다.

히틀러는 "유태인의 민족성을 가장 명백하게 증명해 주는 것이 시온주의로서, 유태인은 악성페스트이며 정신적 페스트"[12]라고 거칠게 비난하였다. 나치의 유태인 학대는 히틀러가 정권을 장악한 1933년부터 이미 시작되어, 유태인 상점의 약탈, 불매운동 등이 광범위하게 전개되었다. 1933년 나치정권이 집권한 이후 1939년 8월까지 모두 22만 5천 명에 달하는 유태인이 독일을 탈출하였다. 1933년에는 37,000명, 1934년 21,000명, 1936년 25,000명, 1937년 23,000명 등 5년간 약 14만 명의 유태인이 독일을 떠났다.[13]

9_ 박재선, 『세계사의 주역 유태인』, 모아드림, 1999, p.105.

10_ 요하임 페스트저, 안인희역, 『히틀러평전』1, 푸른숲, 1998, p.208.

11_ 홍사중, 『히틀러』, 한길사, 1997, p.72.

12_ 히틀러저, 서석연역, 『나의 투쟁』상, 범우사, 2001, pp.98-100.

13_ 라파엘 젤리히저, 박정희역, 『집단애국의 탄생 - 히틀러』, 생각의나무, 2008, p.208.

나치의 유태인 학살 국가별 내역

국가명	유태인인구	희생자 수	국가명	유태인인구	희생자 수
폴란드	3,250,000	3,000,000	벨기에	85,000	24,000
구소련	2,800,000	1,200,000	불가리아	60,000	11,000
루마니아	800,000	350,000	이탈리아	45,000	7,500
헝가리	400,000	300,000	노르웨이	2,000	800
체코슬로바키아	315,000	270,000	룩셈부르크	2,000	700
독일	230,000	180,000	영국	350,000	
리투아니아	155,000	135,000	터키	50,000	
네덜란드	140,000	105,000	스위스	20,000	
프랑스	320,000	90,000	스웨덴	8,000	
레토니아	95,000	85,000	덴마크	7,000	
그리스	75,000	65,000	아일랜드	4,000	
오스트리아	90,000	65,000	스페인	4,000	
유고슬라비아	75,000	60,000	포르투갈	3,000	
유럽 거주 유태인 총 인구	9,375,000		나치 학살 희생자 총계		5,949,000

출처: 강영수, 『유태인 오천년사』, 청년정신, 1999, p.268.

1939년까지는 유태인이 독일에 비용을 완납한 이후 출국할 수 있었다. 그 해까지 50만 명의 독일 유태인 가운데 30만 명이 독일을 떠났으며, 이후에도 이민 금지 발표가 나오기까지 탈출이 계속되었다. 나치가 폴란드를 점령한 이후 독일과 소련 사이에 거주하던 200만 명의 유태인이 모두 독일의 수중에 들어가고 말았다.

1941년 10월부터 나치는 유태인의 추방에 그치지 않고 이들을 대학살하는 방향으로 정책을 전환하였다. 히틀러의 유태인 말살정책으로 인해 1939-1945년 동안 희생당한 유태인 수는 폴란드 300만 명, 구소련 120만 명, 루마니아 35만 명, 헝가리 30만 명, 체코 27만 명, 독일 18만 명, 리투아니아 13만 명, 네덜란드 10만 명, 프랑스 9만 명, 그리스 6만 명, 유고 6만 명, 오스트리아 6만 명에 달하였다.[14]

수용소에서 살해된 유태인은 300만 명에 달하였으며, 대부분 동유럽 출신에 속하였다. 폴란드는 330만 명의 유태인 가운데 280만 명을 독일에 인도했다. 유럽에 거주하던 약 1,100만 명의 유태인 가운데 약 600여만 명의 유태인이 학살당했다. 특히 폴란드, 독일, 오스트리아, 네덜란드, 체코, 유고, 그리스 등의 유태인들은 거의 멸종되다시피 하였다.

한편, 근대 이후 유태인이 중국에 도래한 것은 아편전쟁 이후 5개 항구의 개방과 밀접한 관련을 가지고 있다. 18세기 영국동인도회사가 중국과 통상을 개시한 이후 마침내 중국은 남경조약을 통해 5개 항구를 개방하고 영토의 할양, 치외법권 등을 약속하였다. 이에 근거하여 선구적으로 도래한 사람들이 바로 유태인을 중심으로 한 영국 자본가들이었으며, 이들은 상해를 본거지로 천진, 청도 등에 거주지를 마련하였다. 이 밖에 1917년 러시아혁명이 폭발한 이후 내란을 피해 다수의 유태인이 만주와 천진, 상해로 유입되었다. 특히 히틀러의 유태인 탄압 이후 독일과 기타 유럽 각지에서 중국으로 이주해 온 유태인의 수가 급증하였다.

중일전쟁 발발 이전에 상해에 거주하던 외국인은 약 7, 8만 명에 달하였으며, 이 가운데 일본인이 약 3만 명, 러시아인이 약 2만 5천 명, 영국인이 약 1만 명, 미국인이 5천 명, 독일, 프랑스인이 각 2천 명이었다. 외국인 가운데 유태인은 약 4천 명에 달하였으며, 대부분이 카페, 서양음식점 및 소상점, 소공장 등을 경영하였으며, 일부 의사와 음악가 등 예술가도 포함되어 있었다.[15]

14_ 강영수, 『유태인 오천년사』, 청년정신, 1999, p.266.

중일전쟁 이전까지만 하더라도 중국외교부 및 해관 관계자가 입항한 선박에 올라 여권과 비자를 검사한 이후 상륙 허가 여부를 결정하였다. 그러나 국민정부가 중경으로 천도한 이후 중국의 해상은 사실상 일본에 의해 통제되었으며, 상해의 해관은 출입국의 통제 기능을 상실한 이후 비자는 물론 여권조차 필요하지 않았다고 해도 과언이 아니다.[16]

1940년 1월 1일 상해 주재 유태인 수자는 총 1만 7천 명에 달하였으며, 이들 가운데 일본군 경비구역 내에 1만 1천 명, 공공조계 내에 1,500명, 프랑스조계 내에 4천 명이 거주하고 있었다.[17] 1937-1941년 사이 상해로 들어온 독일, 오스트리아, 폴란드 등 유럽 유태인들의 총수는 약 3만 명에 달하였다. 이 가운데 수천 명이 상해를 거쳐 제3국으로 갔으며, 1941년 12월 태평양전쟁이 폭발한 이후 여전히 2만 5천 명 정도의 유태인이 상해를 피난지로 삼았다.[18] 이후 상해는 나치 학살을 피해 온 유태인들을 위한 피난처의 대명사가 되었다.

중일전쟁이 발발한 이후 상해로 이주해 온 유태인들의 국적을 살펴보면 러시아계가 2천 명, 영국계 500명, 미국계 50명, 독일, 오스트리아계 약 2만 명에 달하였다.[19] 이들의 직업 분포는 어떠했을까. 이를 알기 위해 상해에 위치한 '유럽유태난민 원조위원회'에 등록된 7

15_ 孫世紅, 「上海 - 猶太移民城」, 『海內與海外』2007年 7期, p.12.

16_ 丸山直起, 『太平洋戰爭と上海のユダヤ難民』, 法政大學出版局, 2005, p.73.

17_ 日本外務省, 『民族問題關係雜件 / 猶太人問題』第五卷 分割1, 1938.12.1 참조.

18_ 潘光, 『上海猶太人』, 社會科學文獻出版社, 2002, p.45.

19_ 王希亮, 「俄國猶太難民的入華與在中國的猶太人」, 『西伯利亞研究』2004年 5期, p.56.

천여 명의 직업별 구성을 보면 다음과 같다. ① 변호사, 건축사, 교사 등 전문직업인(118명), ② 의사 및 조수(118명), ③ 예술가(267명), ④ 기술자 및 기능공(195명), ⑤ 고위직원 혹은 직원(1,328명), ⑥ 상인 (1,124명), ⑦ 제빵업자, 봉제공, 도축업자(905명), ⑧ 의복디자이너 및 세탁업자(924명), ⑨ 제조공(89명), ⑩ 이발사(93명), ⑪ 잡역 - 운전사, 사진사, 여관인원 등(889명) 등이다.[20]

1942년 일본의 소위 '대동아공영권' 내 유태인 수자는 약 12만 명, 이 가운데 독일계 유태인이 약 2만 3천 명, 무국적 유태인이 1만 5천 명으로서, 이 가운데 상해가 가장 많았다. 만주에는 총 3,300명의 유태인이 있었다. 상해의 유태인들은 공공조계나 프랑스조계의 주택임대료에 비해 75퍼센트 정도 수준인 홍구지역으로 몰려들었다.[21]

2) 일본의 유태인 인식과 대미관계

독일의 유태인 탄압정책에 발맞추어 동맹국인 이탈리아와 프랑스 등은 유태인의 입국을 불허하는 등 반유태정책을 강하게 추진하였다. 1938년 말 프랑스는 '외국인단속법'을 반포하고 2개월 이상 자국에 체류하는 모든 외국인들로 하여금 허가증을 발급받도록 하였다. 이 법안은 불법적인 장기 체류, 밀입국, 여권 위조 등의 경우 법률에 의거하여 엄중히 처벌한다는 내용도 포함되었다. 이러한 조치는 사실

20_ 唐培吉, 「猶太難民在上海的面面觀」, 『同濟大學學報』1995年 1期, p.43.
21_ 日本軍務局軍務課, 『時局に伴う猶太人の取扱に關する件』, 1942.3 참조.

상 유럽 각 지역으로부터 프랑스로 유입되는 유태이주민을 차단하기 위한 조치였다고 할 수 있다. 이탈리아 역시 1938년 9월 15일 '반유태법'을 반포하여 1919년 1월 1일 이후 입국한 모든 유태인으로 하여금 6개월 이내에 이탈리아를 떠나도록 조치하였다.[22]

그럼에도 불구하고 독일의 주요한 맹방인 일본은 독일이나 이탈리아, 프랑스와 유사한 정도의 반유태정책을 시행하지 않았으며, 유태인을 기타 외국인과 차별하는 여하한 정책을 입안하거나 실시하지 않았다. 여기에는 무엇보다도 대미관계를 고려한 일본의 외교정책에서 주요한 원인을 찾을 수 있다. 이를 이해하기 위해서는 미국사회에서 유태인 및 유태인사회가 차지하는 비중과 역할, 그리고 당시 이에 대한 일본의 인식을 살펴보지 않으면 안될 것이다.

유럽 각 지역에서 점증하는 반유태주의와 빈곤을 피해 18세기 후반부터 20세기 초반에 걸쳐 약 200만 명의 유태인이 미국으로 이주했다. 최초 유태인의 도래는 1654년 미국 대서양 연안의 뉴암스테르담(현재의 뉴욕)에 23명의 유태인이 상륙한 것에서 시작된다.[23] 이후 1925-1943년 사이에 25만 명의 유럽 유태인들이, 1948-1953년에 다시 20여만 명의 유태인이 미국으로 이주하였다. 미국으로 이주한 유태인들은 대부분 뉴욕에 상륙하여 현지에서 생계를 꾸렸다. 1870년 8만 명이던 뉴욕의 유태인 수자가 1915년이 되면 약 140만 명으로 증가하였다.[24] 1940년대 뉴욕 전체 의사, 법률가의 60퍼센트 이상이

22_ 日本外務省, 『民族問題關係雜件 / 猶太人問題』第四卷 分割5, 1938.11 참조.

23_ 랍비 솔로몬저, 박인식역, 『유태인의 사고방식』, 일호출판사, 2001, p.204.

24_ 강영수, 『유태인 오천년사』, 청년정신, 1999, pp.250-251.

유태인에 의해 장악되었다.

미국의 유태인사회는 20세기 초부터 전국적인 조직을 갖추기 시작하였다. 먼저 '미국유태인위원회American Jewish Committee'는 독일계 유태인 지도자들에 의해 1906년에 결성되었다. 1915년에는 '미국유태인의회American Jewish Congress'가 설립되어 1916년 3월 필라델피아에서 전국 각 지역을 대표하는 33명 유태인 대표들과 함께 총회를 개최하였다. 이 밖에도 1908년 '유태인비방대응기구Anti-Defamation League'가 설립되어 반유태주의에 적극 대응하였다.

이들은 반유태그룹들에 대한 정보를 수집하여 이를 연방수사국FBI 이나 언론에 제공하였다. 19세기 말부터 1940년대까지 미국의 유태인들은 정치, 경제, 문화, 과학, 기술, 의학, 예술 등에서 빛나는 업적을 성취하였다. 1901-1938년까지 미국의 노벨상 수상자는 총 17명이 있는데, 1943-1955년간 12년 동안 수상자는 29명으로 증가하였다. 여기에는 아인슈타인을 비롯하여 유태인의 기여가 절대적이었다.

그러면 당시 미국사회에 대한 유태인의 영향력을 일본은 어떻게 인식하고 평가하고 있었을까. 미국의 유태인사회는 실제로 자신들의 권익을 옹호하고 세계적인 반유태풍조에 대응하기 위해 이미 19세기부터 적극적인 활동을 전개하고 있었다. 미국의 유태인들은 1892년 『뉴욕타임즈』를 통해 러시아 짜르체제의 잔학성을 보도하며 반유태주의 실상을 폭로함으로써 미국 내의 동정 여론을 형성해 나갔다.

이러한 가운데 1905년 러일전쟁이 발발하자 미국 유태인사회는 자신들의 반러감정을 적극적으로 반영시켜 나갔다. 러일전쟁을 앞두고 1904년 2월 6일 일본은행 부총재 다카하시 고레키요高橋是清가 영국에 건너가 1억 원 상당의 외채를 모집하려 하였으나 모금액은 계획의 절반에도 미치지 못하였다. 이에 뉴욕의 은행가이자 유태인인 야콥 쉬프Jacob H. Schiff는 국제금융시장에서 전비를 조달하기 위해 발행된 일본의 전쟁펀드를 보증한다고 선언하였다.

일본은 전쟁펀드의 판매를 통해 신형무기와 군수물자를 구입하였으며, 마침내 러일전쟁에서 승리할 수 있었다. 이후 일본천황은 야콥 쉬프를 초치하여 1905년에 훈2등 서보장勳二等 瑞寶章, 1906년 3월에는 훈2등 욱일장勳二等 旭日章의 훈장을 수여하였다.[25] 더욱이 1911년에는 '미국유태인위원회'가 강경한 시위를 주도하여 미국상원으로 하여금 1832년에 체결된 '미러통상조약'을 폐기하도록 하는 데 결정적인 영향력을 발휘하였다.[26] 이와 같은 사건은 일본으로 하여금 미국 유태인사회의 역량을 잘 목도할 수 있는 주요한 계기가 되었다.

일차대전 직후에도 일본은 여전히 미국과 영국의 대외정책에서 유태인이 차지하는 절대적인 위상과 영향력을 신뢰하고 있었다. 이와 같은 사실은 1921년 일본외무성이 "현재 영국의 추밀원에는 전 인도 총독을 비롯하여 10명의 유태인이 포함되어 있으며, 의회에도 다수의 유태인 의원이 있다. 이들은 모두 자본가들로서 은행 및 기업과 밀접한 관련을 가지고 있으며, 아프리카, 아시아 등에 투자하고 있다. 또한 미국의 유태자본가들은 국가산업을 대부분 지배하고 있으며, 노동당 당수를 비롯하여 많은 유태인들이 의회에 진출해있다. 더욱이 유태인이 러시아혁명을 양성하고 여기에 참여했다는 것은 주지의 사실이다"[27]라고 지적한 사실에서도 잘 알 수 있다.

25_ 鹿島健, 『米國に於けるユダヤ人問題』, 同文館, 1942, pp.72-73.
26_ 강영수, 『유태인 오천년사』, 청년정신, 1999, pp.256-257.

특히 일본은 일차대전을 거치면서 유태인이 재정과 금융방면에서 확고한 지위를 차지했으며, 이것이야말로 이들이 미국과 영국 등에 상당한 영향력을 행사할 수 있는 원동력으로 파악하였다. 실제로 일차대전 직후 유태인들은 미국의 금융업 분야에서 크게 두각을 나타내고 있었다. 예를 들면 뉴욕의 27개 은행의 542명 이사 가운데 유태인이 477명을 차지하고 있었다.[28]

당시 일본의 기록은 "미국의 재계는 유태인의 독단장이며, 정계, 언론계를 비롯하여 국가를 움직이는 동력은 이들의 손아귀에 장악되어 있다"고 지적하였다. 이와 함께 세계대전 이후 1923-1933년까지 10년간 세계의 재계에는 커다란 변화가 나타났다. 미국에서만 7,805개 은행이 문을 닫았는데, 폐쇄된 은행의 99퍼센트가 비유태계 자본이었으며, 이들 대부분이 유태재단에 의해 병탄되었다고 지적하였다.[29]

이러한 인식으로부터 일본정부는 대미관계를 비롯한 외교의 조정자로서 유태인의 영향력을 적극 이용하고자 하였다. 이는 "유태인들은 구미의 정치, 경제, 언론계에서 막강한 세력을 구축하고 있다. 우리가 국제관계를 개선하기 위해서는 이들과의 협력이 불가결하다. 세계금융이 유태인의 손에 장악되어 있는 상황에서, 국제관계를 개선하기 위해서라도 이들을 이용할 필요가 있다"[30]는 기록에서도 잘

27_ 日本外務省, 『猶太人ニ關スル研究』, 1921, pp.5-6.

28_ 鹿島健, 『米國に於けるユダヤ人問題』, 同文館, 1942, p.64.

29_ 鹿島健, 『米國に於けるユダヤ人問題』, 同文館, 1942, pp.177-179.

30_ 日本外務省 情報部員 森權吉, 「猶太人に關する研究」, 『民族問題關係雜件 / 猶太人問題』第一卷 참조.

알 수 있다.

이와 같은 일본 측의 확신은 일차대전 이후 국제관계를 규정한 베르사이유조약과 여기서 민족자결주의를 제창한 윌슨Thomas Woodrow Wilson 대통령에 대한 유태인의 영향력과 관련된 인식 및 기록에서 잘 알 수 있다. 당시 일본에서는 이와 관련하여 "유태인의 재력은 바로 국제정치 상에 반영되었다. 일찍이 자동차왕 헨리 포드는 '베르사이유강화회의가 유태인에 의해 지배되었다'라고 지적한 바 있다. 윌슨 대통령은 사실상 측근 유태인들의 '허수아비'에 지나지 않았다. 윌슨이 제창한 민족자결은 모두 유태인의 국가 이상을 실현하기 위한 수단에 지나지 않았다. 당시 베르사이유에 모인 각국의 전권, 고문 및 수행원 가운데 과반수가 유태인이었다. 앵글로색슨 민족의 배후에 있는 진정한 세력은 사실상 유태민족이다. 미대통령이 약소국에 부여한 민족자결은 사실상 동구 제국에 산재한 유태인의 환심을 사기 위한 술책에 불과하였다"[31]-고 기록하였다.

1938년 12월 23일 유태계 신문인 『뉴욕 헤럴드 트리뷴』은 1938년 도 '아메리카 - 유태인상'을 루스벨트 대통령에게 수여한다고 발표하였다. 루스벨트의 정책은 유태인들의 적극적인 지지 위에서 결정되었으며, 일본은 루스벨트가 세 번이나 대통령에 연임할 수 있었던 이유 가운데 하나를 '유태인 재벌의 지지'[32]-에서 찾았다.

31_ 鹿島健, 『米國に於けるユダヤ人問題』, 同文館, 1942, pp.121-123. 윌슨을 유태인에 의해 움직이는 괴뢰로 인식하고 묘사하는 것은 당시 일본에서 매우 보편적이었다. 武藤貞一, 『猶太民族の對日攻勢』, 內外書房, 1938, p.185 및 p.188.

32_ 鹿島健, 『米國に於けるユダヤ人問題』, 同文館, 1942, p.36.

한편, 중일전쟁 직후 중국정부가 채택한 영미와의 협조를 주요한 내용으로 하는 외교노선에도 불구하고 미국과 영국은 일본의 중국 침략에 대한 제재에 소극적이었다. 노구교사변 직후 중국정부는 미국에게 일본의 중국 침략에 대해 함께 행동에 나서 주도록 요구하였으나, 미국은 일본과의 마찰을 우려하여 적극적인 제재에 나서지 못하고 회피하는 태도로 일관하였다. 노구교사변 직후 미국국무장관 헐Cordell Hull은 성명을 통해 "중일 양국이 협상을 통해 평화적으로 분쟁을 해결하도록"[33] 촉구할 뿐이었다. 1937년 9월 1일 국무장관 헐은 미국은 결코 중일전쟁에 휘말려들지 않을 것이며, 이는 미국 대외정책의 근본원리라고 천명하였다. 이러한 이유는 경제적 조건과 밀접한 관련을 가지고 있었다.

미국과 일본 간의 교역규모는 미중 간의 교역을 압도하고 있었다. 따라서 중국시장의 보존을 위해 일본과의 정치, 군사적 마찰을 야기하는 것은 쉽지 않은 일이었다. 이러한 이유에서 미국의회는 중일전쟁에 대한 철저한 중립 및 불간섭을 지속적으로 요구했던 것이다.[34] 중일전쟁이 발발한 이후 오히려 미국의 대일수출은 급신장되었으며 원유, 철, 동 등의 원료상품을 비롯하여 자동차, 기계류의 수출이 크게 증가되었다.[35]

33_ 李巨廉, 『第二次世界大戰基源歷史文獻資料集』, 華東師範大學出版社, 1985, p.3.

34_ 金志煥, 「中日戰爭期 重慶國民政府의 對美政策」, 『中國史研究』42, 2006.6, p.242.

35_ 金志煥, 「中日戰爭期 重慶國民政府의 對美政策」, 『中國史研究』42, 2006.6, p.244.

이와 같이 군수품을 미국에 크게 의존하고 있던 일본으로서는 미국과 영국에서의 배일운동과 보이코트운동으로 말미암아 미일 무역관계가 단절될 가능성을 크게 우려하고 있었다. 중일전쟁이 발발한 이후 미국과 영국을 중심으로 배일운동이 광범위하게 전개되었으며, 이와 같은 상황에 직면하여 일본은 국제적 고립을 탈피하기 위해 배일감정을 완화시켜야 할 현실적인 필요성을 절감하였다.

미국과 영국에서의 배일운동은 이미 세계공황 직후 1930년대 초부터 나타나기 시작했다. 세계공황 직후 각국의 관세 인상과 경제블럭의 구축은 일본의 수출시장을 크게 축소시켰다. 더욱이 일본의 중국 동북지역 침략과 만주국 수립 이후 세계적으로 전개된 일화배척운동으로 말미암아 일본경제는 사면초가의 상태에 빠졌다.[36] 특히 영제국의 경제블럭 구축은 일본의 수출시장을 크게 축소시키는 주요한 원인이 되었다.

이와 같은 어려움에 직면하여 일본의 여론은 "세계적인 불황 이후 각국은 관세장벽을 설정하고 경제블럭을 구축하여 외국으로부터의 수입품을 저지하고 있다. 이와 같은 경제봉쇄가 완화되지 않는다면 일본수출품은 안전한 시장을 확보하지 못할 가능성이 크다"[37]라고 위기감을 드러내었다.

1935년 4월 19일 '미국유태인협회' 회장 윌리엄 그린William Green 은 성명서를 내고 이스라엘의 공민을 배척하는 독일의 폭행에 대항하여 독일상품 불매운동을 전개하자고 주창하였다. 런던에서는 수많

36_ 「綿業は四面楚歌の情勢」, 『ダイヤモンド』24-16, 1936.1, p.52.
37_ 齊藤良衛, 『對支經濟政策の或基本問題』, 有光社, 1938.6, p.133.

은 사람들이 깃발을 들고 '일본상품을 구매하지 말자, 중국상품을 구매하자' 등의 구호를 외치면서 거리를 행진하였다. 브라질에서도 일본상품 보이코트 집회가 개최되었다.

언론에서 일본군은 침략자의 대명사로 묘사되었으며, 120만 명의 독자를 거느린 영국 유태계신문 『데일리 미러』는 일본병사가 중국인 사체를 가지고 총검술을 훈련하는 사진을 게재하였다. 또한 미국의 유태계 잡지에는 중국전장의 일본군을 비방하는 기사로 가득하였다. 파리와 중국에서는 일본이 투하한 폭탄에 여자 어린이들이 참살된 영화가 상영되었다.[38]

이러한 가운데 중일전쟁이 발발하자 미국과 영국에서는 배일운동이 광범위하게 확산되었으며, 일본으로서는 국제적 고립을 탈피하기 위해 이와 같은 배일감정을 완화시켜야 할 현실적인 필요성을 절감하였다. 중일전쟁 이후 미국에서는 '중국에 대한 일본의 침략에 반대하는 위원회'가 조직되었으며, 전 국무장관인 스팀슨이 위원장으로 취임하였다. 이 위원회는 의회에 원유 등의 대일 수출 금지를 촉구하는 등 적극적인 배일운동을 전개하였다. 원유와 기계, 무기 등의 절대 부분을 미국에 의존하고 있던 일본으로서는 이와 같은 조치가 취해진다면 심각한 타격이 아닐 수 없었다.

이와 함께 1938년 2월 12일 런던에서는 '국제평화운동연맹'이 주최하는 '일화배척과 대중국 원조를 위한 국제회의'가 개최되었다. 이 회의에는 유태인인 전 국제연맹 경제부장이 참석하였으며, 미국의 스팀슨Henry L. Stimson은 '각국이 일본과의 통상관계를 단절해야 한

38_ 四王延孝, 『ユダヤ思想及運動』, 内外書房, 1941.7, pp.308-309.

다'는 격려전문을 회의에 타전하였다. 더욱이 이 '국제평화운동연맹'의 본부는 예루살렘에 위치하였으며, 일본은 이 조직에 대한 유태인의 영향력을 경계하고 있었다.[39]

더욱이 일본은 중국 내에서 전개되고 있던 배일운동의 배후에 영국계 유태인의 간여와 영향력의 가능성을 경계하고 있었다. 왜냐하면 상해 등 장강유역에서 영국의 경제적 이해가 중일전쟁으로 말미암아 침해될 가능성이 존재하였으며, 상해 등 중국에 대한 영국기업과 자본의 투자가 유태재벌과 불가분의 관계를 가지고 있었기 때문이다. 따라서 일본의 중국 침략에 대한 유태인의 반발과 이로 인한 중국 내 배일운동에 대한 유태인의 간여와 지원을 우려했던 것이다.

이러한 우려는 "영국 내 배일운동의 중심은 노동당이며, 실업가 방면에서도 상인을 중심으로 하는 유태인이 대부분을 차지하고 있다"[40]는 기록에 잘 나타나 있다. 일본은 영국에서 유태인의 정치, 경제적 영향력에 대한 확신을 가지고 있었으며, 이는 "영국인들은 유태인을 동화시킬 수 있다고 생각하고 있지만, 사실은 정반대로 경제는 물론 정치까지도 이들에 의해 좌우되고 있다"[41]는 기록에서도 잘 알 수 있다.

이 밖에도 일본의 유태인정책은 중국에 대한 민족정책과도 불가분의 관계를 가지고 있었으며, 이는 다시 일본의 중국, 특히 만주지역에 대한 이민정책과 밀접한 관계를 가지고 있었다. 만주로의 일본인 이

39_ 宇都希洋, 『ユダヤ問題と日本』, 內外書房, 1939.4, pp.129-130.
40_ 宇都希洋, 『ユダヤ問題と日本』, 內外書房, 1939.4, p.133.
41_ 武藤貞一, 『猶太民族の對日攻勢』, 內外書房, 1938, p.48.

민계획은 현지 주민과 갈등의 소지를 안고 있었으며, 결국 반일 민족 해방투쟁을 촉발할 우려가 상존하였다.

일본관동군은 이러한 가능성을 우려하여 1938년 12월 1일 '이민국책 결정을 위한 중요 검토사항'을 결정하였다. 여기서 관동군은 민족문제를 처리하기 위한 기본방침을 제시하면서 "만주 이민사업의 확대는 '민족협화의 정신'에 따라 실시되어야 한다"라고 강조하였다. 왜냐하면 일본 제국주의의 이민정책은 만주에서 중국인들의 민족적 저항을 촉발할 우려가 다분하였으며, 따라서 반일투쟁을 최소화하기 위한 제스처로서도 '민족협화'를 강조하지 않을 수 없었던 것이다.[42]

이와 같이 일본이 반유태정책을 시행하지 않은 이유는 만주국의 건설 및 '대동아공영권'의 건설 과정에서 스스로 표방한 '민족협화' 및 '평등과 공존의 민족화합정책'과 밀접한 관련을 가지고 있었던 것이다. 주지하다시피 만주국의 건국이념은 일본민족과 한족, 조선족, 만주족, 몽고족의 '오족협화'를 민족공영을 위한 가장 주요한 토대로 삼고 있었다. 따라서 만주국 내에서 민족적 차별이 없이 평등하고 공존하는 민족화합정책을 표방한 것이라 할 수 있다. 일본 제국주의가 중국 침략의 과정에서 차별 없이 평등하고 공정한 민족정책을 표방한 이상 유태민족에 대한 차별은 사실상 실행하기 어려웠을 것이라 생각된다.

일본이 유태인에 대한 정책을 수립하는 과정에서 이와 같은 민족문제가 주요한 기초가 되었다는 사실은 "유태인 대책의 근본적인 기조는 무엇인가. 이는 일본의 민족 방침, 즉 '팔굉일우八紘一宇'[43]의

42_ 滿洲移民史硏究會編, 『日本帝國主義下の滿洲移民』, 龍溪書舍, 1976, p.59.

정신에 입각하여 만국 만민이 이 곳에서 평화롭게 거주하는 세상을 지향하는 것이다"[44]-라는 기록으로부터도 잘 알 수 있다. 즉 전 세계 八紘를 하나의 집一宇으로 하는 '황도정신'에 근거하여 국적과 민족을 불문하고 일본의 실력과 정의를 받아들여 '만방협화萬邦協和', '공존공영共存共榮'의 일장기하에 의탁하는 것이다.[45]-

유태인에 대한 일본의 정책방침에 대해서는 "'팔굉일우八紘一宇'의 큰 이상을 향해 나아가야 할 '대일본제국'이 마땅히 모든 것을 포용하고 나아가 유태인 역시 포용하고 잘 위무하여 이들을 황국의 신민으로 포섭해야 한다. 기독교도이든지 회교도이든지 유태인이든지 종래와 같은 대립은 일본의 덕으로써 이를 해소시키지 않으면 안된다. 일본이 유태인과 대립하는 듯한 태도는 스스로를 작게 만드는 일에 불과하다"[46]-는 기록으로부터도 그 의도를 잘 파악할 수 있다.

3) 유태인 관용정책의 목적과 극동유태인대회

일본은 중국에 이주한 유태인들이 자신들의 세계적인 네트워크를 통해 전 세계의 유태인 조직과 긴밀히 연계하면서 의사와 요구를 관철시키는 사태를 익히 목도하였다. 이와 같은 경험과 인식은 일본이

43_ '八紘一宇': 온 천하가 한 집안이라는 뜻으로, 일본뿐 아니라 아시아 전체가 일본천황을 중심으로 하는 하나의 세상을 가리킨다.

44_ 宇都希洋, 『ユダヤ問題と日本』, 内外書房, 1939.4, p.411.

45_ 宇都希洋, 『ユダヤ問題と日本』, 内外書房, 1939.4, p.414.

46_ 四王延孝, 『ユダヤ思想及運動』, 内外書房, 1941.7, pp.356-357.

중국 유태이주민들에 대한 정책을 입안하는 데 매우 중요한 요인으로 작용했다. 이러한 취지에서 1932년 4월 1일 유태인들과의 친선과 교류를 촉진하기 위해 일본에서는 '일유협회日猶協會'가 창설되었다. 창설발기문에서는 "유태인들과의 친교를 강화함으로써 일본의 경제를 강화하는 동시에 대미, 대영관계를 유리하게 전개하도록 하기 위해 '일유협회'를 창설하게 되었다"[47]-라고 서술하고 있다.

1935년 10월 일본내무성과 척무성 양 장관은 유태 난민의 처리에 관해 협의한 이후 독일로부터 중국으로 이주해 온 유태인들에 대해 "각국이 이들에게 발급하는 신원증명서 및 여행증명서를 휴대한 자가 우리나라로 도래할 경우 재외관헌은 도항증명서를 발급하며, 무국적 독일 난민에 대해서도 독일인과 동일하게 취급한다. 무국적 난민이 여권이나 증명서를 소지하고 있지 않을 경우, 혹은 유효기간이 만료된 자에 대해서는 본인 소재의 지방장관, 식민지에서는 총독 또는 장관이 별지양식의 독일 난민 신원증명서를 발급할 수 있다"[48]-라고 합의하였다. 이러한 조치는 일본이 독일계 유태인을 난민으로 인정하여 포용하고 있음을 보여주는 것이다.

1935년 12월 3일 하얼빈 일본총영사 모리시마 모리토森島守人는 주영국 일본대사에게 보낸 공문에서 "유태인이 만주국 법규를 준수하고 치안을 문란하게 하지 않는 이상 하등의 차별이 있어서는 안되며, 충분한 보호를 받을 수 있어야 한다"는 점을 강조하였다. 중요한 대목은 모리시마 모리토가 유태인의 역할에 대해 "관계 당국에서는

47_ 日本外務省, 『民族問題關係雜件 / 猶太人問題』第二卷 分割5, 1932 참조.
48_ 日本外務省, 『民族問題關係雜件 / 猶太人問題』第三卷 分割2, 1935.1 참조.

유태인의 보호에 그치지 않고 이들을 적극 이용하는 방안에 대해 고려 중"이라고 지적한 점이다.[49]

　이와 같은 정책은 1937년 일본해군성이 작성한 문서에도 잘 나타나 있다. 해군성은 유태인의 이용가치에 주목하여 "극동의 유태민족으로 하여금 일본 제국의 실력을 알려 배일의 위험성을 알도록 하고 친일로 전향하는 것이 최선책임을 깨닫게 해야 한다"고 주장하였다. 더욱이 해군성은 "하얼빈시의 유태인들로 하여금 일만과의 친선을 공개적으로 선언하도록 하고, 극동유태인과 일본과의 친선관계를 미국, 영국, 프랑스 유태인들에게 선전함으로써 일본에 유리하도록 세계여론을 조성해야 한다"고 주장하였다. 특히 이러한 선전을 위해 중국에 있는 유태계 통신사 및 신문들로 하여금 친일적 성향을 전세계에 적극 선전하도록 해야 한다고 주장하였다. 해군성은 유태인과 일본과의 친선을 확인하는 장으로서 1937년 12월 하얼빈에서 개최될 예정인 '제1회 극동유태인대회'를 적극 지원하고 이용해야 한다고 주장하였다.[50]

　이러한 가운데 중국 유태이주민을 중심으로 '제1회 극동유태인대회'가 1937년 12월 26일부터 28일까지 사흘에 걸쳐 하얼빈에서 개최되었다. 이 대회에는 일본과 만주, 중국의 각 지역을 대표하는 유태인 21명을 비롯하여 모두 700여 명이 참석하였다. 그런데 이 회의에는 내빈으로 일본의 하얼빈 특무기관장인 히구치 기이치로樋口季一郎

49_ 日本外務省,『民族問題關係雜件 / 猶太人問題』第三卷 分割2, 1935.1.14 참조.
50_ 日本海軍省,「犬塚大佐,米國を動かす猶太の勢力」,『民族問題關係雜件 / 猶太人問題』第三卷 分割4, 1936.9.11 참조.

소장을 비롯하여 하얼빈 일본총영사 쓰루미 켄鶴見憲 등 일본과 만주국의 유력인사들이 대거 참석하여 유태인에 대한 지지의사를 공개적으로 표명하였다.

대회는 화기애애한 가운데 진행되었다. 유태인 대표는 자신들이 세계 각지에서 탄압을 받았음에도 일본과 만주국 양국에서 차별적인 대우를 받지 않고 편안한 생활을 할 수 있게 된 것에 대해 사의를 표명하였다. 이에 특무기관장인 히구치 소장도 축사에서 "일본인은 인종적 편견을 가지고 있지 않으며, 유태민족도 다른 민족과 동등하게 차별없이 평화와 행복을 향유할 수 있을 것이다. 만주국의 국시는 '오족협화', 즉 각 민족의 '공존공영'을 모토로 하고 있으며, 유태인에 대해서도 역시 다른 민족에 대해서와 똑같이 평등하게 보호하고 그 활동의 자유를 보장해야 한다고 믿는다. 일본은 유태인들을 충분히 보호할 것이며, '왕도낙토의 평화 건설'에 협력할 것을 희망한다"[51]고 연설하였다.

히구치 특무기관장의 축사에 대해 장내 유태인들은 감격하여 터질 듯한 박수소리로 화답하였다. 회의에서 유태인들은 첫째, 일본이 유태인을 대표할 수 있는 통일조직의 결성에 협력할 것을 기원한다. 둘째, 극동유태인들은 일본과 만주국에 대한 스스로의 의무를 다하고 '민족협화'의 국가정책에 협력하기 위해 전력을 경주할 것이라는 결의안을 채택하였다. 이와 함께 회의 참석자들은 일본국가와 만주국국가, 그리고 유태국가를 반주에 맞추어 합창하였으며, 대회장에는 만주국, 일본, 유태국기가 펄럭였다.

51_ 日本外務省, 『民族問題關係雜件 / 猶太人問題』第三卷 分割5, 1937.12.11 참조.

이와 같이 극동유태인대회에는 일본과 만주국의 수뇌부가 대거 참석하여 유태인과 일본, 만주국 사이의 친선을 확인하였다. 그런데 대회가 종료된 이후 독일은 일본의 군부 관련자까지 이 회의에 참석한 사실에 대해 일본외무성에 항의서한을 전달하였으며, 이는 다시 육군성과 관동군에게 전달되었다.[52] 이와 같이 민감한 문제였음에도 불구하고 일본의 군부는 어떠한 이유에서 독일의 신경을 건드리면서까지 유태인대회에 관여하였을까.

이 회의에 일본과 만주국 수뇌부가 참석하게 된 경위에 대해서는 1938년 1월 13일 하얼빈총영사 쓰루미 켄鶴見憲이 히로타廣田 외상에게 보낸 보고서에서 잘 살펴볼 수 있다. 즉 특무기관의 가와무라川村 소좌의 전언에 의하면, 대회가 개최되기 이전에 유태인 대표가 자신을 방문하여 "유태인들은 일본이 극동에서 차지하는 영도적 지위를 잘 인식하고 있으며, 일본과의 연대를 군건히하여 이후 일본과 만주국의 국책에 호응하겠다"[53]는 뜻을 전하면서, 대회 개최에 대한 양해를 구하였다.

이에 가와무라는 대회를 비밀리에 개최할 경우 외부의 오해를 살 우려가 있으니 전 과정을 정정당당하게 공개적으로 진행하도록 충고하였다. 여기서 주목할 점은 특무기관의 가와무라가 유태인대회의 개최를 허용하는 차원을 넘어 회의를 공개하도록 주문했다는 사실이다. 이 문제에 대한 실마리는 1938년 초 주미 일본총영사가 히로타

52_ 丸山直起,『太平洋戰爭と上海のユダヤ難民』, 法政大學出版局, 2005, p.76.
53_ 日本外務省,『民族問題關係雜件 / 猶太人問題』第三卷　分割5, 1937.12.11 참조.

외상에게 보낸 전보에서 "일독방공협정이 성립된 이래 유태계 미국인이 우리에 대한 반감을 가지는 동시에 유태인문제에 대한 일본의 태도를 주시하고 있다"[54]-고 보고한 사실로부터 짐작할 수 있다. 다시 말해 1936년 11월 일독방공협정 체결을 계기로 일본과 독일의 관계가 밀착되면서, 미국계 유태인들과 구미 각국은 일본이 반유태정책을 실행할 가능성을 의심하고 있었던 것이다.

따라서 앞서 이미 언급한 바와 마찬가지로 일본의 입장에서는 중일전쟁에 대한 미국의 중립을 계속 관철시키고, 나아가 미국계 유태인을 비롯하여 전 세계 유태인의 반일감정을 누그러뜨리기 위해서 중국 내 유태인들의 친일 성향 조성과 선전이 절실하게 필요한 상황이었던 것이다. 일본은 이를 실천하기 위한 절호의 선전장으로서 극동유태인대회를 이용하였던 것이다.

이 대회는 앞서 언급한 바와 마찬가지로 중국 유태이주민들에 대한 친선과 지지를 통해 세계적인 선전효과를 얻는 데 착안한 일본의 정책적 결과라고 볼 수 있다. 따라서 특무기관이 이 대회를 공개적으로 개최하도록 한 것도 바로 선전효과를 극대화하기 위한 전략이었다고 볼 수 있는 것이다. 이러한 목적은 1938년 1월 18일 일본육군성 제3부가 작성한 "유태인 대표들이 이미 일본과의 연대를 선언한 이상 이러한 결의에 대한 세계적인 반향에 주의를 기울여 나간다"는 방침으로부터 잘 알 수 있다.

일본은 이 대회를 대미관계뿐만 아니라 대영관계의 개선을 위해서도 주요한 지렛대로 삼으려고 기도하였다. 예를 들면 1938년 2월 17

54_ 日本外務省, 『民族問題關係雜件 / 猶太人問題』第三卷 分割6, 1938.2.28 참조.

일 군령부 제3부 해군대좌 오오쓰카 이세이犬塚惟重는 "영국에서 유태인 세력은 재계뿐만 아니라 정계와 귀족 및 노동단체에서도 큰 세력을 차지하고 있으며, 극동정책에 상당한 발언권을 가지고 있다. 현재 전개되고 있는 세계적인 대일 국제경제전 및 반일 선전시위에 이들의 역할이 매우 중요하다. 중국 현지 유태인 가운데 일본에 대한 중립적 태도를 취하고 있는 여러 유태단체에 대한 공작도 현재까지 각종 정보에 의하면 노력 여하에 따라서는 상당히 유망하다"[55]-고 보고하였다.

그러나 이에 대해 하얼빈 영국총영사는 "본 대회의 개최는 일본의 유태인정책으로서 뿐만 아니라 일본의 대영정책에도 중요한 의미를 가지고 있다. 일본은 이를 통해 극동의 유태인을 일본과 만주국과의 친선으로 유도하고 그 결과 일만 양국에 대한 유태자본의 참여를 유도하려 하고 있다. 유태인들을 친일화함으로써 이와 같은 경향을 재미유태인으로 확산시켜 그들의 투자를 유인하고, 나아가 영미 양국 간의 선린관계를 악화시키려는 음모이다"[56]-라고 평가절하하였다.

이후 1938년 12월 2일 아리타 하치로有田八郎 외상은 미국과 독일 등 각국 대사에게 전문을 보내 일본은 유태인 문제에 대해 어떠한 차별도 하고 있지 않으며, 이는 일본의 기본 원칙임을 강조하면서, 외국기자들과의 회견 시에도 이와 같은 사실을 강조하도록 지시하였다.[57]- 마침내 1938년 12월 6일 고노에近衛 수상은 아리타 하치로

55_ 日本外務省, 『民族問題關係雜件 / 猶太人問題』第三卷 分割5, 1937.12.11 참조.

56_ 日本外務省, 『民族問題關係雜件 / 猶太人問題』第三卷 分割5, 1937.12.11 참조.

57_ 日本外務省, 『民族問題關係雜件 / 猶太人問題』第五卷 分割1, 1938.12.1 참조.

외상, 이다가키 세이시로板垣征四郎 육상, 요나이 미츠마사米内光政 해상, 이케다 시게아키池田成彬 대장상과의 오상회의를 개최하고, 일본의 유태문제에 대한 기본 방침을 논의한 이후 다음과 같이 결정하였다.

　　독일 및 이탈리아 양국과 친선관계를 긴밀히 유지하는 것이 현재 일본 외교의 기축이기는 하지만, 맹방이 배척하는 유태인이라 하더라도 독일과 같이 극단적으로 배척하는 태도는 일본이 다년간 주장해 온 인종 평등의 정신에 합치되지 않는다. 뿐만 아니라 현재와 같은 비상시국에 일본이 전쟁을 수행하거나 특히 경제 건설을 위한 외자를 도입하는 등의 필요에 따라 대미관계를 악화시키는 일은 극력 피해야 한다는 점으로부터 이에 불리한 결과를 초래할 우려가 있다.[58]

오상회의에서 지적하듯이 유태인 관용정책은 명백히 대미관계의 고려라는 외교적 목적과 이들의 투자 유치라는 경제적 목적에 근거했음을 잘 알 수 있다.

오상회의의 합의에 근거하여 1938년 12월 6일 아리타 하치로 외상은 주독 일본대사에게 '유태 난민의 처리에 관한 방침'이라는 전문을 송부하여, 경제 건설을 위한 외자 도입의 필요성과 대미관계의 악화를 회피하기 위한 목적에서 다음과 같이 지시하였다. 즉 ① 현재 일본, 만주, 중국에 거주하는 유태인에 대해서는 타국인과 똑같이 공정하게 취급하고 특별히 배척하는 조치를 취하지 않는다. ② 새롭게 도

58_ 日本外務省, 『民族問題關係雜件 / 猶太人問題』第五卷 分割1, 1938.12.1 참조.

래하는 유태인에 대해서는 일반 외국인 입국단속규칙의 범위에서 공정하게 처리한다. ③ 유태인을 적극적으로 초치하는 것과 같은 사태는 피한다. 단지 자본가, 기술가와 같이 특별히 이용가치가 있는 자는 이것으로부터 제한받지 않는다. 특히 상해에서는 종전대로 시행한다.[59]

이와 함께 아리타 외상은 유태인들을 선전에 적극 이용하도록 지시하였다. 즉 유태인기관지 등을 활용하여 중일전쟁의 진상, 출병 목적, 전황, 중국과 만주국 경영 방침 등을 적극 선전하고, 유태인들로 하여금 이를 적극 옹호하도록 해야 한다고 역설하였다. 따라서 일본과 만주, 중국에 도래하는 유태인을 배척하는 조치를 취하지 말 것과 일반 외국인과 동등하고 공정하게 처리하도록 지시하였다.[60]

이러한 가운데 1938년 12월 26일부터 '제2회 극동유태인대회'가 개최되었다. 대회가 개최되기 직전인 12월 15일, 일본군부 관계자는 "이번 달 26일 하얼빈에서 극동유태인대회가 개최될 예정이다. 이 대회에서 만주 및 일본이 하등 유태인을 배척 또는 박해한 사실이 없으며 평등하게 대우하고 있다는 취지의 결의 또는 성명을 발표하도록 하고, 이를 '에이피AP, Associated Press'나 '유피UP, United Press' 등의 언론사를 통해 세계 각국에 보도할 수 있다면 유태인 일반의 대일감정을 시정하는 데 상당히 효과적이라고 생각된다"[61]는 의견을 피력하였다. 여기서 일본은 유태민족대회를 대외선전을 위해 적극

59_ 日本外務省, 『民族問題關係雜件 / 猶太人問題』第五卷 分割1, 1938.12.1 참조.
60_ 日本外務省, 『民族問題關係雜件 / 猶太人問題』第四卷 分割2, 1938.9.13 참조.
61_ 日本外務省, 『民族問題關係雜件 / 猶太人問題』第五卷 分割2, 1938.12.9 참조.

이용함으로써 세계적인 반일감정을 완화시키려는 정치적 목적을 분명히 피력하고 있음을 알 수 있다.

12월 17일 하얼빈 총영사가 아리타 외상에게 보낸 전문에 따르면 "현재 만주에 있는 영국, 미국, 프랑스, 소련영사관은 유태인문제에 다대한 관심을 가지고 만주국 내에서 조사를 진행하고 있다. 현지 모기관이 입수한 극비정보에 따르면 미국영사는 본국 정부의 훈령에 따라 만주 거주 유태인 및 유태 난민에 대한 일본과 만주국정부의 태도를 조사하고 그 결과를 본국 정부에 보고할 예정"[62]-이라고 보고하였다.

1938년 12월 30일, 주미 일본총영사 대리는 아리타 외상에게 중일 전쟁 발발 이래 미국계 유태인들의 일본에 대한 태도가 반독 기운이 고조되면서 함께 악화되고 있다고 보고하였다. 즉 일본이 독일의 동맹국이라는 사실로부터 일본도 유태인을 배척하지 않을까 하는 반감과 의혹이 팽배하다고 지적하면서, 일본으로서는 이러한 오해를 해소하도록 노력해야 한다고 보고하였다.[63]-

1938년 12월 16일 쓰루미 켄鶴見憲 하얼빈 총영사가 아리타 외상에게 보낸 보고서를 살펴보면 일본은 각종 루트를 통해 앞서 지적한 세계적인 반일감정을 해소하기 위해 '제2회 극동유태인대회'를 적극 이용했음을 잘 알 수 있다. 이미 12월 3일 만주국 수도인 신경(장춘)에서 하시모토橋本 협화회장이 재만유태인회장을 만나 만주국은 '민족협화'를 국시로 하고 있기 때문에 정책적으로 유태인을 탄압하는

62_ 日本外務省, 『民族問題關係雜件 / 猶太人問題』第五卷 分割2, 1938.12.9 참조.
63_ 日本外務省, 『民族問題關係雜件 / 猶太人問題』第五卷 分割3, 1938.12.28 참조.

일은 결코 없을 것이며, 유태인들이 국법을 준수하고 평화롭게 살아갈 것을 희망한다는 뜻을 전하였다. 더욱이 하얼빈 특무기관장 히구치 기이치로樋口季一郎 소장도 재만유태인회장을 접견한 자리에서 만주국은 건국 이래 유태인을 민족적으로 배척한 사실이 결코 없으며, 이러한 사실을 26일 개최되는 '제2회 극동유태인대회'에 직접 출석하여 천명할 예정이라고 통보하였다.[64]

12월 26일 '제2회 극동유태인대회'에서 히구치 소장은 축사를 통해 "우리는 유태민족 문제에 대해 지극히 공정한 입장에서 처리할 것이며, 결코 유태민족에 대한 편견을 가지고 있지 않다. 만주국은 '오족협화', '만민협화'의 정신을 건국의 이념으로 하고 있기 때문에, 유태민족을 충분히 보호할 것이며, 평화로운 생활을 영위하고 '왕도낙토'의 평화 건설에 협력하고, 나아가 신동아 건설에 유태민족의 역사적 공헌을 기대한다"[65]고 연설하였다.

'제2회 극동유태인대회' 소식은 12월 17일 북경발로 미국 등 유력한 언론기관에 발송되었다. 워싱턴의 『이브닝 포스트』, 뉴욕의 『헤럴드 트리뷴』 등은 이 대회에서 유태인들이 만주국을 유태민족의 피난지로 허가해 준 사실에 대해 사의를 표명하였으며, 민족평등권을 향유하는 충실한 만주국 신민으로서 일본과 만주국 양국의 동아신질서 건설에 협조하겠다고 결의한 사실을 보도하였다.[66]

일본은 이와 같이 노골적으로 유태인을 대미, 대영외교에 적극 활

64_ 日本外務省, 『民族問題關係雜件 / 猶太人問題』第五卷 分割2, 1938.12.9 참조.
65_ 日本外務省, 『民族問題關係雜件 / 猶太人問題』第五卷 分割2, 1938.12.9 참조.
66_ 日本外務省, 『在滿支「ユダヤ」人問題米國 在滿「ユダヤ」人大会』, 1938.12 참조.

용하는 정책을 시행하였다. 바로 이러한 이유에서 일본은 독일과 같
은 반유태정책을 채택할 수 없었던 것이다. 이와 관련하여 일본외무
성은 "독일은 자국 국민인 유태인을 추방하는 것이지 외국 유태인에
게까지 이를 강제할 수는 없는 것이다. 일본에는 유태인이 없기 때문
에, 일본으로서는 자국민이 아닌 유태인를 대상으로 하는 것이다. 유
태인이 일본에 의존하는 경향이 강한 현재의 시점이 바로 유태인정
책을 시행하기 위한 절호의 기회이다. 현재의 극동정세에 비추어 배
유정책은 불가능하다"[67]는 방침을 정하였다.

이러한 방침은 이후 일본의회와 흥아원의 관련 기록에서도 잘 나
타나고 있다. 1939년 2월 27일 제74회 일본의회에서 데부치 가즈지出
淵勝次 의원이 일본의 유태인 처리방침에 대해 질문하자, 아리타有田
외상은 "유태인이 특수한 민족이므로 특수하게 처리해야 한다는 풍
문도 있지만, 일본정부로서는 유태인에 대해 공정하게 대우할 뿐만
아니라 유태인이기 때문에 특별한 기준을 가지고 통제하는 일은 결
코 있을 수 없다"[68]고 답변하였다.

1939년 5월 15일 흥아원은 유태인에 대한 정책과 관련하여 "독일,
이탈리아 양국이 제국외교의 기축이기는 하지만, 그렇다고 독일과
같이 극단적으로 배척하는 것은 제국이 다년간 주장해 온 인종 평등
의 정신에 합치되지 않는다. 제국이 전쟁을 수행하는 과정에서 경제
건설상 외자 도입의 필요성과 대미관계의 악화를 피하기 위해 일본,

67_ 日本外務省, 『民族問題關係雜件 / 猶太人問題』第四卷 分割2, 1938.9.13 참조.
68_ 外務省調査部, 「第七十四議会ニ現ハレタル外務省關係政策具体化ノ言
明」, 1939.4 참조.

만주, 중국에 거주하는 유태인에 대해서는 타국인과 동등하고 공정하게 취급하고 이를 특별히 배척하는 것과 같은 조치는 취하지 않는다"[69]는 방침을 천명하였다.

그러나 진주만공습과 미국의 참전 이후 오상회의가 유태인정책에서 고려하여 대미관계의 악화를 회피하고 외자를 유치하기 위한 목적은 더 이상 추구하기 어렵게 되었다. 따라서 일본의 유태인정책에도 상당한 변화가 발생하여, 유태인의 도래는 특수한 경우를 제외하고는 금지되었다. 그러나 그렇다고 하더라도 이미 중국에 거주하고 있던 유태인에 대해 차별하거나 혹은 독일과 같이 가혹한 반유태정책을 시행하지는 않았다.

결론

만주와 상해 등 중국의 조계지역은 독일을 비롯한 유럽의 유태인들이 점증하는 반유태주의와 대학살을 피해 도래한 주요한 피난처가 되었다. 중일전쟁이 발발한 이후 상해 등 조계지역의 해관과 출입국관리소는 사실상 외국인의 도래를 통제할 수 있는 기능을 상실하였으며, 따라서 유태인의 입국 허용과 그 결과 중국에 거주하는 유태이주민을 어떻게 처리할 것인가는 침략국 일본의 정책적 판단에 달려 있었다.

69_ 日本興亞院, 『支那事變ニ於ケル政策關係重要決定事項』(其二)4, 1939.5.15 참조.

일본은 유태인의 중국 도래를 저지하지 않았으며, 기타 외국인과 차별하는 여하한 정책도 시행하지 않았다. 다시 말해 맹방인 독일과 같이 가혹한 반유태정책을 시행하지도 않았으며, 더욱이 유태인 학살정책과 같은 행위는 전혀 고려조차 되지 않았다. 이러한 이유는 무엇보다도 대미관계를 중심으로 한 일본의 외교정책에서 찾아볼 수 있다.

일본은 일찍이 러일전쟁에 대한 유태인 및 유태인사회의 영향력과 나아가 미러통상조약의 폐지에 대한 이들의 역량을 명확히 목도한 바 있다. 더욱이 일차대전을 거치면서 유태인들은 미국의 재정과 금융방면에서 확고한 세력을 구축하였으며, 이를 바탕으로 정치, 경제, 언론계에서도 상당한 영향력을 행사할 수 있게 되었다. 심지어 당시 일본의 수많은 저작과 기록은 윌슨 대통령이나 루스벨트 대통령을 유태인에 의해 움직이는 꼭두각시에 불과하다고 묘사하기까지 하였다. 이로부터 미국사회에 대한 유태인 및 유태사회의 영향력에 대한 일본의 인식과 신뢰는 매우 확고했다고 볼 수 있다.

특히 중일전쟁이 발발한 이후 미국과 영국을 비롯한 세계 각지에서는 배일운동이 광범위하게 확산되었으며 원유와 무기, 기계 등 군수품의 절대부분을 미국으로부터의 수입에 의존하고 있던 일본으로서는 배일의 해소와 국제적 고립을 탈피하기 위해 미국과 영국 등에 거주하던 유태인들의 영향력에 주목하게 되었다. 더욱이 중국정부가 미국과 영국에 대해 침략국 일본에 대해 행동을 통일해 주도록 요청했음에도 미국은 극동시장을 보존하기 위한 목적에서 일본과의 정치, 군사적 마찰을 애써 회피하는 중립정책을 고집하였다.

더욱이 일본이 유태인의 도래를 저지하거나 탄압하는 정책을 채택하지 않은 이유는 만주국의 수립과 대동아공영권의 확대 과정에서 국시로 정한 민족정책과 밀접한 관계를 가지고 있다. 일본은 침략의 과정에서 나타날 수 있는 민족적 저항과 반일투쟁의 가능성을 우려하여 '민족협화'와 '평등 및 공존의 민족화합정책'을 매우 중요한 원칙으로 삼고 있었다. 따라서 민족적 차별이 없는 '오족협화'를 내세우며 유태인을 차별하기는 사실상 어려웠다고 할 수 있다.

이러한 가운데 일본은 극동유태인대회를 자신들의 정책을 세계에 선전할 수 있는 중요한 장으로서 인식하였다. 그리하여 대회가 개최되기 이전에 일본 군부는 대회의 성격을 일본과 유태인의 친선과 화합의 장으로 조성하고, 더욱이 이를 공개하고 나아가 적극 선전함으로써 미국 안의 유태인을 비롯하여 세계 유태인들의 배일감정을 해소하는데 적극 이용하려는 전략을 세워두고 있었다. 군부 관계자인 특무기관장이 대회에 직접 참석하여 유태민족에 대한 공정한 대우와 오족협화, 공존공영을 약속한 것은 유태인을 적극적으로 대미, 대영 외교에 이용하려는 전략의 결과였던 것이다.

특히 일본은 독일의 맹방으로서 미국계 유태인들은 일본의 반유태 정책의 가능성을 경계하고 있었다. 따라서 일본은 선전의 장을 통해 이와 같은 오해를 불식시키려 시도한 것이다. 유태인대회의 소식은 미국의 유력한 언론기관에 발송되었으며, 이들 신문들은 일본의 유태인 관용정책을 보도하였다.

이와 같은 일본의 태도에 대해 독일은 일본외무성에 정식으로 항의하였으나 일본으로서는 대미관계에서 유태인의 역할과 중요성을 신뢰하고 있었기 때문에 관용정책을 변경할 수 없었다. 일본의 유태인 관용정책은 1938년 오상회의의 결정에서 그 성격을 잘 알 수 있다. 즉 오상회의는 경제 건설상 외자 도입의 필요성과 대미관계의 악화를 회피한다는 목적을 분명히 제시하고 있다. 이와 같은 경제적, 외교적 목적이 바로 일본으로 하여금 유태인 관용정책을 입안하게 한 주요한 기초가 되었던 것이다.

4

조계 환수운동과
왕정위정부의 참전

중국에서 조계는 아편전쟁 이후 열강과 청조와의 사이에 체결된 불평등조약의 산물이라고 할 수 있다. 아편전쟁 이후 남경조약에 의해 5개 상항이 개방되면서 외국인의 거주와 교역의 편의를 위해 조계와 전관거류지가 설립된 것이다. 청조는 1844년 미국과 체결한 망하조약의 17조에서, 그리고 프랑스와 체결한 황포조약 22조에서 조계의 성립을 법률적으로 뒷받침하였으며, 이후 최혜국조약에 근거하여 기타 열강에게도 동일한 권리를 부여하였다.

조계 내 거주자의 절대 다수가 중국인이었음에도 불구하고 행정권은 각국 영사, 공부국 혹은 조계 주재 외국인 납세자가 선출한 행정위원회에 의해 장악되어 있었다. 상해의 경우 공공조계 거주자의 95퍼센트가 중국인이었음에도 불구하고, 중국상업단이 선출하는 3명의 위원으로 구성된 자문기관만이 이들의 이해를 대변할 뿐이었다. 중국관헌은 외국영사의 허가 없이 조계 내의 중국인을 체포할 수 없었으며, 만일 그가 외국상관과 관련이 있을 경우 상관 소속국 영사의 허가를 거치도록 규정되어 있었다.

중화민국이 수립된 이후인 1912년 1월 12일에 반포된 '중화민국이 조계지역에 대해 준수해야 할 규칙中華民國對于租界應守之規則'에서도 "설령 범죄자가 조계 안으로 숨어들더라도 중국외교부나 영사와의 교섭을 통해 구인하지 않으면 안되며, 여하한 경우에도 무장한 경찰이나 군대가 조계 내로 진입할 수 없다"[1]고 규정하였다. 이러한 이유에서 조계는 '국가 안의 국가'라 불리며 중앙정부의 행정권력이 미치지 못하는 독립적인 성격을 가지고 있었다.

1_ 蔡鴻源主編, 『民國法規集成』4冊, 黃山書社, 1999.2, p.113.

따라서 불평등조약의 상징인 조계의 폐지는 아편전쟁 이후 독립 자주의 근대국가를 수립하기 위해 우선적으로 성취해야 할 과제가 아닐 수 없었다. 일차대전 이후 조계의 환수와 불평등조약의 폐지를 위한 조건이 조성되자, 중국은 이를 실현하기 위한 국제적인 노력을 경주하였으며, 특히 1927년 이후 중국국민정부는 조계의 환수와 불평등조약의 폐지에 적극 나섰다.[2]

기존 전시 참전과 조계 환수와의 관련 연구는 왕정위정부 시기만을 개별 대상으로 하여 비합법성이나 매국성만을 강조할 뿐 근대 이래 중국의 민족적 과제인 조계 환수운동과의 상호 연관성에는 충분한 주의를 기울이지 못했다고 생각된다. 여기에서는 먼저 치외법권 조사위원회의 성립과 활동을 중심으로 중국이 조계 환수와 불평등조약의 폐지를 위해 기울여온 역정을 살펴보고자 한다.

중국에서 조계의 환수와 불평등조약의 폐지는 태평양전쟁 이후 일본의 주도로 실현되게 되는데, 이러한 조치가 일본의 대륙 침략정책과 어떠한 연관을 가지는지 살펴보고자 한다.[3] 이와 관련하여 기존

2_조계의 환수와 관련한 연구는 甘慧杰,「從"接收"到"重組"——租界淪陷初期日本當局對上海的經濟政策取向」,『史林』2009年 4期; 王謙,「陳友仁與收回漢口, 九江英租界」,『文史月刊』2007年 1期; 高綱博文, 陳祖恩,「戰時上海的"租界問題"」,『史林』2007年 1期; 曾荣,「民衆運動與1927年漢口, 九江英租界的收回」,『社科縱橫』2007年 3期; 孫月華,「二戰期間英美交還在華租界特權原因的辯析」,『泰山學院學報』2007年 2期; 廖建林,「試論一戰後北洋政府對德租界的收回及管治」,『湖北社會科學』2005年 2期. 국내의 연구로는 손재현,「프랑스의 租界 확장에 대한 天津 시민의 대응」,『大邱史學』76, 2004; 김태승,「1930年代 以前, 上海 公共租界의 支配構造와 華人參政運動」,『東洋史學硏究』58, 1997; 이병인,「1926年 上海의 自治市 建立運動」,『中國學報』45, 2002 참조.

의 연구는 주로 왕정위정부 등 중국 측의 이해와 정책에 집중한 나머지 일본의 정책이나 그 성격에 대한 분석이 상대적으로 소홀했던 것도 사실이다.

이러한 상황은 논제의 중점이 왕정위정부의 평가에 치우쳐 있었으며, 더욱이 일본정부의 내부문건이나 사료에 대한 접근이 용이하지 않았던 데에서도 그 이유를 찾을 수 있다. 따라서 여기에서는 일본외무성 등 당시 일본정부 내부문서나 신문, 그리고 정기간행물 등 일본 측 사료를 풍부히 활용하여 위에서 제기한 문제들을 규명해 보고자 한다.

1) 치외법권조사위원회의 성립과 활동

중국이 처음으로 자국 내의 조계를 환수하게 된 것은 일차대전 이후였다. 일차대전이 발발한 이후 전쟁의 양상이 영국, 미국, 일본, 러시아 등과 독일, 오스트리아가 상호 대립하는 구도로 전개되자, 북양정부는 종래의 중립정책을 포기하고 독일과 외교관계를 단절하는 한편 미국을 비롯한 구미와의 연합을 공식 선언하였다. 1917년 3월 15

3_ 전시 왕정위정부의 조계 환수와 관련된 연구는 石源華, 「汪僞政府"收回"租界及"撤廢"治外法權述論」, 『复旦學報』2004年 5期; 石源華, 「汪僞政府對英美宣戰述論」, 『軍事歷史硏究』1999年 4期 참조. 이 밖에 김정현, 「중일전쟁기 周佛海를 통해 본 친일협력」, 『아시아문화연구』11, 2006; 문명기, 「중일전쟁 초기(1937-1939) 왕정위파의 화평운동과 화평이론」, 『東洋史學硏究』71, 2000 참조.

일 북양정부 내무부는 한구의 독일영사관에 조계의 반환을 요청하였으며, 독일공부국은 경찰권을 비롯한 일체 권리를 중국에 양도할 수밖에 없었다. 이 사건은 아편전쟁 이후 중국이 조계를 환수한 최초의 사건으로서, 기타 조계의 환수에 대해서도 자신감과 가능성을 갖게 한 중요한 전기가 되었다.

일차대전이 종결된 이후 1919년 1월에 개최된 파리강화회의에 중국은 전승국의 자격으로 참석하여 천진, 한구에 있는 독일, 오스트리아조계를 환수해야 할 당위성을 역설하였다. 이 회의에서 중국은 7개조의 요구를 포함한 각서를 연합국에 제출하고 ① 열강 세력범위의 철폐, ② 외국 주둔군 및 경찰의 철수, ③ 외국 우편국의 폐지, ④ 영사재판권의 폐지, ⑤ 조차지의 반환, ⑥ 조계의 환수, ⑦ 관세자주권의 회복 등을 요구하였다.[4]

이에 미국, 영국, 프랑스 등의 동의하에 1919년 6월 28일 체결된 '베르사이유조약' 제130조는 독일이 천진, 한구의 조계에서 소유하고 있던 건물, 부두, 군수품, 각종 선박과 공공시설물을 중국정부에 반환하도록 규정하였다. 이와 함께 132조는 독일로 하여금 중국정부와 체결한 한구 및 천진조계의 조약을 취소하도록 규정하였다. 또한 9월 10일 각 협약국은 파리 근교에서 오스트리아와도 '생제르맹조약 Treaty of Saint-Germain-en-Laye'을 체결하였는데, 이 조약의 114조, 116조에서 중국이 오스트리아의 천진조계를 환수하도록 승인하였다.[5]

4_ 東亞問題調査會, 『支那の租界』, 1939.3, p.152.

5_ 張洪祥, 『近代中國通商口岸與租界』, 天津人民出版社, 1993, p.277.

더욱이 러시아 소비에트정부 외교위원회는 1919년 7월 '제1차 카라한선언'과 1920년 9월의 '제2차 카라한선언'을 통해 구러시아정부가 중국에서 보유하고 있던 일체의 불평등조약과 특권을 포기하겠다고 선언하였다. 1923년 6월 소련대표 카라한은 왕정정과 교섭을 통하여 "① 협정 조인 이후 양국은 상호 공사를 교환하고 국교를 회복한다, ② 소비에트는 외몽고가 중국의 고유한 영토의 일부임을 인정하고, 정식 회의를 거쳐 철병조건을 협의한 이후 모든 군대를 철수시킨다, ③ 소비에트정부는 중국 내 조계의 특권을 포기한다"[6]는 데 합의하였다.

이와 같은 합의를 거쳐 1924년 5월 31일 북경에서 외교총장 고유균과 소비에트정부 중앙집행위원회 전권대표 카라한이 조약에 정식으로 서명하였다. 이 조약은 "1919년 및 1921년 소비에트정부가 선언한 정신에 기초하여 새로운 조약협정을 체결한다.(3조) 소비에트정부는 1919년과 1920년 선언에 기초하여 이전 제정러시아 정부와 제3국 사이에 체결된 조약협정 등에서 중국의 주권 혹은 이권에 영향을 주는 조항을 무효화하기로 결정한다. 양국 정부는 장래 상대국의 주권 혹은 이익을 침해하는 조약 혹은 협정을 체결하지 않기로 선언한다(4조)"[7]라고 하여 조계의 반환을 선언하였다. 이와 같은 근거에 입각하여 국민정부는 정식으로 한구와 천진의 러시아조계를 환수하였다.[8]

6_「露支非公式交涉協定」, 『支常報』8號, 1924.3.18, pp.1-3.

7_「露支懸案解決大綱協定」, 『支常報』19號, 1924.5.31, p.3.

8_費成康, 『中國租界史』, 上海社會科學院出版社, 1998, pp.400-401.

파리강화회의의 2년 후인 1921년 11월부터 다음 해 2월까지 미국 대통령 하딩Warren Harding은 영국, 프랑스, 이탈리아, 일본, 벨기에, 네덜란드, 포르투갈, 중국 등 8개국 대표를 워싱턴으로 초치하여 군축문제 및 태평양, 극동문제에 관한 국제회의를 개최하였다. 중국 전권대표의 자격으로 참석한 왕충혜는 1921년 11월 25일 개최된 극동위원회에서 중국의 조계 및 불평등조약의 철폐와 관련하여 상세히 진술하였다.

회의에 참석한 미국, 영국 등 각국 대표들은 12월 10일의 총회에서 '치외법권에 관한 결의'를 채택하고, "중국의 주권, 독립, 영토 및 행정의 보전을 존중할 것, 중국이 스스로 공고한 정부를 확립할 수 있도록 기회를 제공할 것"[9] 등에 합의하였다. 이 결의문은 "워싱턴에서 본회의에 참석한 미국, 영국, 벨기에, 프랑스, 이탈리아, 일본, 네덜란드, 포르투갈 등의 각국 대표는 중국이 사법제도를 개선하고 서양과 같은 선진적 제도를 갖추기 위한 모든 지원을 약속한다. 또한 중국의 법률 상황, 시설 및 기타 요건이 충족될 경우 치외법권을 철폐하는 데 주저하지 않을 것"[10]이라고 하여 치외법권의 철폐 문제를 정식으로 제기하였다.

결의문이 채택된 이후 참가국들은 각국에서 한 명씩의 위원을 임명하여 중국에서 치외법권 제도의 실시 현황, 법률제도, 사법운용 등을 조사하기 위한 위원회를 조직하기로 합의하였다. 이와 함께 여기서 조직된 위원회가 중국에서 조사활동을 전개한 이후 작성된 보고

9_ 東亞問題調査會, 『支那の租界』, 1939.3, p.153.
10_ 東亞問題調査會, 『支那の租界』, 1939.3, p.29.

서에 근거하여 조계 및 치외법권의 철폐 여부를 결정하기로 하였다.

이와 같은 결정에 근거하여 워싱턴회의가 종료된 이후 3개월 이내에 '치외법권조사위원회'가 소집될 예정이었으므로, 적어도 1922년 5월 이전에 개최되어야 했다. 그러나 중국정부가 스스로 정정 불안 등을 이유로 1년간 연기한 결과 1923년에 개최될 예정이었으나, 같은 해 4월에 임성사건이 발발하자 열국은 회의의 개최를 승인하지 않았다.[11] 마침내 1925년에 이르러 중국 관세에 관한 특별회의를 전후하여 북경에서 위원회가 소집되었으며, 다음 해인 1926년 1월 12일 개막식을 거행하기에 이르렀다.[12]

위원회는 북경의 거인당居仁堂에서 개최되었는데, 위원석에는 중국사법총장 마군무가 중앙에 착석하고 그 우측에 중국대표 왕총혜가 자리하였으며, 다시 그 우측에 미국, 프랑스, 이탈리아, 네덜란드, 좌측에 영국, 일본 등 모두 14개국 대표위원이 자리하였다. 사법총장 마군부는 축사를 통해 현재 세계의 독립국가 가운데 치외법권을 가지고 있는 국가는 중국이 유일하다는 사실을 지적하며, 치외법권의 조속한 철폐를 간청하였다.[13] 특히 중국은 치외법권조사위원회가 단순한 조사업무뿐만 아니라 즉시 치외법권의 철폐를 결의해 주도록 종용하였다.

그러나 각국 위원들은 사법제도의 조사가 선결조건임을 강조할 뿐, 치외법권 철폐에 대해서는 언급하지 않았다. 특히 영국위원은 재

11_ 臨城事件에 대한 상세한 내용은 金志煥, 「臨城事件과 中國鐵道管理案」, 『中國近現代史硏究』36輯, 2007.12 참조.

12_ 東亞問題調査會, 『支那の租界』, 1939.3, p.156.

13_ 「治法撤廢委員會」, 『外交時報』508號, 1926.2.1, pp.153-154.

중국 외국인의 생명 및 재산의 보장만을 역설할 뿐 철폐 시기 등에 대해서는 전혀 언급하지 않았다. 이러한 태도는 마침 이 때에 광동에서 격렬한 영국제품 배척운동이 전개되고 있었기 때문에 이를 의식한 것으로 보인다. 영국의 중국협회장은 "중국의 영국제품 배척운동이 종식되지 않는 한 영국의 대중국 무역과 위신은 완전히 땅에 추락하고 말 것"[14]이라고 역설하였다.

본 회의가 워싱턴회의의 결정에 따른 조치임에 비추어 중국 측은 미국의 적극적인 지원을 기대하였으나, 미국대표조차 "이번 회의는 워싱턴회의의 결정대로 중국의 사법제도를 조사하는 데 그쳐야 한다"[15]고 주장하였다. 일본은 "조사위원회의 임무를 확대하여 바로 치외법권의 철폐를 선언하는 국제회의로 전환시키려 하기 보다는, 먼저 자국의 내정에 주의를 기울이고 재판소의 종류, 구성 및 법규 등을 완비하고, 사법관들의 소양을 개선하는 일이 선결과제"[16]라고 주장하였다.

이미 위원회가 조직된 직후에 각국 위원들 사이에서는 "중국의 현상에 비추어 치외법권 철폐와 같은 결정은 쉽지 않을 것"이라는 의견이 흘러나왔으며, 이러한 이유에서 "회의의 전도를 결코 낙관할 수 없다"는 전망이 나왔다.[17] 따라서 군벌의 발호 등 정정이 불안한 상태에서 중국 사법제도와 운용 실태를 충분히 조사하지 않고 곧바로 치외법권 철폐를 선언하기 위한 국제회의를 개최하는 일은 도저히

14_ 小川節, 「法權會議の前途と支那の時局」, 『外交時報』510號, 1926.3.1, p.51.
15_ 小川節, 「法權會議の前途と支那の時局」, 『外交時報』510號, 1926.3.1, p.48.
16_ 小川節, 「法權會議の前途と支那の時局」, 『外交時報』510號, 1926.3.1, p.56.
17_「治法撤廢委員會」, 『外交時報』508號, 1926.2.1, p.156.

불가능하다는 데 의견이 모아졌다.[18]

치외법권조사위원회는 중국의 법률 및 재판제도, 치외법권의 현상에 관한 광범위한 조사를 실시하기 위해 5월 10일부터 6월 15일까지 북경을 비롯하여 한구, 구강, 남창, 남경, 상해, 청도, 봉천, 길림, 하얼빈, 천진의 순서로 심판청, 검찰청 및 감옥, 특별회심아문 등을 조사, 시찰하였다. 이 기간 동안 위원회가 시찰한 사법기관은 138개소의 신식재판소 가운데 23개소, 고등심판청 7개소, 지방심판청 13개소, 지방심판분청 1개소, 철도지대 내 특별재판소 2개소 등이었다. 또한 중국 전역에 걸쳐 74개소에 이르는 신식 감옥 가운데 14개소, 신식간수소 15개소를 방문하였다.

방문 장소와 내역으로 볼 때 위원회가 방문한 사법 관련기관은 대부분 중국 내에서도 시설이 비교적 잘 갖추어진 곳으로 집중되었음을 알 수 있다. 이는 무엇보다도 상대적으로 선진적인 사법관련 기관을 시찰하도록 유도함으로써 위원회로 하여금 중국의 현상이 이미 조계나 치외법권의 철폐가 가능한 단계에 도달하였다는 인식을 이끌어내기 위한 중국정부의 의도에서 비롯되었음을 짐작할 수 있다. 이러한 이유에서 구식감옥, 경찰구치소 및 육군감옥 등에 대한 위원회의 방문은 성사되지 못하였다.[19]

위원회는 1926년 1월 12일 개회식을 거행한 이후 약 9개월간 23차례에 걸쳐 각종 소위원회를 개최하였으며, 보고서 작성을 끝으로 그 임무를 종료하였다.[20] 위원회는 이와 같은 현지조사에 근거하여 미

18_ 小川節,「法權會議の前途と支那の時局」,『外交時報』510號, 1926.3.1, p.48.
19_ 馬場鍬太郎,『支那經濟地理誌』, 禹域學會, 1928.1, pp.611-612.

국, 영국, 프랑스, 일본, 네덜란드 등 5개국 위원으로 하여금 보고서를 기초하도록 하였다. 이들은 7월 23일부터 약 3개월간에 걸쳐 보고서를 기초하여, 1926년 9월 16일 보고서 작성을 완료하고 서명하였다. 보고서는 1부. 치외법권 실시의 현황, 2부. 중국 법률 및 재판, 감옥제도, 3부. 사법 운용 및 수속, 4부. 중국의 사법제도 및 치외법권에 관한 위원회의 권고 등 총 4부로 구성되었다.[21]

조사위원회는 보고서에서 "위원회의 권고사항이 상당 정도 실행된 이후에 비로소 각국이 치외법권에 대한 권리를 포기할 수 있다는 점을 인정한다. 중국은 현지사아문 및 구식의 감옥 및 간수소를 폐지하고 신식재판소, 신식감옥 및 신식간수 제도를 확대해야 한다. 재판소, 간수 및 감옥을 개선하기 위해 상당한 정도의 재정적 뒷받침과 시설 개선이 필요하다"[22]라고 지적하였다. 이와 같은 보고서의 내용은 사실상 조계 및 불평등조약을 철폐하기 위해서는 중국의 사법제도가 아직 미비하며, 따라서 치외법권 철폐가 시기상조임을 지적하는 내용이었다.

2) 조계 환수운동에 대한 열강의 대응

조계 및 치외법권을 철폐하기 위한 국제적인 조사위원회가 구성되

20_ 日本外務省, 『支那國治外法權に關する委員會の報告書』, 1927.1, p.2.

21_ 日本外務省, 『支那國治外法權に關する委員會の報告書』, 1927.1. p.4.

22_ 日本外務省, 『支那國治外法權に關する委員會の報告書』, 1927.1, p.312.

어 중국에서 불평등조약 폐지의 가능성을 조사하고 보고서를 작성하였음은 이미 서술한 바와 같다. 그렇다면 중국에서의 조계 및 불평등조약 폐지 등에 대한 열강, 특히 일본은 어떠한 인식과 정책을 가지고 있었을까.

일본의 여론은 "중국이 진정으로 불평등조약과 치외법권의 폐지를 희망한다면, 먼저 일치단결하여 공고한 중앙정부를 구성하고 정치를 개선함과 동시에 외국인의 생명과 재산을 보호해야 한다"고 지적하면서 "불평등조약의 폐지와 같이 헛되이 야심가들의 선전에 부화뇌동하여 반제국주의를 주창하는 경솔한 행동에 나서는 것은 절대로 용납할 수 없다"[23]-는 주장을 되풀이하였다.

1925년 12월 15일 일본내각은 치외법권조사위원회의 활동에 대한 기본 방침을 다음과 같이 결정하였다.

① 현행제도에 대한 중국국민의 불만은 내외 선동가들에게 여러 차례 배외운동의 구실을 제공해 왔다. 치외법권조사위원회는 이 문제를 해결하기 위해 전력을 기울일 것이다. 일본은 적극적으로 그 활동을 지지함으로써 중국의 민심을 안정시키고, 이를 기회로 중국에서의 경제적 이익을 확대시키는 것이 상책이다.

② 그러나 이를 위해서는 선결적으로 중국이 외국인과 내국인의 신체 및 재산 보호와 관련된 각종 법규를 완비해야 한다. 일본은 이와 같은 법규가 실시된 이후 1년이 경과되는 시점에서 관련 특권을 포기하기로 한다. 그러나 치외법권이 철폐된 이후라도 일정 기간 동안 특별 조항을 두어 외국인을 보호할 필요가

23_ 小川節, 「不平等條約撤廢の先決問題」, 『外交時報』496號, 1925.8.1, p.31.

있다.

③ 치외법권 철폐 지역은 중국 전역에 걸쳐 이루어져야 하겠지만, 최초 몇 성에 한정하고 점차 기타 성으로 확대해 가는 것도 방법이다.[24]

이상에서 살펴본 바와 마찬가지로 일본정부는 표면적으로 중국에서 조계 및 불평등조약의 철폐에 호응하는 방침을 견지하고 있는 듯하지만, 이를 위해서 각종 법규의 완비를 선결조건으로 하고 있었음을 알 수 있다. 뿐만 아니라 치외법권의 철폐를 인정한다 하더라도 만주지역을 중심으로 하는 남만주철도 부속지에 대한 적용은 근본적으로 불가하다는 방침을 견지하고 있었다.

이러한 방침은 같은 기록에서 "공동거류지 및 각국 전관거류지, 그리고 공사관 구역 및 남만주철도 부속지는 그 오랜 역사와 현상에 비추어 이와 같은 법률의 적용을 받을 수 없으며, 당분간 현재의 제도가 유지되어야 한다. 특히 남만주철도 부속지에 대해서는 일본국민의 감정이 극히 예민하여 현재의 상태를 변경할 수는 없다"[25]라는 원칙에서도 잘 살펴볼 수 있다. 이와 같이 일본은 조계 및 불평등조약 폐지 등의 움직임이 일본의 배타적 세력범위라고 할 수 있는 만주와 남만주철도의 기득권을 침해하지 않을까 우려하고 있었던 것이다.

그러나 일본 등 열강의 반발에도 불구하고 조계 및 불평등조약의

24_ 日本外務省, 『支那國(満洲國)ニ於ケル治外法権撤廃ニ關スル條約及閣議決定』, 1943, p.6.

25_ 日本外務省, 『支那國(満洲國)ニ於ケル治外法権撤廃ニ關スル條約及閣議決定』, 1943, p.6.

철폐는 한 세기 이상에 걸친 중국의 국가적, 민족적 염원이었다. 1924년 국공합작 이후 개최된 국민당 제1차 전국대표대회는 "① 불평등조약, 조계, 영사재판권 등 중국의 주권을 침해하는 일체의 권리를 취소하고, 주권 존중에 입각한 조약을 체결한다. ② 중국과 열강 사이에 체결된 조약 가운데 중국의 주권을 침해하는 조항은 쌍방의 주권을 침해하지 않도록 개정한다"[26]는 내용의 결의안을 채택하였다.

다음 해인 1925년 6월에 거행된 국민당 집행위원회는 일체의 불평등조약을 폐기할 것임을 선언하였으며, 1926년 국민당 제2차 전국대표대회는 불평등조약의 폐기를 골자로 하는 손문의 유촉을 계승하기로 결의하였다. 국민당 제3차 전국대표대회는 장개석이 무한정부와 결별한 이후 개최된 것으로서 불평등조약의 폐기를 재차 확인하였다. 남경국민정부는 1927년 수립된 이후 조계의 환수를 더욱 적극적으로 주창하였다.

이에 대해 상해의 공부국은 상해시참사회 의장의 명의로 1927년 3월 22일 다음과 같은 장문의 선언문을 발표하였다.

① 상해공공조계는 중국과 열강 사이에 체결된 협약에 따라 설정된 것으로서, 외국인의 행정을 통해 중국 제일의 개항장으로 성장하였다.

② 근래 혁명의 분위기가 고조되면서 외국인의 행정을 비방하고 있지만, 참사회는 경제의 붕괴를 우려하여 조계의 현상을 유지하고 있는 것이다.

26_ 東亞問題調査會, 『支那の租界』, 1939.3, p.18.

③ 지난 해 4월에 개최된 납세자회의의 결의에 따라 올해부터 중국인 3명도 참사회에 참여시킬 예정이다. 따라서 종래 9명의 위원을 12명으로 증원하여 영국인 5명, 중국인 3명, 미국인 2명, 일본인 2명으로 구성할 예정이다.

④ 공공조계를 당장 변혁하는 것은 불가능하며, 상호 존중과 협조의 분위기 속에서 대책을 강구해야 한다.

⑤ 조계 안의 건전한 중국인 및 외국인에 대해 조계를 방비하는 데 협조할 것을 호소함과 동시에, 적당한 시기가 도래하여 중국 측의 희망을 고려할 수 있게 되기를 희망한다.[27]

이와 같이 상해조계의 공부국은 참사회에 중국인 참사를 일부 참여시키는 미봉책을 통해 중국의 조계 환수정책을 회피하려 하였다.[28] 그러나 조계 및 불평등조약의 철폐는 이미 중국의 오랜 열망이자 정부의 주요한 정책 가운데 일부였으며, 이러한 이유에서 자연히 열강의 기득권과 충돌할 수밖에 없었다.

1927년 1월 1일부터 3일에 걸쳐 무한의 각계 시민들은 중국정부의 북벌을 환영하는 과정에서 불평등조약의 폐지와 조계 환수 등의 구호를 외치며 시위에 나섰다. 1월 3일 시위대가 무한에 주둔하고 있던 영국해군과 충돌하여 사상자가 발생하자 국민정부 외교부장 진우인은 영국의 한구총영사관에 군대의 즉각 철수를 요구하였다. 1월 5일

27_ 『東京時事新報』, 1927.3.24.

28_ 상해공부국 이사회에 중국인 참사가 정식으로 참여하게 된 것은 참정운동과 5·30운동의 결과라고 할 수 있다. 이에 대한 상세한 내용은 盧漢初, 「上海租界華人參政運動述論」, 『上海史硏究』二編, 學林出版社, 1988.3 참조.

무한의 시민들은 총파업에 돌입하였으며 오후 2시에 이르러 23만 명의 군중이 영국조계 부근에서 시위에 나섰다.

이와 같은 시민들의 열망에 굴복하여 마침내 1월 27일 영국은 중국정부의 요구를 수용하여, 2월 19일과 20일 이틀에 걸쳐 '한구영국조계환수협정收回漢口英租界協定'과 '구강영국조계환수협정收回九江英租界協定'을 체결하고, 3월 15일 정식으로 한구와 구강의 영국조계를 국민정부에 반환하였다.[29] 이후 영국은 진강조계를 중국에 반환하였으며, 1930년 4월 18일에는 '위해위반환조약'을 체결하고, 1932년에 이를 반환하였다. 하문의 영국조계도 중영교섭을 통해 마침내 1930년 9월 17일 반환을 위한 가조인을 마쳤다.[30]

1929년 4월 국민정부는 영국, 미국, 프랑스, 네덜란드, 노르웨이, 벨기에 등 6개국에 조계의 철폐를 요구하였으나 이에 응하지 않자, 같은 해 9월에 국제연맹의 심의를 요청하는 동시에 열국의 결정과 관계없이 1931년 1월 1일부터 이를 철폐하겠다고 선언하였다.[31] 1929년 6월 14일 국민당 중앙전체회의는 "가장 빠른 시간 안에 모든 불평등조약, 즉 영사재판권 철폐, 조계 환수 등을 실현한다"는 결의안를 통과시켰다.

1930년 남경에서 개최된 국민당 4중전회에서는 1931년의 외교방침으로서 "중국에 주둔하고 있는 외국군대의 철병을 각국과 교섭하며 조차지, 조계는 내년 중에 반드시 환수하도록 노력한다"는 방침을

29_ 費成康, 『中國租界史』, 上海社會科學院出版社, 1998, pp.404-408.

30_ 東亞經濟調査局編, 『支那政治經濟年史』, 先進社, 1931, p.558.

31_ 東亞問題調査會, 『支那の租界』, 1939.3, p.157.

결정하였다. 더욱이 중국외교부는 소주, 사시, 중경에 있는 일본조계의 환수도 준비 중이며, 이를 위해 중일조약을 개정하기 위한 교섭도 조만간 재개할 의사를 표명하였다.[32]

중국정부로서는 이미 진강, 한구, 천진, 하문의 영국조계와 이탈리아의 천진조계를 환수하였으며, 한구에 있던 영국, 프랑스, 러시아, 독일, 일본의 5개 조계 가운데 영국, 러시아, 독일의 조계를 환수하였기 때문에 한구에 남은 부분은 프랑스와 일본의 2개 조계에 불과하였다. 국민정부 외교부장 왕정정은 1930년 11월 25일 일본 및 프랑스공사에게 한구의 일본, 프랑스조계의 환수를 요구하는 공문을 전달하였다.[33] 이에 프랑스공사는 중국정부를 방문하여 한구의 프랑스조계 반환을 긍정적으로 검토하겠다는 의사를 표시하였다.[34] 그러자 조계의 환수에 대한 국민정부의 예봉은 자연스럽게 일본을 향하게 되었다.

그러나 일본의 여론은 "조계의 환수는 각국의 사정이 다르기 때문에 당장 이를 실현하기는 어렵다. 중국정부는 기타 조계에 대한 반환 요구도 제출할 예정이며, 구체적인 방법은 외교위원회에서 결정한다고 한다. 중국 측의 태도에 비추어 우리 통상조약과 관련된 개정 교섭은 지난할 것으로 예상된다"[35]라고 보도하여 중국의 조계 환수 방침에 경계심을 표시하였다.

영국이 국민정부에 구강, 한구, 진강 등의 조계를 반환하자 일본은

32_ 東亞經濟調査局編, 『支那政治經濟年史』, 先進社, 1931, p.141.
33_ 『神戸又新日報』, 1931.1.20.
34_ 『神戸新聞』, 1930.12.18.
35_ 『時事新報』, 1929.6.16.

"구강 영국조계에는 거주하는 외국인의 수자도 적고 시설도 충분치 못한데다, 기회있을 때마다 배영운동의 구실을 제공할 뿐이었다. 따라서 영국은 진강과 함께 구강조계를 혁명군의 북벌에 때맞추어 반환한 것이다. 더욱이 영국의 하문조계는 단지 창고용지로 지정된 지역에 불과하였으며, 1925년 5·30운동 당시 화남 일대에서 격렬한 배영운동이 일어나자 이를 완화하기 위해 하문조계의 경찰권 및 토목권을 중국 측에 일시 이양하였다가 조계의 정식 반환 요구에 때맞추어 이를 포기한 것이다. 영국으로서는 이들 조계를 가지고 있다고 해도 실익이 크지 않아 반환을 통해 중국 측의 환심을 사기 위한 의도이다"[36]라고 평가절하하였다.

일본은 조계 반환에 대한 국민정부의 요구를 배일운동의 일환으로 의심하였으며, 특히 이와 같은 요구가 만주로까지 확산되어 기존에 일본이 이 지역에서 보유하고 있던 배타적 권리와 남만주철도의 회수문제로까지 확대되지 않을까 우려하였다. 이와 같은 우려는 "국민정부가 대일강경책을 실행하기로 결정했다는 소식에 대해 일본외무성은 중국 측에 남만주철도의 기득권을 존중해 주도록 요구하고 있다"[37]는 기록에서도 잘 나타나 있다.

이러한 가운데 1930년 12월 17일 왕영보 주일 중국공사는 일본의 시데하라 기주로幣原喜重郎 외상을 방문하여 조계의 반환과 불평등 조약의 폐지에 대한 일본의 성의 있는 조치를 촉구하였다. 이에 대해 일본외상은 왕영보 공사에게 만몽지역에서의 평화적 경제 발전이 양

36_ 重光葵, 『在支租界返還問題に對する關係諸外國の態度』, 1930.11, pp.13-14.
37_ 『神戸新聞』, 1930.12.18.

국 모두의 이익에 부합되며, 따라서 남만주철도와 관련된 문제의 조속한 해결을 촉구하는 동시에 중국 측의 성의있는 조치를 당부하였다. 특히 일본외상은 왕영보에게 중국에서의 배일운동에 대해 우려를 표명하였다.

이에 대해 왕영보는 "① 한구조계의 환수는 여하한 배일의 의도가 있는 것이 아니라 중국이 대내외적으로 공표해 온 국권 회수운동의 일환일 뿐이다. ② 장개석, 장학량 양자가 회합하여 국내통일에 관해 협의하는 자리에서 어떠한 배일정책도 논의된 사실이 없다. ③ 만주에서 국민정부가 부설을 계획하고 있는 철도노선이 과연 남만주철도와 경쟁선인가 하는 문제는 의문의 여지가 있다"[38]고 회답하였다.

더욱이 왕영보는 "중국이 배일정책을 준비하고 있다는 소문은 전적으로 와전된 것이며, 중국정부가 이웃 나라인 일본을 악의적으로 배척하려는 의도는 전혀 없다. 오늘의 회담에서 중국이 제기한 조계 환수문제는 국민당이 예전부터 오랫동안 주장해 왔던 것을 현재에 이르러 비로소 계승한 것뿐이며, 더욱이 일본에게만 이를 요구하고 있는 것도 아니다. 따라서 이를 배일운동의 일환으로 해석해서는 곤란하다"[39]는 뜻을 전하였다.

이와 같은 해명에도 불구하고 일본의 여론은 중국의 조계 환수운동에 대해 "중국정부가 내란을 평정하고 대외 강경책을 표방하면서 최근 일본에 대해 한구조계의 환수를 요구하며, 일본이 만몽지역에서 보유하고 있는 대표적인 권리인 남만주철도에 대해 도전해 오고

38_『神戸新聞』, 1930.12.19

39_『神戸新聞』, 1930.12.20.

있다. 일본정부는 조속히 적절한 대응책을 강구할 필요가 있다"[40]-고 깊은 우려를 표명하였다. 더욱이 장개석은 1931년 5월 2일, '실업건설정서안'을 통과시키고 철도의 부설을 6년 내 조속히 달성해야 할 정책으로 천명하였다. 국민정부가 전국의 철도를 만주로까지 확충하게 된다면 일본과 남만주철도로서는 지극히 민감한 문제가 아닐 수 없었다.[41]-

이와 같이 일본은 중국의 조계 환수운동을 열강 가운데에서도 가장 민감하게 받아들이고 있었으며, 그 핵심에는 바로 남만주철도를 대표로 하는 만몽지역에서의 배타적 권익을 수호하려는 목적이 있었다고 할 수 있다. 다시 말해 국민정부의 조계 환수운동이 결국 남만주철도와 만주에서의 권익 상실로 이어질 수 있다는 우려라고 할 수 있다. 이러한 우려에서 일본은 중국의 조계 환수운동에 가장 소극적이며 비협조적이었던 것이다. 결국 국민정부의 조계 환수운동은 9·18만주사변과 1·28상해사변의 발발, 그리고 만주국의 수립으로 말미암아 일시 중단되었으며, 1937년 중일전쟁의 발발로 말미암아 전면 중단되고 말았다.

3) 참전의 주도성과 중경국민정부

앞에서 살펴본 바와 같이 중국의 조계 환수운동에 가장 큰 장애가

40_ 『神戸新聞』, 1930.12.20.

41_ 金志煥, 「滿鐵과 東北交通委員會」, 『中國近現代史研究』40輯, 2008.12, p.121.

되었던 것은 바로 만주와 남만주철도의 기득권을 지키기 위한 일본의 저항과 비협조였음을 잘 알 수 있다. 그런데 중국에서 조계와 불평등조약의 폐지는 오히려 중일전쟁과 태평양전쟁 이후 일본에 의해 중요한 전기가 마련되었다. 1943년 1월 9일 왕정위정부와 일본은 '일화공동선언'을 발표하고 양국이 연합하여 참전할 것을 선언하였다. 이와 함께 양국은 '조계 반환 및 치외법권 철폐 협정서交還租界撤廢治外法權協定書'에 서명하고, 일본이 과거 중국에서 보유해 왔던 조계와 일체의 불평등조약을 폐지하기로 합의하였다.

여기에서는 먼저 왕정위정부의 참전선언이 중일 양국 가운데 어느 쪽에 주도성이 있었는지 살펴보고자 한다. 이와 함께 태평양전쟁으로의 확대 과정에서 왕정위정부의 참전과 일본의 대륙 침략정책은 어떠한 상관관계를 가지며, 또한 중국 측의 참전과 조계 반환은 상호 어떠한 연관성을 가지고 있는지 살펴보고자 한다.

1937년 12월 13일 남경이 함락된 이후 일본은 주중 독일대사 트라우트만을 통해 중국과 일본 양국 정부 간에 평화교섭을 추진하면서 강화조건을 제시하였는데, 여기에는 조계의 반환이나 치외법권 철폐와 같은 조항이 포함되어 있지 않았다.[42] 결국 협상은 결렬되었으며 1938년 1월 16일 일본정부는 더 이상 국민정부를 협상의 파트너로 간주하지 않는다는 성명을 발표하였다.

1938년 7월 12일 일본의 오상회의는 "중국의 유력한 인물을 기용하여 중경정부 및 중국민중의 항전의지를 약화시킴과 동시에 공고한

42_ 강화조건의 구체적인 내용은 日本外交協會, 『治外法權撤廢問題の政治的觀察』, 1942.9.15, p.3 참조.

신흥정권을 수립하기 위한 분위기를 조성하기로"[43] 방침을 정하였다. 이러한 가운데 1938년 11월 3일 고노에近衛 수상은 "일본은 중국의 독립을 위해 필요한 치외법권의 철폐 및 조계 반환을 적극적으로 고려할 것"[44]이라는 소위 '고노에성명'을 발표하여 처음으로 치외법권의 철폐와 조계의 반환에 대해 언급하였다.

1938년 11월 20일 일본군부의 가게사 사다아키影佐槙昭, 이마이 다케오今井武夫는 고종무, 매사평과 협의한 이후, "중국은 내지에서 일본인의 거주 및 영업의 자유를 보장하고, 일본은 중국에서 치외법권의 철폐 및 조계의 반환을 고려한다"[45]는 원칙에 합의하였다. 더욱이 1938년 12월 22일 고노에내각은 일본이 중국의 독립을 위해 치외법권 철폐 및 조계의 반환을 적극적으로 고려하겠다는 의사를 재차 표명하였다.

이와 같은 일본의 입장 표명에 대해 같은 해 12월 20일 중경을 탈출한 왕정위는 12월 29일 중경의 국민당 중앙정치회의, 중앙집행위원회, 중앙감찰위원회 앞으로 "일본이 중국에서 거주 및 상업의 자유를 보장받는 대신, 중국에 조계를 반환하고 치외법권을 철폐하는데 동의하고 있다"[46]라는 주장을 전달함으로써 일본에 화답하였다.

왕정위는 1939년 3월 28일 고노에성명에 대해 "지난 12월 초 남경이 함락되기 이전에 독일대사가 남경으로 와서 장개석과 회견할 당

43_ 日本外務省, 『日本外交年表竝主要文書』下, 1966.1, p.389.

44_ 日本外交協會, 『治外法權撤廢問題の政治的觀察』, 1942.9.15, pp.4-5; 日本外務省, 『日本外交年表竝主要文書』下, 1966.1, p.407.

45_ 蔡德金編注, 『周佛海日記』(下), 中國社會科學院出版社, 1986, p.1201.

46_ 東亞問題調査會, 『支那の租界』, 1939.3, pp.158-159.

시 일본 측이 제시한 조건은 이와 같이 명확하지 않았으며 더욱 가혹했다"[47]-라고 지적함으로써, 고노에성명이 상대적으로 가혹하지 않으며 조계 반환 등 중국에 유리한 내용을 담고 있다고 긍정적으로 평가하고 있다. 이렇게 볼 때 1938년 오상회의 이후 일본이 중국에 지속적으로 선전해 온 조계 및 불평등조약의 폐지라는 구호가 사실상 왕정위에 의해 받아들여져 중경 탈출의 주요한 빌미가 되었음을 알 수 있다.

더욱이 1939년 6월 15일 왕정위는 "일본이 중국에서 점령 또는 몰수한 중국의 국영 혹은 민영공장, 광산 및 상점을 조속히 중국 측에 반환해 줄 것"[48]-을 촉구하였다. 이러한 가운데 왕정위는 1939년 8월 상해에서 중국국민당 제6기 전국대표대회를 소집하여 신정부 수립의 방침을 결정하고, 마침내 1940년 3월 30일 남경에서 친일정부인 '중국국민정부'의 수립을 선포하고, 스스로 정부주석 대리와 행정원장에 취임하였다.

1939년 12월 31일 왕정위정부와 일본은 비밀리에 '중일신관계조정강요'에 서명하고, "현재 일본군이 관리하고 있는 국영, 민영의 공장, 광산과 상점은 적대행위와 관련되거나 군사상 부득이한 경우 이외에는 중일 신관계의 조정 원칙에 입각하여 중국에 신속히 이양할 것을 검토한다"[49]-라는 원칙에 합의하였다.

1940년 11월 30일에 체결된 '일화기본조약'은 고노에성명의 내용

47_ 日本外交協會, 『治外法權撤廢問題の政治的觀察』, 1942.9.15, p.5.

48_ 日本外務省, 『日本外交年표並主要文書』下, 1966.1, p.415.

49_ 蔡德金編注, 『周佛海日記』(下), 中國社會科學院出版社, 1986, p.1252.

을 조약문에 잘 반영하고 있는데, 조약의 제7조는 "일본과 중국 간 신관계의 발전에 조응하여 일본정부는 중국에서 보유해 왔던 치외법권을 포기하며 조계를 반환하고, 중국정부(왕정위정부)는 자국 영토를 일본인이 거주, 영업할 수 있도록 개방해야 한다"[50]라고 규정하였다.

그런데 주의할 것은 조계의 반환과 치외법권의 철폐와 관련된 일본의 약속이 무조건적으로 실현될 수 있는 것이 아니라 중일 양국 신관계의 발전에 조응해 나간다는 전제조건이 있다는 점이다. 이것이 바로 이후 왕정위의 참전선언과 밀접한 관련을 갖는 부분이라 할 수 있다. 따라서 참전이 비록 왕정위정부에 의해 제기되었다 하더라도, 이는 사실상 일본의 사주나 압력의 결과라고 볼 수밖에 없다는 점에 유의해야 할 것이다.

특히 일본은 이러한 과정에서 중국의 참전이 일본의 정책적 결과라기 보다는 중국 측의 자발성임을 강조하기 위한 노력을 경주하였다. 이러한 모습은 일본내각회의에서 "중국(왕정위정부)의 참전은 영미의 질곡으로부터 벗어나 신중국을 건설하려는 염원에서 중국국민들의 총의에 의한 것임을 명확히 함으로써, 중국의 참전이 일본의 종용이나 혹은 요구에 의한 것이라는 여론이 형성되는 사태를 차단하도록 한다"[51]라는 기록에서 잘 드러나 있다. 실제로 왕정위정부 재정부장 주불해도 1943년 1월 9일 참전을 선언한 당일의 일기에서

50_ 日本外交協會, 『治外法權撤廢問題の政治的觀察』, 1942.9.15, p.7.

51_ 日本外務省, 『大東亞戰爭關係一件 / 中華民國國民政府參戰關係』第二卷, 1943.1, p.3.

"우리가 영국과 미국에 선전 포고한 사실을 중경 측이 듣게 된다면 틀림없이 일본이 우리를 강박한 결과라고 여기게 될 것"[52]-이라고 기록하였다.

그러나 이와 같은 소위 '자발성'이 사실상 일본의 국책이라는 틀 속에서 비로소 가능했다는 사실은 "중국의 참전이 중국 스스로의 독자적 정책이라고 하더라도 일본의 동의 없이 불가능하다는 사실은 두 말할 필요도 없다"[53]-라는 일본 측 기록에서도 잘 나타나 있다.

그렇다면 왕정위정부의 참전과 조계의 반환은 어떠한 과정을 거쳐 성사되었을까. 일찍이 1942년 7월 주불해는 일본을 방문하여 중국 (왕정위정부) 측의 참전을 희망하였다. 그러나 도고 시게노리東鄕茂德 외상은 중국의 참전에 대해 이의를 제기하며 화평공작에 방해가 될 우려를 표명하였다.[54]- 그런데 1942년 9월 일본외무성은 "외국 권익의 회수는 중국의 오랜 열망이다. 중국이 참전할 경우 일본이 이 문제를 수수방관할 수는 없다. 일본으로서도 가능한 한 권익을 반환하고 일본을 포함한 제외국의 불평등조약을 정리해야 한다"[55]-고 하여 이전과 달리 적극적으로 검토하고 있음을 알 수 있다.

일본이 왕정위정부의 참전을 적극적으로 검토하기 시작한 것은 미국 및 영국, 그리고 중경국민정부 사이에 전개된 조계를 둘러싼 협상

52_ 蔡德金編注, 『周佛海日記』(下), 中國社會科學院出版社, 1986, p.795.

53_ 日本外務省, 『大東亜戦争關係一件 / 中華民國國民政府參戰關係』第一卷, 1942.11, p.7.

54_ 蔡德金編注, 『周佛海日記』(下), 中國社會科學院出版社, 1986, pp.715-716.

55_ 日本外務省, 『大東亜戦争關係一件 / 中華民國國民政府參戰關係』第一卷, 1942.11, p.9.

과 상호 밀접한 연관을 가지고 있었던 것으로 보인다. 1942년 미국과 영국정부는 중경국민정부와 치외법권 철폐 및 조계 반환에 관한 교섭을 시작한다고 발표하였으며,[56] 1942년 10월 10일 중경국민정부에 치외법권을 철폐하겠다는 의사를 전달하였다.[57]

미국과 영국이 중국에서 조계의 반환 및 불평등조약을 폐지하려는 움직임은 중일전쟁 및 태평양전쟁에 대한 중국의 기여와 불가분의 관계를 가지고 있었다. 실제로 장개석은 중일전쟁이 발발한 이후 여러 차례에 걸쳐 "일본이 태평양을 제패하려는 야심을 저지하고 있는 것은 일본을 중국대륙에 붙잡아 두고 있는 중국의 대일항전 덕"이라고 강조하며, "따라서 미국과 영국은 중국의 항전을 마땅히 원조해야한다"고 주장하였다.[58]

1940년 9월 27일 독일, 일본, 이탈리아 삼국이 '동맹조약'을 체결하자, 미국은 항일전쟁의 과정에서 중국의 전략적 중요성을 재인식하게 되었다. 루스벨트Franklin D. Roosevelt는 모건소Henry Morgenthau 재무장관에게 1억 달러 상당의 차관을 중국에 공여하는 방안을 검토하도록 지시하였다.[59] 1941년 12월 7일 진주만공습 이후 중국의 전략적 위치는 미국에게 더욱 중요한 의미를 지니게 되었다. 이후 루스벨트는 의회에 대중국 차관법안을 상정하였으며, 1942년 2월 7일 미

56_ 日本情報局,「支那の參戰と新らしい日華關係」,『週報』1月20日號, 1943.1.20, p.5.
57_ 植田捷雄,『支那に於ける租界還付,治外法權撤廢』, 龍文書局, 1944.10, p.11.
58_ 橘善守,「南京交涉の妥結と外交轉換」,『外交時報』862號, 1940.11.1, p.115.
59_ 臼井勝美著, 宋漢鏞譯,『中日戰爭時期中日外交史硏究』, 선인출판사, 2004, p.467.

국의회는 5억 달러 상당의 재정원조차관을 승인하였다.[60]

태평양전쟁이 발발한 이후인 1942년 4월 23일 송미령은 『뉴욕타임즈』에 투고한 글에서 열강이 중국에서 보유하고 있는 영사재판권 등 불평등조약의 존재를 신랄하게 비판하였다. 1942년 11월 12일부터 27일까지 중경에서 거행된 국민당 제5계 제10차 중앙전체회의는 외교와 관련하여 "1942년 11월 미국과 영국은 동시에 치외법권 및 관련 권리를 포기하기로 원칙을 정하고 협상을 시작하였다. 이는 우리 국민들이 분투한 결과로 얻어진 것이다. 모든 불평등조약, 예를 들면 외국인의 조차지, 영사재판권, 외국인 관리하의 관세권 등은 중국의 주권을 엄중하게 침해하는 것으로서 마땅히 모두 취소되어야 하며, 쌍방이 평등 호혜의 조약을 체결해야 한다"[61]고 결의하였다.

이와 같은 분위기 속에서 마침내 1942년 미국은 외교부장 송자문과 조계의 반환 및 불평등조약의 철폐 등에 관한 논의를 시작하였다. 이러한 결과 마침내 1943년 1월 11일 중국과 미국은 '평등신약'에 서명하고, 종래 미국이 중국에서 향유해 왔던 일체의 불평등조약을 폐지하였다. 조약의 결과 미국은 ① 치외법권, ② 군대 주둔권, ③ 조계, ④ 특별법정권, ⑤ 외국인 인수권, ⑥ 연해무역 및 내하 항행권 등의 불평등조약을 폐지하는 데 동의하였다.[62]

영국 역시 1943년 중국과 '평등신약'을 체결하고 중국에서 종래

60_ 林寧梅, 「美國援華貸款與中國抗戰」, 『民國檔案』2003年 4期, p.81.

61_ 榮孟源主編, 「第五屆中央執行委員會第十次全體會議宣言(1942年11月27日)」, 『中國國民黨歷次代表大會及中央全會資料』下冊, 光明日報出版社, 1986, p.787.

62_ 吳景平, 『宋子文評傳』, 福建人民出版社, 1992, pp.357-359.

향유해 온 불평등조약을 폐지하였다. 그러나 이 과정에서 양국은 홍콩문제를 두고 난항을 거듭하였으며, 영국은 여전히 이 지역에 대해 완고한 입장을 견지하였다. 이러한 결과 홍콩과 구룡 등 조계의 반환 문제는 이후 재교섭하기로 결정하였으며, 이는 이후 중국의 외교정책이 연합국 가운데에서도 미국 일변도로 경도된 주요한 원인이 되었다.[63]

이와 같이 중경국민정부와 미국과의 조계 폐지를 둘러싼 협상이 전개되고 최종적으로 서명한 1943년 1월 11일의 이틀 전인 1월 9일에 일본과 왕정위정부가 서둘러 조계 반환과 불평등조약의 폐지와 관련된 협정을 체결한 사실은 명확히 이를 의식한 결과라고 할 수 있다. 실제로 1942년 당시 일본의 기록에 따르면, 왕정위정부의 참전 및 조계 반환과 관련된 협정을 체결하기로 예정한 일정은 1월 9일보다 늦은 시기였음을 알 수 있다. 즉 일본은 참전 및 그 후속 조치인 조계의 반환과 관련하여 "참전 선언의 시기는 대체로 내년 1월 30일경으로 계획하여 정치적 호기를 포착한다"[64]라고 정해두고 있었다.

왕정위정부 재정부장 주불해의 일기를 살펴보면, 1942년 12월 21일 도조 히데키東條英機 수상은 중국의 참전에 동의하며, 참전 선언 시기에 대해서 "내년(1943) 1월 중순 이후 중국이 적당한 시기를 선택하여 실행하도록"[65] 전한 사실로부터도 참전은 적어도 1월 중순

63_ 金志煥,「中日戰爭期 中國의 戰時外交政策」,『동북아시아의 갈등과 대립』,
    동북아역사재단, 2008, p.160.
64_ 日本政務局,『大東亞戰爭關係一件 / 中華民國國民政府參戰關係』一卷,
    1942.11, p.11.
65_ 蔡德金編注,『周佛海日記』(下), 中國社會科學院出版社, 1986, p.783.

이후로 예정되어 있었음을 알 수 있다. 따라서 1월 9일은 명확히 계획보다 이른 시기였으며, 중경국민정부와 영미와의 관계에 조응한 결과였던 것이다.

왕정위정부의 참전 선포가 예정보다 앞당겨진 것이 중경국민정부 및 영미와의 관계를 의식한 결과임은 주불해의 일기에서 잘 살펴볼 수 있다. 일기를 살펴보면, 1월 7일 밤 11시 주불해가 잠자리에 든지 얼마 지나지 않아 왕정위로부터 전화가 걸려왔다. 그는 일본의 시게미쓰 마모루重光葵 대사가 자신을 방문하고 돌아갔으며, 상세한 내용은 다음 날 말하겠다고 전하였다.

1월 8일 오전 왕정위는 주불해에게 전날 밤에 시게미쓰가 찾아와 말하기를, 도쿄에서 온 전보에 의하면 영국과 미국, 중경 측이 이미 왕정위정부가 곧 미국, 영국에 대해 선전을 포고하려는 계획을 간파하였으며, 이를 저지하기 위한 공작을 전개하려 한다고 전하였다. 그러면서 전쟁 포고의 날짜를 앞당길 수 없느냐고 문의하였다고 전하였다. 이에 주불해는 10시에 시게미쓰 대사를 방문하여 선전 포고 이후 조계의 반환 및 치외법권의 철폐와 관련된 일정을 상세히 논의하였다.[66]

4) 왕정위정부의 참전 선언과 조계 환수

그러면 일본이 왕정위정부의 참전을 통해 기대한 효과와 목적은

66_ 蔡德金編注, 『周佛海日記』(下), 中國社會科學院出版社, 1986, pp.792-793.

무엇이었을까. 1942년 10월 29일 일본정부와 일본대본영이 개최한 연석회의에서 대동아상 아오키 가즈오青木一男는 "중국정부(왕정위 정부)의 정치 역량과 민심의 장악을 강화하기 위해 상당한 변화가 필요하다"라고 지적하며, 왕정위정부의 참전을 수락하는 것이 바람 직하다는 의견을 제출하였으며, 도조 히데키東條英機 수상도 이에 찬 성의 뜻을 표명하였다.[67]

그러면 일본은 왕정위정부의 참전이 일본의 전쟁 수행 능력을 제 고하는데 어느 정도의 효과를 가져 올 것으로 예상했을까. 일본외무 성은 "일본의 전쟁 수행 능력을 향상시키는 것과 같은 참전의 직접적 효과는 처음부터 기대하기 어렵다"[68]는 인식을 가지고 있었다. 그렇 다면 일본이 참전을 사실상 종용하고 받아들인 근본적인 목적은 무 엇인가.

일본은 왕정위정부의 참전을 통해 기존에 일본이 중국에서 보유해 왔던 조계의 반환을 통해 중국의 오랜 열망인 불평등조약의 폐지와 자주독립의 주권국가를 수립한다는 형식을 갖춤으로써, 이를 통해 왕정위정부의 위상을 제고하고 중국의 민심을 수습하려는 계획을 구 상하였던 것이다. 이는 1943년 1월 8일의 추밀원회의에서 도조 수상 이 "중국의 참전에 따른 작전의 효과는 기대할 수 없을지도 모른다. 하지만 영미 타도의 기치하에 4억 중국인의 민심을 수렴하여 이를 왕정위정부 치하에 집결시킬 수만 있다면 큰 의의가 있는 것으로서,

---

67_ 沈預, 『日本大陸政策史』, 社會科學文獻出版社, 2005, pp.681-682.

68_ 日本外務省, 『大東亜戰爭關係一件 / 中華民國國民政府參戰關係』第二卷, 1943.1, pp.6-7.

제국(일본)이 지는 부담도 점차 경감될 수 있을 것"[69]이라는 발언에서도 잘 알 수 있다.

일본은 "중국정부(왕정위정부)가 참전을 요망하는 이유는 여러 가지 있지만 무엇보다도 현재와 같은 국민의 불만을 일소하여 민심 장악력을 강화하는 데 도움이 된다고 생각하기 때문이다. 이를 위해서는 중국국민이 희망하는 불평등조약의 철폐 등을 통해 민심을 수습하는 것이 적당하다고 생각된다"[70]는 방침을 정해두고 있었다. 따라서 그 후속 조치로서 "중국의 참전에 대해 상당한 대가를 지불함으로써 중국의 민심을 수습하고 정권을 강화하는 조치를 강구해야 한다. 이를 위해 ① 치외법권의 철폐(준비위원회 설치), ② 조계의 반환(프랑스, 이탈리아 조계 반환에 대한 주선), ③ 구적산의 반환, ④ 불평등조약의 개정 등을 강구해야 한다"[71]라는 계획을 가지고 있었다.

왕정위정부의 위상을 강화하고 민심을 수습하는 일은 동시에 중경국민정부의 기반을 약화시키는 의미를 가지고 있었다. 이는 "일본이 견지해 온 대중정책은 한마디로 중경정권의 무력화와 남경정부(왕정위정부)의 육성, 강화에 중점을 두어 왔다. 왕정위정부의 정치력이 강화되지 못한 이유는 바로 중경정권의 존속과 미국, 영국의 역선전에 기인하지만 궁극적으로 최대의 이유는 바로 중국 일반의 뿌리깊

69_ 日本外務省, 『戰爭完遂ニ付テノ協力ニ關スル日華共同宣言並ニ租界還付及治外法権撤廃ニ關』, 1943,1, p.5.

70_ 日本政務局, 『大東亜戰爭關係一件 / 中華民國國民政府参戰關係』一卷, 1942.11, p.6.

71_ 日本政務局, 『大東亜戰爭關係一件 / 中華民國國民政府参戰關係』一卷, 1942.11, pp.3-4.

은 항일의식이다. 조계, 치외법권의 철폐가 바로 정권을 육성, 강화할 수 있는 유효한 수단이 될 수 있다. 이를 통해 항일론에 치명적인 타격을 가하고 민심을 장악할 수 있는 계기가 만들어져 왕정위정부를 강화할 수 있는 근거를 제공하는 것이다"[72]-라는 기록에서도 잘 나타나고 있다.

다시 말해 중경국민정부의 항일논리가 자주독립의 국민국가를 건설하는 것이라면, 이를 달성하기 위한 선결과제인 조계 및 불평등조약의 철폐를 오히려 왕정위 측에서 주창하여 성취하도록 조장함으로써 중경정부의 명분을 약화시킨다는 논리이다. 실제로 왕정위는 친일정부를 수립한 이후 계속해서 조계의 반환, 열강 주둔군의 철병, 치외법권 철폐, 식민주의적 지배체제의 해소 등을 공공연히 주장해 왔다.

이를 통해 "왕정위정부는 명분과 실리를 강화함으로써 상대적으로 중경국민정부를 점차 무력한 지방정권으로 전락시키려"[73]- 기도하였으며, "중경정부가 종래 주창해 온 항전구국은 금번 일본의 영단에 의해 완전히 그 논거를 상실하게 될 것"[74]-이라는 의도를 가지고 있다. 이러한 목적은 일본내각회의에서 "참전이 왕정위정부의 정치력을 강화하여 중경의 항일 명분을 소멸시킬 것"[75]-이라고 지적한 사실에서도 잘 알 수 있다.

1942년 12월 21일 일본어전회의는 '대동아전쟁 완수를 위한 대중

72_ 植田捷雄, 『支那に於ける租界還付,治外法權撤廢』, 龍文書局, 1944.10, pp.5-6.
73_ 橘善守, 「南京交渉の妥結と外交轉換」, 『外交時報』862號, 1940.11.1, pp.113-114.
74_ 植田捷雄, 『支那に於ける租界還付,治外法權撤廢』, 龍文書局, 1944.10, p.11.
75_ 日本外務省, 『大東亞戰爭關係一件 / 中華民國國民政府參戰關係』第二卷, 1943.1, p.2.

처리 근본방침'을 결정하였다. 여기에서 "일본은 왕정위정부의 참전을 통해 중일 간의 국면을 타개하기 위한 일대 전기로 삼는다. 중일 제휴의 근본정신에 따라 중국국민정부(왕정위정부)의 정치력을 강화함과 동시에 중경정부의 항일 근거의 명목을 와해시킨다. 이를 위해 중국에 있는 조계, 치외법권 기타 중국의 주권 및 영토 존중의 취지에 기반하여 이를 신속히 철폐 내지 조정하기로" 결정하였다.[76]

이와 같은 전제조건하에서 왕정위는 12월 20일 재정부장 주불해, 외교부장 주륭상, 선전부장 임백생, 실업부장 매사평, 실업부차장 원유전 등을 대동하고 일본을 방문하여, 다음 날인 12월 21일 일본 측과 참전과 관련된 문제를 협의하였다. 이 자리에서 도조 히데키 수상은 왕정위정부의 참전에 공감을 표시하며 일본으로서는 가능한 한 조속히 조계 및 영사재판권을 철폐할 예정이며, 영국과 미국 소유의 '적산'도 호의를 가지고 중국(왕정위정부) 측과 협의해 나갈 의향임을 전하였다.[77] 다음 날인 22일 오전, 왕정위는 일본천황 히로히토裕仁를 방문하여 중일관계의 전반에 관해 협의하였는데, 일본 측은 이 자리에서 일본군이 점유하고 있던 군관리공장을 조속히 중국의 원업주에게 반환하기로 약속하였다.[78]

마침내 1943년 1월 9일 남경에서 왕정위와 일본 특명전권대사 시게미쓰 마모루는 '일화공동선언'을 반포하고, "일본정부 및 중화민국 국민정부(왕정위정부)는 상호 긴밀히 협력하여 미영 양국에 대한 공

76_ 日本外務省, 『日本外交年表竝主要文書』下, 1966.1, p.580.

77_ 蔡德金編注, 『周佛海日記』(下), 中國社會科學院出版社, 1986, p.783.

78_ 袁愈佺, 「日本侵略者炮制的商統會」, 『上海文史資料選輯』57輯, 上海人民出版社, 1986.8, p.104.

동의 전쟁을 수행하고, 대동아에서 도의에 기반한 신질서를 수립한
다. 그리하여 세계 전반의 공정한 신질서를 만들어 내는 데 공헌하기
위해 다음과 같이 공동으로 선언한다. '대일본제국' 및 중화민국(왕
정위정부)은 미국 및 영국에 대한 공동의 전쟁을 완수하기 위해 부동
의 결의와 신념으로 군사상, 정치상 및 경제상 완전히 협력하기로
결정한다"[79]-라고 선언하였다.

이와 함께 양국은 '조계 반환 및 치외법권 철폐 협정서交還租界撤廢
治外法權協定書'를 체결하고, 조계의 반환에 대해 다음과 같이 규정하
였다.

① 전관조계 : 일본정부는 현재 일본이 중국에서 보유하고 있는 전
　관조계 행정권을 중화민국정부(왕정위정부)에 반환한다.

② 공공조계 및 공사관구역 : 일본정부는 중화민국정부가 가능한
　한 조속히 상해공공조계의 행정권 및 하문 고랑서 공공조계의
　행정권을 환수하도록 승인한다. 일본은 중화민국정부가 북경공
　사관구역 행정권을 조속히 환수하는 것을 승인한다.

③ 치외법권 : 일본은 현재 일본이 중국에서 보유하고 있는 치외법
　권을 조속히 철폐하기로 결정한다.[80]-

1943년 1월 9일 협약이 체결된 당일 왕정위는 남경국민대회당에
서 개최된 '국민정신총동원민중대회'에서 영미에 대한 선전의 의의

79_ 日本外務省, 『大東亜戦争關係一件 / 中華民國國民政府參戦關係』第二卷,
　　1943.1, p.19.
80_ 日本情報局,「支那の參戦と新らしい日華關係」, 『週報』1月20日號, 1943.1.20,
　　p.7.

에 대해 "중국이 참전한 오늘 '중일기본조약'에 근거하여 일본은 조계의 반환과 치외법권 철폐를 단행하였다. 이를 통해 우리는 국부 손문의 염원을 실현하게 되었으며, 4억 5천 만 동포의 오랜 염원을 실현할 수 있게 된 것"[81]-이라고 감격해했다. 1월 14일 5중전회에서도 "일본은 우리가 참전한 당일 조계 반환과 불평등조약의 철폐를 선언하였다. 이것은 중국의 참전에 대한 일종의 교환조건이 아니라 '중일기본조약'에 의거한 일본의 성의 있는 원조"[82]-라고 강변하였다.

그러나 참전이 조계의 반환과 불평등조약 폐기의 전제조건이었음은 일본 측의 사료를 통해 명확히 확인할 수 있다. 즉 "일본은 중국의 참전 선언과 동시에 조계의 반환을 선포하고, 중일기본조약 제8조에 근거하여 일본의 조계 반환에 관한 중일공동위원회를 설치하고 가능한 한 신속히 항주, 소주, 사시, 하문, 복주 및 중경 등 여섯 조계를 반환하고, 동시에 천진 및 한구조계의 반환에 필요한 준비를 시작한다. 반환 시기는 왕정위정부 참전 후 1개월 이내로 정하고, 이후의 진척 상황에 따라 적당히 고려한다"[83]-라고 하여 참전이 조계 반환의 전제조건임을 명확히 하였다.

이에 대해 1월 9일 중경국민정부는 긴급히 영국과 미국의 대사 및 군사대표가 모두 참석하는 긴급회의를 개최하였다. 그리하여 1월 11일 미국 및 영국과 신조약을 체결하고, 다음 날인 12일에 장개석은 방송을 통해 전국에 이를 선포하였다. 장개석은 '전국 군민에게 고하

81_ 日本情報局, 『國際月報』26號, 1943.2.25, pp.113-115.

82_ 日本情報局, 『國際月報』26號, 1943.2.25, pp.118-119.

83_ 日本外務省, 『大東亞戰爭關係一件 / 中華民國國民政府參戰關係』第二卷, 1943.1, p.12.

는 서'를 발표하고, 왕정위와 일본 간의 참전 선언에 대해 "소위 일본
이 말하는 선린우호란 중일합병을 말하며, 공동방공이란 영구주둔이
며, 소위 '경제제휴'라는 것은 경제독점에 지나지 않는다"[84]고 평가
절하하였다.

이와 함께 발표문에서 장개석은 중국과 미국, 영국 사이에 체결된
신조약이 가지는 역사적 의의를 대대적으로 선전하였다. 그러나 같
은 날 외교부장 송자문은 내외기자회견에서 본 조약에 대해 대만족
이지만 해결되지 못한 문제들도 있다고 지적하였다. 즉 홍콩과 구룡
문제에 대해 "중국이 이 문제를 제기하였으나 영국 측이 아직 논의할
준비가 되어 있지 않아 이를 보류하였다"라고 밝혔다.[85] 1월 13일
중경국민정부 선전부는 1월 25일, 26일, 27일 신조약 선전기간으로
정하고 전국 각 기관과 학교에 3일간을 휴일로 선포하였다.[86]

결론

아편전쟁 이후 중국은 반식민지사회로 전락하였으며, 조계의 설정,
치외법권, 영사재판권 등 불평등조약은 중국과 열강의 관계를 상징
하는 굴레였다. 이러한 이유에서 손문은 중국을 차식민지 사회라 명
명하여 식민지보다도 못한 현실을 빗대었다. 따라서 조계의 환수 및

84_ 滿鐵調査部, 『支那經濟年報』, 改造社, 1940, p.264.

85_ 吳景平, 『宋子文評傳』, 福建人民出版社, 1992, p.359.

86_ 日本情報局, 『國際月報』26號, 1943.2.25, p.124.

불평등조약의 폐지는 제국주의 열강의 질곡을 벗어나 독립 자주의 근대적인 국민국가를 건설하기 위한 우선적 과제가 아닐 수 없었다.

그러나 역대 중국정부의 노력에도 불구하고 열강에 의한 세력범위의 분할과 해당 지역에 대한 이권을 수호하기 위한 열강의 이해에 가로막혀 이와 같은 염원은 실현될 수 없었다. 중국이 처음으로 조계를 환수할 수 있게 된 것은 스스로의 역량을 통해서가 아니라 일차대전 이후 국제정세의 변화 속에서 새로운 전기를 마련할 수 있었다. 대전의 양상이 영미 등 연합국과 독일, 오스트리아의 대립구도로 전개되자 연합국과의 연대를 선언한 중국은 전후 파리강화회의를 통해 독일 및 오스트리아의 조계를 환수할 수 있게 된 것이다. 더욱이 워싱턴회의는 중국의 조계 환수 열망을 반영해 치외법권조사위원회를 조직하여 불평등조약의 폐지를 위한 가능성을 제공하였다. 그럼에도 영국은 상해공공조계에 대한 절대적인 이해를 수호하려 하였으며, 일본 역시 남만주철도로 대표되는 만주에서의 배타적 권리를 수호하기 위해 조계의 반환을 사실상 받아들이지 않았다.

그런데 중일전쟁과 태평양전쟁의 확대라는 국제정세의 변화가 또다시 조계의 환수와 불평등조약의 폐지를 위한 새로운 전기를 마련해 주었다. 전쟁의 양상이 미국, 영국, 중경국민정부 대 일본, 왕정위정부의 대립구도로 전개되자, 미국과 일본은 각각 중경국민정부와 왕정위정부를 동아시아에서 전쟁을 수행하기 위한 주요한 파트너로 상정하게 된 것이다. 전쟁의 양상이 총력전 체제로 전개되면서 중국에서의 항일운동과 중경국민정부의 저항에 부딪히게 되자, 일본은 왕정위정부의 참전을 유도하고 그 대가로 조계의 반환과 불평등조약의 폐지를 선언하였다. 일본은 참전이 왕정위정부의 자발성에 근거한 것이라 내외에 선전하였으나, 이와 같은 자발성은 일본의 국책이라는 테두리 안에서 매우 한정적일 수밖에 없었다.

중경국민정부의 항일논리가 자주독립의 국민국가를 건설하는 것이라면, 이를 달성하기 위한 선결과제인 조계의 반환과 불평등조약의 폐지를 오히려 왕정위 측에서 실현함으로써 항일의 명분을 와해시키고, 나아가 중경국민정부를 무력한 지방정권으로 왜소화시키려는 기도였던 것이다. 이를 실현하기 위한 구체적인 수단이 바로 아편전쟁 이래 중국이 추구해 온 조계의 환수 및 불평등조약의 폐지였다고 할 수 있다.

이와 같은 양상은 미국과 영국의 대중정책에서도 유사하게 출현하였다. 상해조계지역을 사실상 지배하면서 조계 환수운동에 저항하며 자신들의 이해를 견고하게 유지해 왔던 영국과 미국이 태평양전쟁이 격화되자 동아시아에서 중경국민정부의 위상과 역할을 강화하기 위한 목적에서 상해 등 조계의 반환과 불평등조약의 폐지를 선언하였다는 점에서 일본의 사례와 매우 유사하다고 할 수 있다. 더욱이 영국의 조계 반환 선언에도 불구하고 상해는 이미 일본 제국주의가 지배하는 점령구로 변질된 상태였으며, 따라서 선언의 의미는 퇴색할 수밖에 없었다.

결국 한 세기 여에 걸친 조계 환수운동과 불평등조약 폐지는 중국의 자발적인 노력의 결과뿐만 아니라 보다 근본적으로 동아시아 국제정세의 변화 속에서 비로소 가능할 수 있었다. 다시 말해 열강은 동아시아에서의 세력 변화 및 이해관계의 충돌 속에서 자신들의 목적을 추구하기 위해 조계 환수 및 불평등조약의 폐지를 비로소 적극적으로 고려하게 된 것이다.

5

중국의 전시외교와
미소관계

중일전쟁은 1937년부터 8년간 본격적으로 전개되지만, 이미 1931년 만주사변으로 15년 중일전쟁의 서막이 열렸다.[1] 노구교사변(7·7사변)으로 본격화된 일본의 대륙 침략은 중국의 입장에서 관민이 일체적으로 지난한 항일전쟁에 나서는 출발점이기도 하였다. 중일전쟁사는 한국을 비롯한 동아시아 각국 역시 반파시스트 동맹에 참여하여 침략세력에 불굴의 정신으로 맞서 싸운 항전의 역사이기도 하다.[2]

중국 및 동아시아인들의 일체적 항거 앞에서 3개월 만에 중국을 점령하여 전쟁을 종식시키겠다던 일본군부의 헛된 망상은 좌절되고 말았다. 중국의 견결한 대일항전은 미국을 비롯한 구미 열강으로 하여금 동방에서 일본의 세력 팽창을 저지할 수 있는 안전판으로서 중국의 역할에 대한 기대를 불러 일으켰으며, 이와 같은 객관적 조건을 바탕으로 장개석 국민정부는 적극적인 전시외교를 전개하였다.

여기에서는 노구교사변으로 일본의 침략정책이 본격화되면서 중국의 외교정책 및 동아시아 국제관계의 변화를 살펴보려 한다. 이와 함께 중일전쟁에 대한 미국 등 열강의 외교정책과 그것이 수립되게 된 근거를 규명해 보고자 한다. 이와 함께 중일전쟁이 확전되는 과정

1_ 중일전쟁 시기 국제관계와 관련하여 주요한 연구성과로 陶文釗, 『抗日戰爭時期中國對外關係』, 中國社會科學出版社, 2009; 陳雁, 『抗日戰爭時期中國外交制度研究』, 復旦大學出版社, 2002; 黃自進, 『日中戰爭とは何だったのか』, ミネルブア書房, 2017; 中國近代史資料書刊編委會, 『中日戰爭』1-7冊, 上海書店出版社, 2000; 胡德坤, 『中日戰爭史』, 武漢大學出版社, 2005: 潘洵, 『抗日戰爭時期重慶大轟炸研究』, 常務印書館, 2013:韓永利, 『第二次世界大戰與中國抗戰地位研究』, 常務印書館, 2010 등이 있다.
2_ 金志煥, 「捍衛地區安全與和平」, 『人民日報』, 2015.8.22.

속에서 미국, 소련 등 열강의 외교적 변화를 살펴보고, 이것이 초래한 동아시아 국제질서의 변화를 살펴보려 한다. 특히 이러한 과정에서 중국의 전시외교 양상과 역사적 의의를 살펴보려 한다.

1) 중국국민정부의 대미외교

중국국민정부는 미국의 정치, 경제, 군사적 역량에 주목하여 항일전쟁의 수행 과정에서 이를 적극 동원하려는 계획을 수립하고, 중국에 대한 원조 및 중미관계의 공고화에 대한 필요성을 끊임없이 미국 측에 전달하였다. 이러한 과정에서 국민정부 대미외교에서 핵심적인 역할을 수행했던 인물이 바로 송자문이었다.[3]

그러나 이와 같은 국민정부의 노력에도 불구하고 중일전쟁이 폭발한 이후 미국은 중일 양국에 대해 중립적 태도와 정책을 견지하였다. 일본의 중국 침략으로 동아시아 국제정세 및 세력 판도에 변화가 발생했음에도 불구하고 미국은 어떠한 이유에서 적극적인 대응을 회피하고 현상의 유지에 급급했을까. 여기에서는 항전 시기 미국의 중립정책이 가지고 있는 배경과 내용 및 성격, 그리고 그 변화를 살펴보

3_ 항전 시기 송자문의 대미외교에 관한 주요한 연구로는 陳立文, 『宋子文與戰時外交』, 國史館, 1991; 吳景平, 『宋子文評傳』, 福建人民出版社, 1992; 吳景平, 「宋子文與太平洋戰爭爆發前后的中美關係」, 『民國春秋』1999年 4期; 金志煥, 「棉麥借款與宋子文的日本登岸」, 『社會科學論壇』, 2005.10; 陳永祥, 「美援外交中的胡適與宋子文」, 『民國檔案』2003年 3期; 陳永祥, 「抗戰時期美國對華經濟援助評析」, 『廣州大學學報』2004年 3期 등을 들 수 있다.

려 한다.

　기존 항전 시기 중미관계에 대한 연구는 주로 정치, 군사적 방면에 중점이 두어져 상대적으로 사회, 경제적 측면에서의 연구가 부족한 형편임에 비추어,[4] 여기에서는 미국의 중립정책이 입안되고 시행된 근거를 경제사의 시각으로 분석해 보고자 한다. 이와 함께 1941년 12월의 태평양전쟁 발발로 상징되는 미일 간의 협상 결렬과 무력 충돌 및 미국 중립정책의 전면적 변화의 근거를 국제적 조건과 중국의 외교역량이라는 요인으로 살펴보고자 한다. 다시 말해, 독일, 이탈리아, 일본 파시스트 동맹의 성립 이후 동아시아에서 일본 침략의 확대를 저지하기 위한 국제적인 노력과 함께, 송자문을 중심으로 하는 중국의 대미 적극외교라는 양 측면으로부터 고찰해 보려 한다.

(1) 제2차 상해사변과 미국의 중립정책

　1930년대 중반 중일 간의 정치, 군사적 긴장관계가 고조되면서, 이미 중일전쟁이 발발하기 전년도인 1936년 6월 16일에 영국하원에서 노동당 의원은 만일 중일전쟁이 발발할 경우 상해의 조계는 교전국 쌍방의 진입을 거부할 것인지의 여부에 대해 문제를 제기하였다.[5] 노구교사변 직후인 1937년 7월 16일 미국 국무장관 헐Cordell Hull은 미국의 입장에서 상해는 막대한 이익과 권익이 걸려있는 특수한 지

4_ 대표적인 연구로 陶文釗, 『中美關係史』, 重慶出版社, 1993; 傅啓學, 『中國外交史』, 臺灣商務印書館, 1979; 蘆田均, 『第二次世界大戰外交史』, 時事通信社, 1960; 入江昭, 『米中關係史』, サイマル出版會, 1971 등을 들 수 있다.

5_ 上海通社, 『上海硏究資料續編』, 上海書店, 1984.12, p.181.

역이므로, 각종 조치를 취하고 있다고 담화를 통해 밝혔다.[6] 8월 7일 미국 상원외교위원장 비트먼은 북평과 천진에 주둔하는 1만여 미국교민을 보호하기 위해 대응책을 강구해야 한다고 주장하였다.[7]

한편, 일본은 노구교사변 이후에 중경, 한구 등 장강유역에 거주하던 자국교민들에게 철수를 명령하였으며, 이에 따라 8월 9일 약 1,600명의 일본교민들이 상해로 집결하였다. 그러나 당일 일본해군의 오오야마 중위가 상해에서 이들을 시찰하던 중 사살되는 사건이 발생하자, 일본은 이를 빌미로 전쟁의 확대에 박차를 가하였다.

8월 10일, 상해영사단회의는 오카모토岡本 총영사에게 중일 간에 긴장상태가 고조되고 있음에 비추어 상해를 전쟁구역으로부터 제외시켜 주도록 요청하였다. 상해를 비전구역으로 설정하는 계획에 대해 국민정부는 대체로 동의를 표시하였는데, 그 주요한 이유는 상해가 중국의 재정, 상업, 공업 및 은행의 명실상부한 근거지였기 때문이다. 만일 상해가 파괴된다면 설령 중국이 전쟁에서 승리한다고 하더라도 재정, 경제상 엄중한 손실이 아닐 수 없었기 때문이다.[8] 이어 11일 미국을 비롯한 영국, 프랑스, 독일, 이탈리아 등 5개국 대사는 가와고에 시게루川越茂 일본대사 앞으로 국민정부가 이미 외국교민과 상해의 안전을 보장한만큼 일본도 같은 취지의 성명서를 발표해 주도록 서한을 발송하였다. 이와 같은 열강의 요구는 일본에게 압력으로 받아들여지지 않을 수 없었다.

6_ 上海社會科學院歷史研究所, 『'八一三'抗戰史料選編』, 上海人民出版社, 1986.5, p.525.

7_ 姬野德一, 『支那事變と列國の論調』, 東京日支問題研究所, 1937.5, p.74.

8_ 石源華, 『中華民國外交史』, 上海人民出版社, 1994, p.503.

이에 대해 가와고에 대사는 상해에서 외국인의 안전과 재산을 보호하는 일이 일본의 일관된 신념이기는 하지만, 열강의 요구를 관철하기 위해서는 중국의 다음과 같은 조치가 선행되어야 한다고 회답하였다. 첫째, 상해조계 부근에 집중 배치되어 있는 중국정규군 및 보안대를 교전거리 밖으로 철수시킬 것, 둘째, 조계 부근에 설치되어 있는 중국의 군사시설을 해체할 것 등을 요구하였다.[9]

열강의 중재에도 불구하고 8월 13일 일본군은 대대적으로 중국군대에 대한 공격을 개시하였다. 같은 날 상해의 미국, 영국, 프랑스 3개국 총영사는 중국에 대해 첫째, 정규군을 원주둔지로 철수시킬 것, 둘째, 보안대도 일정한 거리 밖으로 철수시킬 것을 요구하는 한편, 일본에 대해서도 증원부대를 즉시 철수시키고 잔류 육군도 일정 거리 밖으로 철수할 것, 8월 9일 오오야마 이사오大山勇夫 중위 사건 이후 증파된 군함을 철수시킬 것 등을 요구하였다.[10]

이 밖에 각국 영사는 중국비행기가 조계 상공을 비행하는 일을 조계의 안전을 위협하는 행위로 규정하여 항의를 제출하였다. 이에 상해시장 유홍균은 "조계는 중국영토이며, 조계 상공은 중국의 영공이다. 따라서 영공권은 주권의 일부이므로 우리 공군이 우리 나라의 영공을 비행하는 것은 타국이 간섭할 일이 아니다"[11]라고 주장하였다.

8월 14일 헐은 상해가 군사행동의 본거지가 되지 않도록 중일

9_ 日本外務省, 『上海及其附近ニ於ケル交戰回避ニ關スル各國申出』, 1937 참조.
10_ 日本外務省, 『上海及其附近ニ於ケル交戰回避ニ關スル各國申出』, 1937 참조.
11_ 上海社會科學院歷史硏究所, 『'八一三'抗戰史料選編』, 上海人民出版社, 1986.5, p.534.

양국에 요청하였으며, 분쟁으로 인해 미국교민이 피해를 입지 않을까 우려한다는 입장을 전달하였다. 이와 함께 그는 기자회견을 통해 미국정부는 분쟁에 말려들어 가는 일을 피할 예정이며, 미국해군으로 하여금 3,000여 명에 이르는 미국교민의 인양을 준비하도록 지시하였다고 말하였다.[12]

8월 16일, 헐은 담화를 발표하고, 상해에 거주하는 3,000여 명의 미국교민을 비롯하여 10만 명에 달하는 외국인을 보호하기 위해 중일 양국과 교섭하고 있다고 언급하였다. 19일, 상해의 미국총영사는 상해조계는 중립지역이므로, 중일 양국 군대로 하여금 즉시 철수할 것을 요구하였다. 특히 영국은 도쿄에서 일본정부와 협의하고 영국, 미국, 프랑스 3국이 상해조계 내에서 일본의 권익을 존중할 방침임을 전달하였다.[13]

상해 중립화의 요구에 대해 25일 일본은 3만 명에 이르는 자국교민과 막대한 투자를 외국에 위탁하는 것은 불가능한 일이며, 중국의 정전협정은 과거의 경험으로부터 볼 때 믿을 수 없다고 하면서 중립화 방안을 완곡히 거부하였다. 오히려 일본 제3함대장 다니가와谷川 사령관은 당일 저녁 6시부터 북위 32도 4분 동경 122도 북위 23도 14분 동경 226도 48분까지 중국연안의 중국선박에 대한 봉쇄를 선언하면서 긴장이 더욱 고조되었다.[14]

8월 31일, 상해의 미국, 영국, 프랑스, 이탈리아총영사는 성명을 발

12_ 姫野德一, 『支那事變と列國の論調』, 東京日支問題研究所, 1937.5, p.73.

13_ 上海社會科學院歷史研究所, 『'八一三'抗戰史料選編』, 上海人民出版社, 1986.5, p.538.

14_ 情報部第三課, 『北支事變ニ關スル各國新聞論調概要』, 1937.8.27.

표하고, 조계지역의 화평과 치안이 매우 중요한 문제임을 재삼 강조하면서, 금번 군사 충돌의 책임이 일본에 있다고 비난하였다. 이와 함께 각국은 교민의 생명과 재산의 보호에 최선을 다할 것임을 선포하였다.[15] 더욱이 열강은 상해의 중립화를 관철하기 위해 군사적 개입을 경고하였는데, 이는 일본에게 심각한 위협이 아닐 수 없었다.

미국정부는 상해의 교민을 보호하기 위해 캘리포니아에 주둔하고 있던 1,200명의 해군을 상해로 파견하기로 결정하고, 실제로 9월 10일 상해로 출발하였다. 주중 영국함대사령관도 상해조계를 보위하기 위해 영국군대가 협력할 의향이 있음을 표명하였다. 이어 8월 24일, 프랑스도 홍콩에 주둔하고 있던 1개 대대를 상해로 급파하는 동시에, 3개 대대를 증파하기로 결정하였다.[16] 실제로 9월 9일에는 각국 육전대가 상해에 상륙하였다.[17]

이렇게 되자, 일본도 구미 열강과 본격적으로 상해의 중립화문제를 논의하지 않을 수 없었다. 특히 일본은 열강으로 하여금 중일전쟁에 대한 중립을 유도하기 위해 상해의 중립문제를 적극 이용하였다. 9월 10일 일본의 시데하라 기주로幣原喜重郎 외상은 미국대사와 중국문제에 대해 협의하였으며, 9월 24일과 25일에 각각 프랑스대사 및 영국대사와 중국의 시국에 관해 논의하였다. 회담에서 시데하라는 이들에게 중국문제에 대한 불간섭을 요구한 것으로 보인다. 10월 17

15_ 上海社會科學院歷史研究所, 『'八一三'抗戰史料選編』, 上海人民出版社, 1986.5, pp.533-535.

16_ 上海社會科學院歷史研究所, 『'八一三'抗戰史料選編』, 上海人民出版社, 1986.5, p.536.

17_ 日本外務省, 『涉外事項日誌』, 1937.9 참조.

일 상해영사단은 중국군의 서수쟁에게 상해지역으로부터 철군하도록 요구하였다.[18]

그러면 일본은 상해 중립을 요구한 열강의 동향에 대해 어떠한 인식과 대응책을 마련하고 있었을까. 당시 외무성을 비롯한 일본정부 내부의 문건은 일본의 대응방침을 명확하게 보여주고 있다. 우선 일본은 열강의 요구에 대해 "상해는 열강의 이해가 복잡하게 얽혀있는 지역이므로, 이 지역에서 전쟁을 확대시키는 것은 불필요하다"[19]고 인식하고 있었다. 따라서 일본은 이미 내부적으로 열강의 요구인 상해 중립화에 대해 수락 방침을 세워두고 있었으며, 단지 이러한 과정에서 일본 측의 요구와 이해를 일정 정도 관철시켜 나가려는 의도를 가지고 있었다.

이러한 취지에서 일본은 상해에서 권익을 확보하기 위한 구체적 조치로서 중국에 다음과 같이 요구하기로 결정하였다. 즉 "금번 오오야마 중위 사건에 비추어 조계 및 그 부근에 중국군이 주둔하는 일은 조계의 안전을 위협하는 일일 뿐만 아니라, 제국(일본)신민의 재산과 생명을 위협하는 일이다. 따라서 중국군은 일정선 밖으로 퇴각해야 한다. 단지 조계 내에서 치안을 유지하기 위한 목적에서 상해시장의 지휘하에 경찰을 임명하여 열강의 감독을 받도록 한다."[20]

1937년 11월 27일, 일본수상 고노에 후미마로近衛文麿는 "상해의 공공조계 문제는 필요시 일본이 무력을 행사할 수도 있다"고 성명을

18_ 日本外務省, 『涉外事項日誌』, 1937.9 참조.
19_ 日本外務省, 『上海及其附近ニ於ケル交戰回避ニ關スル各國申出』, 1937 참조.
20_ 日本外務省, 『上海及其附近ニ於ケル交戰回避ニ關スル各國申出』, 1937 참조.

발표하였다. 그러나 고노에 수상의 성명은 결코 이를 진정으로 실현하기 위한 의도는 아니며, 단지 이에 대한 열강의 대응 수위를 가늠해 보기 위한 제스처에 불과했던 것으로 보인다. 이에 12월 2일 영국 외무장관은 "영국은 조계 내에서 특정 국가가 독단적으로 조계의 행정문제를 해결할 수 있는 권리를 인정하지 않는다"고 하여 일본의 조계 접수에 반대하였다. 1938년 1월 12일, 미국정부도 일본의 요구에 대해 "이에 대해 미국은 절대 반대이며, 이와 같은 입장에는 결단코 변화가 없을 것"이라고 선포하였다.[21]

결국 일본이 상해 중립화방안을 수용하지 않을 수 없었지만, 이러한 과정에서 정책적 기초에 근거하여 상해조계에 대한 영향력을 확대해 나갔다. 일본은 종종 조계 공부국에 항일운동의 단속을 요구하였을 뿐만 아니라, 조계지역 내에 일본관원을 두고 공부국의 행정에 관여하고자 시도하였다. 공부국도 이와 같은 일본의 조치에 일정 정도 양보하고 타협하지 않을 수 없었다.[22]

뿐만 아니라 열강은 상해 등 지역에서 자신들의 권익을 보존하기 위하여 이 지역의 중립화를 요구하였으며, 이를 위해서는 스스로 먼저 중일전쟁에 대한 중립성을 표방하지 않으면 안되었던 것이다. 일본은 바로 이 점을 잘 인식하고 있었으며, 상해 중립을 보장하는 대가로 열강의 대중국 문제에 대한 중립성을 이끌어 낼 수 있었던 것이다. 이와 같이 상해 중립화는 구미 열강과 일본 제국주의 사이의 일종의 정치, 외교적 타협의 산물이었으며, 1941년 12월 태평양전쟁이

21_ 唐振常主編, 『上海史』, 上海人民出版社, 1989, p.796.

22_ 費成康, 『中國租界史』, 上海社會科學院出版社, 1998.1, pp.236-237.

폭발하면서 양자 사이의 관계가 파열되어 본격적인 전쟁에 돌입할
때까지 유지될 수 있었다.

(2) 미국 중립정책의 경제적 기초

이미 1937년 5월 루스벨트 대통령은 중립법에 서명하였는데, 법안
의 골자는 외국간의 분쟁을 미국대통령이 전쟁상태의 존재로 인정할
경우 이 사실을 포고하여 병기, 탄약 및 군사물자를 미국영토로부터
교전국으로 운송하거나 수출하는 행위를 금지하는 내용이었다. 그러
나 문제는 노구교사변 이후 중일전쟁이 확대됨에도 불구하고 루스벨
트 대통령은 이를 전쟁으로 인정하여 포고하지 않고 있었다.

7월 17일의 미국의 『빌트모어 선Boltimore Sun』은 중일전쟁에 중립
법을 적용하는 것은 결국 해군력이 강한 일본에 유리한 조치로서,
중립법을 적용할 경우 오히려 미국은 비중립상태에 빠질 우려가 있
다고 지적하였다.[23] 7월 30일 『저널 오브 커머스Journal of Commerce』
는 중일전쟁이 확대되면 미국 대통령이 전쟁 상태의 존재를 인정할
것인가의 문제를 제기하면서 중립법을 적용할 경우 정치, 경제적으
로 미국은 곤란한 상황에 처할 수 있음을 지적하였다. 미국의 대일
수출품은 주로 기계류, 철, 비행기 및 그 부품이 상당 부분을 차지하
는데 중립법상 수출의 중심 품목이 군수물자로 지정될 우려가 있음
을 지적하였다.[24] 7월 31일의 『뉴욕타임즈Newyork Times』도 미국의
대일 주요 수출품은 기계류로서 이들은 이론상 군수물자에 속한다고

23_ 日本通商局總務課, 『米國中立法』, 1937.8.23 참조.
24_ 日本通商局總務課, 『米國中立法』, 1937.8.23 참조.

지적하였다. 이로부터 미국의 여론은 중립법의 선포가 미국과 중일 양국 사이의 무역에 미칠 영향을 우려하고 있었음을 알 수 있다.

　중일전쟁이 발발한 직후 미국의 일반 국민과 여러 단체로부터 국무성 앞으로 답지한 편지가 2,000여 통에 이르렀는데, 이 가운데 미국이 전쟁에 휘말려 들어가서는 안된다는 요망을 담은 내용이 95퍼센트에 달하였다. 헐 국무장관은 1937년 9월 1일 미국은 결코 중일분쟁에 말려들지 않을 확고한 의지를 가지고 있으며, 이는 바로 미국 대외관계의 근본 원리임을 천명하였다. 루스벨트가 중립법을 적용하지 못하고 있었던 이유는 일단 전쟁상태의 존재를 선언하면 이후 미국상사나 선박업자가 양국에 물자를 공급하는 것이 불법이 되어 미국선박이 중일 양국에 의해 나포, 억류 등의 처분을 받게 될 경우 미국이 중일 쌍방과 교전상태로 휘말려 들어갈 우려가 있었기 때문이다.[25]

　이와 같이 미국의 태도는 자국의 이해와 밀접한 관련을 가지고 있었다. 미국은 중국 및 일본과 경제적으로 밀접한 관계를 유지하고 있었으며, 중립법의 발동은 중일 간의 정상적인 교역을 위태롭게 할 가능성이 있었다. 1930년대 초 미국은 이미 중국경제와 밀접한 관계를 가지고 있었다. 중국은 일본자본주의가 발전하는 과정에서 불가결한 시장이었지만, 만주사변 이후 양국의 정치, 군사적 관계의 악화는 중일무역의 규모를 크게 축소시켰다. 중국의 대외무역에서 일본의 비중이 감소한 반면 미국과 영국과의 교역 규모는 점차 증대되었는데, 이는 다음의 표에서도 잘 나타나고 있다.

25_ 具島兼三郎, 『世界政治と支那事變』, 東京白揚社, 1940, p.113.

중국의 대외무역

(단위: 千元)

국가	1933년도			1934년도		
	수출	수입	합계	수출	수입	합계
미국	113,146	297,468	410,614	94,435	271,732	366,167
영국	48,765	154,041	202,806	49,806	124,647	174,453
일본	95,807	132,349	228,156	81,232	126,886	208,118
기타	354,575	775,120	1,129,695	310,260	515,714	825,974
합계	612,293	1,358,978	1,971,271	535,733	1,038,979	1,574,712

출처: 馮亨嘉, 「最近中日貿易與英美日在華市場之爭戰」, 『錢業月報』15卷 11期, 1935, p.27.

위의 표에서 보듯이 1930년대 미국은 영국, 일본을 제치고 교역 규모에서 중국의 최대 무역상대국이 되었다. 특히 미국의 서해안 제 조업자(잡화, 염료, 식품 등)와 무역업자, 동부의 대금융업자, 대기업 세력이 중국무역과 밀접한 관계를 가지고 있었다. 1920년대 말부터 1930년대 초에 걸쳐 이미 미국기업은 다투어 중국에 진출하였으며, 대표적인 기업이 바로 American & Foreign Power와 ITT(International Telephone & Telegraph Co), Curtis Wright, Dollar Steam Ship, GM (General Motor Co), U.S.Steel 등이었다.[26]

특히 상해는 중국의 대외무역 가운데 가장 큰 비중을 차지하는 지 역이었다. 1935년 수입에서 전국의 54.9퍼센트, 수출에서 50.14퍼센 트를 차지하였으며, 1936년에는 전국 수입의 58.78퍼센트와 전국 수 출의 51.26퍼센트를 차지하였다.[27] 이러한 이유에서 상해지역의 중 립화는 열강의 경제적 이해와 직결되는 사안이었음을 잘 알 수 있다.

26_ 金志煥, 『中國 國民政府의 工業政策』, 新書苑, 2005, p.167.

27_ 上海社會科學院歷史研究所, 『"八一三"抗戰史料選編』, 上海人民出版社, 1986.5, p.500.

미국의 대일, 대중무역 비교 (단위: %)

국가	1936년		1937년		1938년	
	수입	수출	수입	수출	수입	수출
일본	7.1	8.3	6.6	8.6	6.5	7.8
중국	3.1	1.9	3.4	1.5	2.4	1.1

출처: 具島兼三郎, 『世界政治と支那事變』, 東京白揚社, 1940, p.9.

위의 표에서 알 수 있듯이, 미일무역은 그 규모에서 미중무역을 크게 앞지르고 있었다. 뿐만 아니라 중국에 대한 미국의 투자는 중일전쟁 발발 당시 총액이 약 2억 5,000만 달러였음에 비해, 일본에 대한 미국의 투자는 약 4억 5,000만 달러에 달하였다. 따라서 경제적으로도 미일 간의 무역 및 투자 규모가 중미관계를 압도하는 상황에서 중국시장을 보존하기 위해 일본과 개전한다는 것은 생각할 수 없는 일이었다. 미국의 중립정책은 바로 이와 같은 경제적 이익을 정치, 군사적 충돌로 파괴하기를 원치 않았던 결과였던 것이다. 미국의 재계는 일본과의 무역관계의 현상을 유지하기 위해 일본과의 정면 충돌을 원치 않았으며, 이를 반영하여 의회는 정부의 철저한 중립주의와 중일전쟁에 대한 불간섭을 요구하였던 것이다.

미국은 현상의 파괴를 통해 중일전쟁이 확대되는 것을 결코 원치 않았으며, 이러한 의미에서 미국이 장개석정권을 원조한 것은 일본의 팽창을 저지함으로써 현상의 확대를 저지하는 데 주요한 목적이 있었던 것이지 결코 일본의 철저한 패망을 의도한 것은 아니었다. 더욱이 노구교사변 직후인 7월 12일, 주미 일본대사는 미국정부에게 중국에서 미국의 권익을 석극 보호할 것임을 약속하였다. 이와 함께

7월 27일 일본의 내각은 이 문제를 재차 확인하였으며, 다음 날인 28일 히로타 외상은 자신을 방문한 주일 미국대사에게 이를 다시 확약하였다.[28] 일본이 극동에서 미국의 이해를 침해하지 않는 한 미국 역시 일본과의 정치, 군사적 충돌을 야기하여 경제적 권익을 희생할 이유를 찾지 못했던 것이다.

중경국민정부에 대한 물자의 수입을 살펴보면 가장 많은 물질적 원조가 바로 미국에 의해 이루어졌음을 알 수 있다. 1938년에는 중경, 만현, 사시, 장사, 영파, 구룡 등 24개 항구를 통해, 1939년에는 18개 항구를 통해 후방으로 유입된 각국 물자의 수입을 비교해 보면 다음과 같다.

중경국민정부에 대한 열강의 물자 공급 상황

1938년(24개 항)		1939년(18개 항)	
국명	수입금액(金單位)	국명	수입금액(金單位)
미국	27,513,415	미국	13,929,822
독일	26,546,024	네덜란드	7,446,878
영국	21,437,076	영국	6,801,110
프랑스	9,823,262	독일	5,403,897
네덜란드	8,992,788	홍콩	5,249,227
이탈리아	5,929,969	프랑스	4,093,913
홍콩	5,491,626	이탈리아	37,989
소련	2,399,264	소련	8,423

출처: 具島兼三郎, 『世界政治と支那事變』, 東京白揚社, 1940, p.16.

28_ 日本外務省東亞國局 『第三國ノ權益及第三國人ノ生命財産保護問題(一)』, 1937 참조.

그러나 중경국민정부에 대한 미국의 물자 공급이 결코 일본에 대한 중국의 결정적 승리를 희망한 결과로 나타난 것은 아니었다. 왜냐하면 미국은 상대국인 일본에 대해서도 막대한 물자를 공급하고 있었기 때문이다. 예를 들면 1937년 일본의 총수입고 가운데 33.6퍼센트, 1938년에는 34.4퍼센트, 1939년에는 34.3퍼센트가 미국으로부터 수입되었다. 미국상무성의 통계에 따르면 미국의 대중국 수출의 총액은 1937년에 49,703,000달러, 1938년에는 34,772,000달러였음에 비해, 대일 수출은 1937년에 288,558,000달러, 1938년에는 239,575,000달러에 달하여 도저히 비교할 수 없을 정도였다. 미국은 이와 같이 일본에 물자를 공급함과 동시에 또 한편으로 일본상품의 유력한 구매자이기도 하였다. 1937년 일본의 총수출 가운데 대미 수출이 20.1퍼센트, 1938년에는 15.8퍼센트, 1939년에는 17.9퍼센트를 차지하였다.[29]

이와 같이 중국에 대한 미국의 원조는 철저한 성질이 아니라 일정한 한계를 지닌 원조였다. 미국이 중립법의 적용을 유예한 것은 사실상 일본에게 유리한 조치였다. 중일전쟁이 발발한 이후 일본에 대한 미국의 수출은 오히려 급신장되었을 뿐만 아니라 수출품에서도 원유, 철, 동 등의 원료를 포함하여 자동차, 기계류의 수출이 눈에 띄게 증가하였다. 극단적으로 말하자면 일본군은 미국으로부터 구매한 원료 등을 사용하여 중국에서 전쟁을 치르고 있었던 것이다.[30]

중립법을 적용할 것인지의 여부에 대해 당시 미국정부 내부의 입장은 당시 미국기업가의 전언으로부터 잘 살펴볼 수 있다. 1937년

29_ 具島兼三郎, 『世界政治と支那事變』, 東京白揚社, 1940, p.18.
30_ 入江昭, 『米中關係史』, サイマル出版會, 1971, p.73.

7월 중순 모건Morgan 상사의 라몬트는 와카스기 카나메若杉要 일본 뉴욕총영사에게 다수의 정부 실력자로부터 입수한 정보라고 하면서, "정부의 분위기는 매우 현실적으로서 가령 중일 간의 충돌이 상당 정도까지 확대된다고 하더라도 막대한 대일무역을 위태롭게 할 우려 가 있어 중립법의 적용은 힘들 것 같다"고 알려주었다.[31] 이와 같이 미국정부의 입장은 기본적으로 자국의 경제적 이해를 유지하기 위해 현상을 유지해 나가는 정책을 선택했던 것이다.

(3) 미국의 신중립법안과 국민정부의 대응

국민정부는 대일항전을 위해 미국 등 구미로부터 군수물자를 적극 구매할 계획을 세웠으나, 이를 위해서는 무엇보다도 재정의 염출이 시급한 문제가 아닐 수 없었다. 정부 세수의 80-90퍼센트를 차지하는 관세와 염세, 통세가 일본의 중국 침략으로 무역이 완전히 중지되면 서 급감하자 국민정부는 구국공채의 발행을 통한 5억 원의 모금계획 을 수립하고 송자문을 '구국공채권모총회救國公債勸募總會' 회장으로 임명하였다.

송자문은 중국은행에 1,000만 원, 광동시민에게 5,000만 원을 할당 하는 등 강제 모금에 나섰으나 7월 말까지 판매된 공채는 6,000만 원에 불과하였다. 광동지역에는 피난민이 많아 모금이 순조롭지 않 아 계획이 소기의 성과를 거두지 못하자 공채는 폭락을 거듭하였으 며, 이것이 공채의 판매를 더욱 어렵게 만드는 악순환이 계속되었다.

31_ 日本通商局總務課, 『米國中立法』, 1937.8 참조.

그리하여 국민정부는 8월 3일 각 공채의 최저가격을 정하고 그 이하의 가격으로 거래하는 행위를 금지하였다.[32] 이러한 상황에서 송자문은 9월 1일 '전국 동포에 고하는 글告全國同胞書'을 발표하여 국민들의 적극적인 지지를 호소하였으며, 중국은행 등의 기구를 통해 모금운동을 적극 추진한 결과 1937년 9월 1일부터 10월 1일까지 판매된 구국공채는 이미 총 2억 4,000만 원에 달하였다.[33]

장개석의 외국인 고문인 로날드는 장개석, 송자문, 공상희 등과 군수품의 수입 확보를 위해 논의하면서, 구미로부터의 무기 공급이 두절되지 않는 한 전쟁에서 중국이 종국적으로 승리할 것이라 주장하였다.[34] 송자문은 항전 시기 내내 구미로부터의 무기 수입을 통해 항전 역량을 제고시키기 위한 노력을 지속적으로 전개하였다. 11월 24일부터 송자문은 광주 등지에서 비행기를 구매하기 위해 모금운동을 대대적으로 전개하였다.[35] 1938년 이후 송자문은 이와 같은 공채의 모금 대상을 해외의 화교로까지 확대하였다. 특히 미국 샌프란시스코와 뉴욕의 화교를 대상으로 대대적인 모금활동을 전개하였으며, 이 소식은 미국 파라마운트사의 뉴스영화로 제작되어 전 세계에 소개되었다.[36]

32_ 姬野德一,『支那事變と列國の論調』, 東京日支問題硏究所, 1937.5, pp.58-59.

33_ 吳景平,『宋子文評傳』, 福建人民出版社, 1992, pp.289-292.

34_ 日本外務省,「英國ロナルド蔣顧問ノ談話」,『支那事變ニ關スル各國新聞論調槪要』, 1937 참조.

35_ 日本內閣情報局,「長沙支那語放送」,『各種情報資料·支那事変關係情報綴其ノ六』, 1937 참조.

36_『滿洲日日新聞』, 1938.7.19.

그러나 이에 대항하여 일본은 중국연안을 봉쇄함으로써 미국으로부터 중국으로의 무기 유입을 철저히 봉쇄하고자 하였다. 1937년 9월 1일 일본의 히로타 외상은 봉쇄구역에서 수입을 통제하더라도 제3국에 의한 평화적 통상은 존중한다는 의사를 천명하면서, 제3국의 군수품이 중국으로 유입되는 것은 비평화적 통상에 해당되는 것으로 규정하였다.[37] 이로부터 일본의 해양 봉쇄는 사실상 구미로부터 중국으로의 무기 수입을 봉쇄하기 위한 조치였음을 알 수 있다. 9월 5일 오후 6시부터 일본은 북위 40도, 동경 119도 54분으로부터 북위 21도 30분, 동경 108도 3분에 이르는 지역 가운데 제3국 조차지를 제외한 지역에서 중국선박의 왕래를 통제한다고 선언하였다.

9월 10일 일본의 시데하라 외상은 미국대사와 중국문제에 관해 협의하였으며 이 자리에서 그는 아마도 상해 중립문제를 거론하며 중국에 대한 미국의 중립정책을 요구한 것으로 보인다. 이러한 근거는 회의 직후인 12일에 주일 미국대사가 본국 정부에 중국문제에 대한 불간섭을 건의한 사실로부터 추측할 수 있다.[38] 미국상원외교위원장은 중립법의 목적은 미국시민의 생명 및 재산을 보호하고 미국이 외국 전쟁에 말려드는 원인을 제거하기 위함에 있다고 주장하였다. 9월 11일 루스벨트 대통령도 뉴욕의 하이드파크에서 미국이 중일전쟁에 말려들지 않기 위해 모든 노력을 경주할 것이라고 밝혔다. 마침내 9월 14일 미국정부는 성명을 통해 병기, 탄약, 군수물자를 일본과 중

37_ 日本外務省, 『各國中立法規關係雜件(米國ノ部3卷) - 昭和12年9月1日から 昭和12年10月25日』, 1937 참조.

38_ 日本外務省, 『各國中立法規關係雜件(米國ノ部3卷) - 昭和12年9月1日から 昭和12年10月25日』, 1937 참조.

국으로 운송하는 행위를 불허한다고 선포하였다.[39]

이와 같은 미국의 입장에 대해 9월 17일 중국외교부장 왕정정은 미국의 조치가 사실상 중국에 대한 무기 수송을 봉쇄하고 제해권을 장악하고 있는 일본에 유리한 조치라고 주장하였다. 10월 22일 송자문은 미국을 향한 방송연설에서 "중국은 미국과 같이 평화를 사랑하는 국가이다. 중국은 피침략국이며 일본은 침략국인데 침략과 피침략을 구분하지 않은 것은 공정하지 못한 처사이며, 사실상 극히 불공정하게 침략국 일본의 편을 드는 것"[40]이라고 강조하였다.

한편, 송자문 등의 무기 구매 요청과 함께 미국의 조치가 중국에 불리하다는 항의에 따라 1938년이 되면서 미국에서도 중국에 동적적인 여론이 형성되기 시작하였다. 1938년 4월 18일 캘리포니아 민주당 하원위원 스코트Scott는 미국의 중립법이 침략국에 유리한 것으로 일본, 독일, 이탈리아에 대해서는 조약 위반국으로 규정할 것과 중립법의 불합리를 시정하도록 촉구하였다.

5월 5일의 일본언론은 중일분쟁이 진전되면서 미국 내에서 중립법을 재검토해야 한다는 여론이 유력하게 제기되고 있다고 보도하였다.[41] 1938년 12월 10일 오레곤주의 대학교수단이 현행 중립법은 실제상 침략국을 지지하는 결과가 되므로, 공격의 사실이 명료할 경우에는 침략국에 대해서는 군수품의 공급을 금지하고 피침략국에 대해서는 수출 금지를 해제하도록 의회에 건의하였다.[42]

39_ 日本外務省情報部, 『米國中立法』, 1937.10 참조.

40_ 吳景平, 『宋子文評傳』, 福建人民出版社, 1992. pp.294.

41_ 日本外務省, 『各國中立法規關係雜件(米國ノ部第3卷) - 昭和13年4月19日 から昭和13年12月26日』, 1938 참조.

중립법을 개정해야 한다는 여론이 비등한 가운데 1939년 3월 20일 미국 상원외교위원장 비트먼은 중립법에 대신할 신중립법Peace Act of 1939을 의회에 상정하였다. 법안의 주요한 골자는 선전포고가 없더라도 분쟁 발발 30일 이내에 대통령이 분쟁 당사국을 지명하여 포고할 수 있으며, 미국시민 및 미국기를 게양한 선박이 전쟁구역을 통과하는 행위를 위법으로 규정하여 선포한다는 내용이었다.[43] 이와 함께 포고 후 무기, 탄약, 군수물자의 무역에는 '캐쉬 앤드 캐리cash and carry', 즉 '현금 지불, 자국선 수송'이라는 원칙을 적용함으로써 현금을 지불하여 물자를 구매한 이후, 자국의 선박으로 이를 운송해 가도록 하는 규정을 두었다.

그러나 미국에서 중립법 개정에 대한 여론이 형성된 것은 중국문제보다는 유럽에서 영국과 프랑스를 배려한 측면이 더욱 강했다. 중립법은 교전국에 대해서 일체의 무기 공급을 금지했기 때문에 영국, 프랑스가 독일과 대치하고 있는 상태에서 삼국 모두에 무기 수출을 금지하는 조치는 부당하다는 세론이 형성되었으며, 이러한 결과 영국, 프랑스에 대한 동정론이 일어나 무기를 양국에 공급하기 위한 방안으로 신중립법이 강구되게 된 것이다. 이러한 결과 미국의회가 '현금 지불, 자국선 수송'이라는 법안을 통해 미국이 중립을 유지하면서도 상대국으로 하여금 무기를 현금으로 구입하여 자국의 선박을 통해 운송해 가도록 하는 내용이었다. 당시 영국이 유럽의 제해권을

42_ 日本外務省, 『各國中立法規關係雜件(米國ノ部第3卷) - 昭和13年4月19日から昭和13年12月26日』, 1938 참조.

43_ 日本外務省, 『各國中立法規關係雜件(米國ノ部第3卷) - 昭和14年1月18日から昭和14年3月25日』, 1938 참조.

장악하고 있던 상황에서 현실적으로 그 혜택이 독일에게 부여되는 것은 사실상 불가능한 일이었다.

4월 6일에는 미국상원외교위원회에서 뉴욕금융계의 실력자이며, 대전 당시 군수산업국장을 지낸 관료 출신이 참고인으로서 의견을 개진하였는데, 그의 진술은 미국이 왜 중립법을 개정하게 되었는지의 근거를 잘 설명해 주고 있다. 여기서 그는 "금수와 같은 경제제재는 과거에도 실행해 보았지만 실패로 끝났으며, 전쟁행위로 간주될 우려가 있다. 따라서 모든 물자에 대해 '캐쉬 앤드 캐리' 원칙을 적용한다면 미국선박에 의한 운송이라는 위험을 피할 수 있다"[44]라고 진술하였다. 즉 그의 진술은 비트먼안을 지지하는 취지로서 미국선박의 운송 없이도 미국의 대외무역에 아무런 영향을 미치지 않는 결과를 기대할 수 있다는 의미이다.

그러나 유럽과 달리 동아시아에서 일본이 제해권을 장악하고 있는 상황에서 송자문과 중경정부는 신중립법이 중국 측에 매우 불리한 법안이라 여겨 입법화의 저지에 적극 나섰다. 1939년 3월 28일, 중국의 대학총장 및 전문학교장 17명이 연명으로 미국의 중립법 개정은 마땅히 침략국과 피침략국을 구별하는 내용으로 이루어져야 한다는 뜻을 미국의회에 요청하는 전문을 보냈다.[45] 1939년 4월 2일 중경에 거주하는 미국인들은 연명으로 루스벨트와 헐, 그리고 비트먼 3인에게 비트먼이 제안한 신중립법안을 파기해 주도록 요청하는 전문을

44_ 日本外務省, 『各國中立法規關係雜件(米國ノ部第3卷) - 昭和14年3月28日から昭和14年4月18日』, 1939 참조.

45_ 日本外務省, 『各國中立法規關係雜件(米國ノ部第3卷) - 昭和14年3月28日から昭和14年4月18日』, 1939 참조.

보냈다. 여기서 이들은 신중립법의 입법화는 사실상 대일원조와 다름없다고 지적하면서, 미국이 군수물자 및 차관을 가지고 대중원조를 하는 일이 불가능하게 된다는 사실을 지적하여 피침략국에 불리한 법안이라 호소하였다.[46]

송자문은 특히 미국정부에 대한 전 국무경 스팀슨의 영향력에 주목하여 그에 대한 청원을 적극 추진하였다. 3월 28일 송자문은 소력자와 함께 '세계평화촉진중국분회'의 명의로 스팀슨 앞으로 전보를 보내 비트먼법안의 부당성을 지적하였다. 여기서 송자문은 국제적 분쟁에 대해서는 그 시비곡절을 구별해야 하며, 국제도의상으로도 이렇게 하는 것이 마땅하다고 지적하였다. 특히 최후의 현금거래 조항은 해군과 상선을 많이 보유한 국가에게만 유리한 조항으로, 극동방면에서는 일본에게 유리한 법안일 뿐이라고 지적하였다.[47]

이와 같은 송자문의 공작 결과 스팀슨은 미국에서 적지 않은 미국 인사들이 참여한 '불참가일본침략행동위원회'를 조직하였는데, 이 조직은 미국에서 상당한 영향력을 행사하였으며, 미국정부에 일정한 압력을 행사하였다. 송자문 등의 호소에 호응하여 미국상원에서는 침략국과 피침략국을 구별하여 대우해야 한다는 내용의 중립법 개정안인 토마스안도 제출되었다. 4월 5일 상원외교위원회 공청회에서 스팀슨은 참고인으로 출석하여 한 시간 반에 걸쳐 장문의 원고를 읽었는데, 여기서 그는 조약 위반국에만 금수를 적용하는 토마스안을

46_ 日本外務省, 『各國中立法規關係雜件(米國ノ部第3卷) - 昭和14年3月28日
　　 から昭和14年4月18日』, 1939 참조.

47_ 日本外務省, 『各國中立法規關係雜件(米國ノ部第3卷) - 昭和14年1月18日
　　 から昭和14年3月25日』, 1939 참조.

지지한다는 뜻을 진술하였다. 이는 중국의 입장과 같은 것으로, 앞서 송자문이 스팀슨을 주요한 외교의 대상으로 정한 것과 일맥상통한다고 볼 수 있다.[48]

그러나 토마스안은 일부 평화단체, 부인단체 등에서 지지할 뿐으로, 4월 22일 상원외교위원 22명 가운데 토마스안을 지지한 의원은 3, 4명에 불과하였으며 대다수는 비트먼안에 찬성하였다. 비트먼안은 무기류의 무역에도 '캐쉬 앤드 캐리'의 규정을 적용함으로써 수출에 영향을 미치지 않으므로, 주야 교대로 조업중인 비행기 제조회사 및 기타 군수 관련 회사, 그리고 유통 및 관련산업을 가진 선거구주 출신 의원들의 환영을 받았다.[49] 비트먼의 신중립법에 대한 지지는 미국의 산업 및 무역의 장애를 최소화하고자 하는 여론의 반영이었다고 생각된다.

이와 같은 분위기 속에서 5월 말 상원외교위원회는 국무장관 헐의 입장을 비공식적으로 청취하였는데, 헐은 비트먼안을 지지하는 쪽으로 의견을 개진하였다.[50] 결국 이 법안은 많은 논의를 거쳐 1939년 11월 4일에 미국의회를 통과하였다. 신중립법이 통과되자 일본 외무성은 이 법안으로 말미암아 "일본이 선전포고하더라도 미국으로부터 무기 수입이 여전히 자유로우며, 오히려 미국으로부터 장개석정권으

48_ 日本外務省, 『各國中立法規關係雜件(米國ノ部第3卷) - 昭和14年3月28日 から昭和14年4月18日』, 1939 참조.

49_ 日本外務省, 『各國中立法規關係雜件(米國ノ部第3卷) - 昭和14年4月19日 から昭和14年5月31日』, 1939 참조.

50_ 日本外務省, 『各國中立法規關係雜件(米國ノ部第3卷) - 昭和14年4月19日 から昭和14年5月31日』, 1939 참조.

로의 무기 운송이 어렵게 될 것"[51]-이라고 예측하였다. 이로부터 미국의 신중립법은 자국의 이해를 충실히 반영한 반면, 침략국 일본에 대한 응징에는 아무런 영향력도 발휘하지 못한 법안이었음을 알 수 있다. 따라서 전적으로 일본에 유리한 법안이라는 중국 측의 인식은 정확한 것이었다고 할 수 있다.

(4) 미일교섭과 중국의 대미외교

앞서 언급한 바와 같이 미국의 신중립법은 중국의 입장보다는 미국의 경제적 이해를 고려하여 입안된 것이다. 법안의 상정과 의결 과정에서 송자문을 중심으로 국민정부는 자국에 유리한 방향으로 개정되도록 동분서주하였으나, 결국 비트먼법안이 의결됨으로써 소기의 성과를 거두지 못하고 말았다. 비록 단기적으로 보면 송자문의 공작이 실패했다고 할 수 있겠지만, 중국의 대미외교는 장기적으로 이미 상당한 성과를 거두고 있었다.

송자문 등 중국정부의 호소는 미국여론을 움직여 미국 내에서 상당한 정도로 중국에 대한 동정론이 형성되었으며, 이는 침략국 일본에 대한 제재의 여론이기도 하였다. 이러한 여론하에서 중국정부는 호적을 통해 마침내 미국으로부터 1939년 2월과 1940년 3월 각각 2,500만 달러, 2,000만 달러의 대중차관을 성립시키는 데 성공하였다.

51_ 日本外務省, 『各國中立法規關係雜件(米國ノ部第3卷) - 昭和14年11月5日から昭和14年11月20日』, 1939 참조.

루스벨트의 대중국 원조는 사실상 미국여론의 동향을 반영한 것이며, 국제정세의 변화를 반영한 것이기도 하였다. 1939년 6월 16일 『뉴욕타임즈Newyork Times』의 다음과 같은 여론 조사는 미국인들의 중일전쟁에 대한 인식의 변화를 잘 보여주고 있다.

중일 양국 중 어느 나라에 동정하는가

	일본	중국	중립
1937년 9월	2%	47%	51%
1939년 6월	2%	74%	24%

일본제품의 보이콧에 대한 찬부

	찬성	반대
1937년 9월	37%	63%
1939년 6월	66%	34%

출처: 日本外務省, 『各國中立法規關係雜件(米國ノ部第3卷) － 昭和14年6月16日から昭和14年 6月27日』, 1939 참조.

위의 결과를 보면 중일전쟁이 발발한 직후 중립을 주장하던 미국의 적지 않은 여론이 일본의 침략이 확대되고 파시스트동맹이 성립되면서 중국에 동정적인 방향으로 옮겨갔음을 알 수 있다. 이는 미국 중립정책에 대한 재고의 필요성을 제기하는 것으로서, 동아시아에서 중국의 지지를 통해 일본의 침략에 대항해야 한다는 미국의 여론 변화를 보여주는 것이다. 더욱이 군수품의 대중국 수출 금지의 찬부에 대한 여론조사에서는 찬성이 40퍼센트, 불가가 60퍼센트로 중국에 대한 무기의 수출에 찬성하는 의견이 더 많았다.

그러나 이와 같은 여론의 변화에도 불구하고 미국이 중국에 공여한 두 차례의 차관은 여전히 미국의 대외적 중립을 유지하는 기조위에서 결정된 것이다. 1939년 2월과 1940년 3월에 미국이 중국에 공여한 차관은 중국 측이 그 대가로서 동유와 주석을 제공함으로써 상업적 성격이 농후하였다. 차관의 용도를 보더라도 미국은 중립법에 속박되어 이 차관들을 단지 미국의 농산품 및 비군사제품의 구매에만 사용하도록 규정하였다. 미국국무원은 이 차관이 상업성 교역임을 극력 강조하였으며, 재정부장관 모건소Morgenthau 역시 세계 각국에 이는 상업이지 외교가 아님을 공개적으로 선언하였다.[52]

한편, 중일전쟁이 발발한 이후부터 송자문은 미국을 비롯한 열강에 끊임없이 대일 경제제재의 당위성을 주장해 왔다. 일찍이 1937년 9월 5일, 송자문은 중국이 일본의 위협으로부터 벗어나기 위해서는 열강이 일본에 대한 경제제재를 강화해야 한다고 주장하였다.[53] 송자문은 10월 22일 미국을 향한 방송연설에서도 미국과 기타 국가가 연합하여 일본에 대한 경제제재를 실시한다면 반드시 평화를 실현할 수 있다고 주장하였다.[54]

그러나 당시 미육군성은 루스벨트 대통령에게 보고한 보고서에서 미국이 대일전쟁을 수행하기 위해서는 모두 약 500억 달러가 소요된다고 지적하면서, 중국에 대한 미국의 수출이 매년 1억 달러인 현실에 비추어, 이를 상쇄하기 위해서는 500년이 소요되는 것으로 어리석은 일이라 규정하였다.[55] 이러한 이유에서 미국은 일본에 대한 경제

52_ 陳永祥, 「抗戰時期美國對華經濟援助評析」, 『廣州大學學報』2004年 3期, p.40.

53_ 日本外務省, 『支那事變に關する各國新聞論調槪要』, 1937.9.6. 참조.

54_ 吳景平, 『宋子文評傳』, 福建人民出版社, 1992, p.296.

55_ 日本外務省, 『各國中立法規關係雜件(米國ノ部3卷) - 昭和12年9月1日か

제재 요구나 대중국 원조에 대해서도 소극적이었던 것이다.

심지어는 만주국의 현상을 인정하여 일본과 강화하도록 중국에 권고하기까지 하였다.[56] 이러한 이유에서 1937년 말 미국과 소련을 포함한 몇 개 국가가 중일전쟁에 대한 대책회의를 개최하여 일본에 대한 경제제재를 결의하고자 했을 때 미국국무성이 단호히 반대함으로써 결국 회의는 아무런 성과도 거두지 못하고 끝나고 말았다.[57]

1939년 5월에 독일, 이탈리아 간에 군사동맹이 체결되어 유럽의 정세가 긴박하게 전개되자, 미국은 1939년 7월 26일에 1940년 1월 26일부터 미일상약을 폐지하겠다는 의사를 일본 측에 일방적으로 통고함으로써 일본에 대한 경제제재 조치에 돌입하였다. 일본의 전체 무역에서 대미무역은 매우 중요한 위치를 차지하였으며, 일본은 생사, 섬유 등의 수출을 통해 획득한 외환을 가지고 석유, 면화 및 철강 등 군기자재 등을 구입하여 이를 통해 침략의 역량을 갖추었던 것이다.

더욱이 미국은 1940년 5월 1일부터 비행기, 석유, 비행기연료, 부속 및 원료, 철강 등의 수출 금지를 실시하여 모두 허가증을 획득한 이후에 비로소 수출할 수 있도록 하였다. 1940년 초 일본이 미국으로부터 구입한 철강은 미국 총수출액의 3분의 1을 차지하였다.[58] 즉 이로부터 미국의 수출 금지가 일본에 준 타격을 짐작할 수 있다.

ら昭和12年10月25日」, 1937 참조.

56_ 吳景平, 「宋子文與太平洋戰爭爆發前后的中美關係」, 『民國春秋』1999年 4期, p.41.

57_ 入江昭, 『米中關係史』, サイマル出版會, 1971, p.71.

58_ 傅啓學, 『中國外交史』下, 臺灣商務印書館, 1979, p.615.

중국에 대한 미국의 원조정책은 1940년 6, 7월경을 기점으로 매우 적극적으로 변화하게 되는데, 그 주요한 원인은 유럽을 비롯한 국제정세가 긴박하게 전개되었기 때문이다. 이미 1940년 5월 14일 장개석은 루스벨트에게 편지를 보내 일본이 이미 중국에 대해 경제전을 진행하고 있으므로 미국이 현금을 지원하여 중국의 폐제를 유지해주도록 요청하였다. 장개석은 주중 미국대사를 접견한 자리에서 전쟁의 승리는 군사적 역량에 30퍼센트, 경제 요소에 약 70퍼센트 달려 있다고 전언하였다.[59] 이로부터 미국으로부터의 차관 도입이 국민정부의 항전력을 제고하기 위해 얼마나 긴요한 일이었는지 잘 알 수 있다.

이와 같은 장개석의 요청에 화답하여 1940년 6월 초 주미대사 호적은 장개석에게 전문을 보내 루스벨트가 향후 중국에 더욱 많은 원조를 제공할 뜻을 표명했다고 전하였다.[60] 1940년 6월 14일, 장개석은 루스벨트에게 송자문을 대표로 워싱턴에 파견할 것과 이후 모든 권한을 송자문 중국대표에 부여하여 미국과 모든 협상을 담당하도록 할 것임을 전하였다.

1940년 9월 27일 독일, 이탈리아, 일본 등 삼국은 파시스트 군사동맹인 삼국동맹조약(베를린협정)을 체결하였으며, 그 며칠 전인 9월 23일 일본군은 월남 북부를 점령함으로써 미국여론의 반일감정을 조성하였다.[61] 10월 23일 송자문은 워싱턴에서 루스벨트 대통령의 초

59_ 陳永祥, 「美援外交中的胡適與宋子文」, 『民國檔案』2003年 3期, p.120.

60_ 吳景平, 『宋子文評傳』, 福建人民出版社, 1992, pp.310-311.

61_ 陳立文, 『宋子文與戰時外交』, 國史館, 1991, p.21.

대에 응하여 백악관에서 스팀슨 육군장관, 녹스 해군장관, 주필리핀 미국대표 등과 회담하였다.

송자문은 루스벨트 대통령에게 일본의 침략에 대한 저항은 영미의 이익이기도 하다는 점을 강조하며 중국에 대한 미국의 원조를 간청하였다. 영국, 네덜란드 등 각국도 일본을 억제하고 극동에서의 군사적 방어를 위해 미국이 더욱 적극적으로 행동에 나서줄 것을 요청하였다. 소련도 미국정부에 군수물자의 대일수출을 제한해 주도록 요청하였다.

이 회담에서 루스벨트 대통령은 향후 중경국민정부에 대해 필리핀을 거점으로 군사적, 경제적으로 원조를 확대할 것임을 약속하였다. 이에 대해 송자문 역시 필리핀의 방어를 위해 중국이 풍부한 인력을 바탕으로 미국을 적극 도울 것을 약속하였다.[62] 10월 30일 루스벨트는 미국의 대중국 원조 이외에 추가로 1억 달러를 제공할 것임을 발표하는 한편, 이 밖에도 50대의 전투기를 중국에 인도하기로 결정하였다.[63] 1940년 12월 2일 미국의회는 중국에 1억 달러의 차관을 통과시켰다.

그러나 1941년 6월 말 히틀러가 대소중립을 어기고 소련을 침략하자 일본에서도 이를 호기로 판단하고 남진의 첫걸음으로서 인도네시아 남부에까지 군대를 진격시켰다. 미국은 고무 소비고의 66퍼센트를 말레이반도로부터, 18.5퍼센트를 인도네시아에서, 주석 소비고의 64.7퍼센트를 말레이반도에서, 키니네 소비고의 81.4퍼센트를 인도

62_ 日本外務省, 『海外特種情報』, 1940.11.1 참조.
63_ 蘆田均, 『第二次世界大戰外交史』, 時事通信社, 1960, pp.287-288.

네시아에서, 마닐라삼의 100퍼센트를 필리핀에서 수입하였다. 더욱이 이 지방이 일본의 지배하에 들어가게 된다면 풍부한 석유자원을 확보하게 됨으로써 미국으로서는 석유 수출 금지를 가지고 일본을 더 이상 위협할 수 없게 되는 것이다.

1937년 미국의 수입을 살펴보면 극동, 동남아시아 등으로부터의 수입고가 전체의 29.3퍼센트를 차지하여 중남미 제국의 22.9퍼센트와 캐나다 등의 13.2퍼센트, 유럽의 27.3퍼센트를 능가하였다.[64] 미국은 자신의 이해가 밀접한 동남아시아가 일본의 침공으로 위협받기 시작하자 중국에 대한 원조에 한층 적극적으로 나서지 않을 수 없었으며, 1941년 말 중국정부의 유지와 지지는 미국이 동남아에서 권익을 수호하기 위해서도 매우 중요한 사안이 되었다.

일본군의 남진정책이 시작되면서 미일전쟁의 불가피론이 대두되었지만 미국으로부터 석유 등 군수물자의 수입이 절실해지자 일본은 남진의 포기와 일시적 타협을 통해 미국과의 무역을 부분적으로 재개하고자 시도하였다. 일본의 전체 무역에서 대미무역은 가장 큰 비중을 차지하였으며, 일본은 생사, 섬유 등의 수출을 통해 외환을 얻어 이를 가지고 석유, 면화 및 무기원료 예를 들면 강철 등을 구입하여 이를 통해 침략의 역량을 갖추었던 것이다. 더욱이 일본은 중국 침략을 통해 이미 막대한 희생을 치룬 상태였다. 이미 개전부터 1939년 1월까지 전쟁에서 70만 명 이상의 일본병사가 사망 혹은 부상당했으며, 이는 전체 일본병력 가운데 35퍼센트의 손실을 의미하였으며, 경제적으로도 9억 엔에 달하는 막대한 전비를 쏟아 부었다.[65]

64_ 具島兼三郎, 『世界政治と支那事變』, 東京白揚社, 1940, p.12.

일본의 대미교섭은 1941년 4월부터 본격적으로 전개되는데, 주일 미국대사인 그루Grew와 주미 일본대사인 노무라 기치사부로野村吉三郞를 통해 이루어졌다. 일본은 1941년 7월 4일 평화방안을 미국에 제출하였는데, 주요한 내용은 첫째, 영토의 불할양, 배상금의 무지급, 둘째, 장성 이남에 주둔 중인 일본군의 철수, 노구교사변 이전 상태로의 원상 회복, 셋째, 왕정위정권과 국민정부의 합병, 넷째, 만주국의 승인이었다.[66] 여기서 일본이 노구교사변 이전의 상태라고 언급한 것은 사실상 만주국의 승인을 의미하는 것이었다. 뿐만 아니라, 일본이 제시한 평화방안에는 만주국의 승인을 전제로 왕정위정권의 취소라는 내용을 담고있어 스스로 왕정권이 일본의 괴뢰정부임을 자인한 셈이다.

1941년 7월 26일 미국은 자국 내 일본자산의 동결을 발표하는 한편, 8월 17일 루스벨트 대통령은 노무라 대사에게 일본의 남진정책에 대해 경고하였다. 미국으로부터의 수출 금지가 지속된다면 석유 보유량은 2년 후에 바닥날 것임은 명료하였다.[67]

그러나 미국과 일본 간의 타협안은 중국의 희생을 통해 일본의 남진을 잠정적으로 저지하고 현상을 유지함으로써 미국은 우선 유럽전에 전력을 집중할 수 있으며, 일본은 미국으로부터 획득한 원료를 가지고 중국 침략을 지속하는 것으로 장개석 등이 이에 분개한 것은 당연한 일이었다. 장개석의 고문인 라티모어Lattimore는 헐 국무장관

65_ 傅啓學, 『中國外交史』下, 臺灣商務印書館, 1979, pp.593-594.

66_ 傅啓學, 『中國外交史』下, 臺灣商務印書館, 1979, p.605.

67_ 蘆田均, 『第二次世界大戰外交史』, 時事通信社, 1960, p.313.

에 타전하여 "미국이 대일압력을 약화한다면 중국인은 실망할 것이 틀림없다. 일본과의 어떠한 타협도 미국에 대한 중국인의 신뢰를 파괴할 것"[68]이라고 전하였다.

1941년 9월 22일 일본은 그루Grew 대사에게 미일협상의 기본 조건을 건네주었는데, 여기서 중일친선과 주권 영토의 존중 등을 담고 있지만 결정적으로 만주국의 승인을 요구하였다.[69] 11월 22일 미국은 영국, 네덜란드, 오스트레일리아, 중국대표 등을 초치하여 미국의 타협안을 제시하였는데, 주요한 내용은 일본이 남진도 북진도 하지 않는다는 공약을 주요한 조건으로 미국 및 기타 국가가 일본에 대해 민수용으로 일정량의 석유를 매월 공급하는 외에 일정량의 식량, 의약품, 면화 등의 물자를 제공하는 내용이었다. 루스벨트는 이 내용을 11월 25일 처칠에게 타전하였다.[70] 그러나 중국대사는 협정안에 일본이 중국에 대한 침공을 중단해야 할 의무를 규정하고 있지 않다고 지적하고 반대의 의견을 개진하였다.

12월 25일 정오 루스벨트, 헐, 스팀슨, 녹스는 대통령 관저에서 미국의 협상안을 논의하였다. 협상안의 주요한 골자는 결국 현상 유지를 통해 일본의 침략 확대를 저지하는 것이었으며, 중국의 이해에 대한 배려는 사실상 찾기 어려웠다. 헐은 국무성으로 돌아와 중국대사 호적과 회견하였는데, 여기서 호적은 만일 미국이 이후 중국의 희생을 통해 일본에 유화정책을 취하거나 대일경제봉쇄를 완화한다

68_ 入江昭, 『米中關係史』, サイマル出版會, 1971, p.84.

69_ 傅啓學, 『中國外交史』下, 臺灣商務印書館, 1979, p.603.

70_ 蘆田均, 『第二次世界大戰外交史』, 時事通信社, 1960, pp.361-363.

면 중국군의 사기가 완전히 저하되어 중국국민, 군대의 저항 정신이 붕괴될 것이라는 장개석의 우려를 전달하였다. 이러한 장개석의 전언은 더욱이 당시 워싱턴에 체재하고 있던 송자문을 통해 루스벨트와 녹스, 스팀슨에게 전달되었다.

12월 25일 밤 급거 워싱턴에 도착한 처칠은 루스벨트 앞으로 극비 전문을 보냈는데, 주요한 내용은 장개석과의 관계를 어떻게 설정할 것인가의 문제였다. 중국이 붕괴된다면 공동의 위험이 현저히 증대될 것이고 미국이 중국의 입장을 충분히 고려하여 정책을 실시해야 한다고 주장하였다.[71] 처칠의 전문은 헐 등으로 하여금 전면적인 재검토에 착수하도록 하였다.

그런데 헐은 회고록에서 처칠은 이미 송자문을 통해 장개석의 우려를 전달받아 깊이 영향을 받은 상태였다고 지적하였다. 또한 제한된 수량이라 하더라도 일본에 석유를 공급하는 것에 대해 미국의 세론에서 반대여론이 광범위하게 일어날 것이 명확하였다. 더욱이 중국이 절대적으로 반대하고 있으며, 중국의 사기를 저하시켜 저항이 붕괴되어 중국이 그대로 해체될 수 있다는 우려가 제기되었다.[72]

26일 오후 4시 헐은 주미 일본대사 노무라 기치사부로野村吉三郎와 전권대사 구루스 사부로來栖三郎를 불러 중일화해의 전제조건으로 상호불가침조약의 체결, 중국 및 인도네시아로부터 모든 일본군의 철수, 장개석정권 이외의 중국정권을 지지하지 않는다, 미일 상호 동결령을 해제한다는 등을 제시하였다. 이에 일본 측은 만주국의 승인

71_ 蘆田均, 『第二次世界大戰外交史』, 時事通信社, 1960, pp.364-366.

72_ 蘆田均, 『第二次世界大戰外交史』, 時事通信社, 1960, pp.366-367.

을 요구하였으나, 미국은 중국 본토로부터 일본군대를 철수시킬 것을 요구하였을 뿐 아니라 만주사변 이전의 상태로 회복시키도록 요구하였다.[73] 이는 만주국 승인의 요구를 명백히 거부한 것이다.

일본은 미국의 요구가 일본의 철병이며 이럴 경우 중국 본토에 한정될 것으로 예상하였으나 미국의 요구가 중국 동북지역까지 포함시킬 것이라고는 미처 예상치 못하였다. 미일교섭에서 일본의 마지막 희망은 미국으로 하여금 사실상 만주국을 승인하도록 하는 것이었으나 미국이 일본으로 하여금 만주로부터 철병을 요구하고 만주국의 취소를 요구함으로써 미국의 요구는 최후통첩과 다름없었다. 이렇게 볼 때, 중일교섭에 대한 중국정부의 적극적인 외교적 노력은 결국 중국의 희생을 전제로 한 미일 간의 정치적 타협을 와해시키고 영국 등 구미 제국의 지원 등을 통해 마침내 일본 침략의 전면적 부정으로 나아가게 만든 원동력이 되었음을 알 수 있다.

1941년 12월 7일 진주만공습이 발발한 이후 미국과 중국은 각각 일본에 선전을 포고하였다. 이후 송자문은 중국정부 전권대표의 신분으로 워싱턴에서 루스벨트, 처칠과 회담하였으며, 3개월간의 담판 끝에 미국에 5억 달러 상당의 차관을 공여해 주도록 하는 요구를 제출하였다. 1942년 3월 21일, 송자문과 모건소Morgenthau는 정식으로 '중미5억달러차관협정'에서 서명하였다.

73_ 傅啓學, 『中國外交史』下, 臺灣商務印書館, 1979, pp.604-605.

2) 중일전쟁과 중소관계

(1) 중일전쟁과 중소관계

이미 살펴본 바와 같이 중일전쟁이 발발한 이후 중국의 원조 요청에도 불구하고 미국은 일본의 제재에 소극적이었다. 그러나 미국과 달리 소련은 일본의 중국 침략에 대한 제재에 적극적인 태도로 임하였다. 이러한 이유는 일본의 중국 침략에 대한 소련의 인식에 주요한 원인이 있었다. 스탈린은 일본이 중국의 동북지역을 침공한 사건을 소련을 침공하기 위한 예비단계로 인식하였다.

실제로 1935년 8월 일본의 히로타 고키廣田弘毅 내각은 소련에 대한 진공을 주요한 국책의 하나로 상정하였으며, 1938년과 1939년 두 차례에 걸쳐 소련을 가상적국으로 한 대규모의 군사훈련을 실시하였다. 1936년 11월 25일 일본이 독일과 '반공산국제협정'을 체결하자 소련은 이 협정이 소련을 겨냥하고 있다고 비난하였다.

1935년 10월 9일 국민정부 행정원 부원장 공상희는 주중 소련대사에게 중일 간에 전쟁이 발발할 경우 신강지역을 통해 소련으로부터 군수품의 공급이 가능한지의 여부를 타진하였다. 이에 소련은 군수품 공급의 가능성을 전하며, 중소무역협정 및 중소상호불가침조약의 체결을 희망한다는 메시지를 전달하였다.

사실 국민정부로서는 소련 측이 제시한 중소상호불가침조약보다는 군사동맹적 성격이 농후한 중소호조조약을 체결하기 바라고 있었다. 노구교사변이 발발한 이후 장개석은 입법원장 손과와 외교부장 왕총혜를 여산에서 만나 소련과 중소호조조약을 체결하도록 지시하였다. 이로부터 장개석의 입장은 일본의 침략에 맞서 중국과 소련이 공동으로 대응하는 군사적 성격의 동맹조약을 추진하고 있었음을 알 수 있다. 1937년 7월 23일 모택동도 중국 전시외교의 당면 과제는 조속히 소련과 군사동맹을 체결하여 일본의 침략에 공동으로 대응하는 것이라 강조하였다.[74]

그러나 중국 측의 제안에 대해 소련은 흔쾌히 동의하지 않았다. 소련 측은 아직 전쟁에 대한 충분한 준비가 없다는 이유로 중국 측의 중소호조조약에 대해 부정적인 입장을 전하였다. 만일 양국 간 호조조약이 체결될 경우 소련이 반드시 참전해야 하며, 이러한 결과 일본이 소련 본토로 진공할 가능성을 우려하였기 때문이다.

이러한 이유에서 소련은 중국 측의 제안을 완곡히 받아들이지 않는 대신, 중소상호불가침조약의 체결을 제안하였으며, 마침내 양국은 1937년 8월 21일 이 조약에 서명하였다. 중국 측은 내심 중소호조조약의 체결을 원하였지만, 소련 측이 불가침조약의 체결 없이는 군사원조를 제공할 수 없다는 의사를 전달하자 이에 동의하지 않을 수 없었다. 특히 조약의 부칙에는 중국이 제3국과 '공동방공협정'을 체결하지 않는다는 조항이 부가되어 있었다. 이 조항은 중국이 일본과 연합하여 반소로 돌아설 우려를 해소했다는 점에서 소련에게는 매우 유리한 내용이라 할 수 있다.

불가침조약의 주요한 내용을 살펴보면 첫째, 소련이 자국의 군사고문을 중국에 파견하고, 둘째, 소련이 자국에서 생산한 화물을 중국

74_ 毛澤東, 『反對日本進攻的方針,辦法和前途(1937.7.23.)』, 人民出版社, 1952, pp.6-7.

에 투매하며, 셋째, 중국 측은 외몽고에 대한 소련의 특수한 권익을 승인하며, 넷째, 중국이 국외로부터 무기를 구입하는 것이 일본에 의해 차단될 경우 울란바토르를 통해 화북지역으로 물자를 수입할 수 있도록 소련이 관련된 편의를 제공한다는 내용이었다.[75]

조약을 체결한 이후 중국정부는 군사위원회 참모차장 양결楊傑을 단장으로, 국민당 중앙집행위원 장충을 부단장으로 하는 소련실업시찰단을 모스크바로 파견하여 원조를 요청하였다. 비록 실업시찰단의 명목이기는 하였으나 실상으로는 군사원조를 협의하기 위한 군사대표단으로서의 성격이 강하였다.

1937년 10월 5일 국제연맹 회의석상에서 소련대표 리트비노프 Litvinov는 일본을 침략국으로 규정하여 비난하는 동시에, 국제연맹이 물질적으로 중국에게 대량의 원조를 제공해야 한다고 주장하였다.[76] 11월 3일부터 24일까지 브뤼셀에서 개최된 '9국공약회의'에서도 소련은 각국에 대해 일본에 대한 공동제재를 주장하였으며, 공동제재의 구체적인 내용은 군사적 제재까지 포함하고 있었다.

중국은 중소 간 상호불가침조약을 체결함으로써 소련으로부터 막대한 원조를 획득할 수 있었으며, 이는 중국이 대일항전을 치루는 과정에서 매우 중요한 물질적 자원이 되었다. 그러나 장개석은 여기에 그치지 않고 지속적으로 소련의 참전을 촉구하며 일본에 공동으로 대응할 것을 요청하였다. 그러나 스탈린은 소련이 일본에 대해

75_ 日本陸軍省新聞班, 『陸參考資料第十一號: 警入支那亡國的反日親蘇政策』, 1942 참조.

76_ 向青著, 임상범譯, 『코민테른과 중국혁명관계사』, 고려원, 1992, p.241.

전쟁을 선포할 경우 일본국민의 대동단결과 동원을 초래할 것이며, 이럴 경우 중국은 오히려 세계 각국의 동정을 상실하게 될 것이라 해명하며, 소련의 대일 전쟁 선포는 적절한 시기가 도래할 경우 가능할 것이라 강변하였다.[77]

1937년 11월 브뤼셀에서 스탈린은 중국사절을 접견한 자리에서 만일 중국의 정세가 현재보다 악화된다면 소련은 대일선전을 선포할 가능성이 있다고 전하였다. 같은 해 11월 20일 소련은 참전과 관련하여 "소련은 적국이 많아 동방에서 개전하면 서방에서 영향을 받게 된다"고 언급하였다.[78]

1937년 12월 남경이 함락되자 장개석은 스탈린에게 급보를 타전하여 소련의 출병을 간청하였다. 그러나 스탈린은 만일 소련이 참전할 경우 일본이 스스로 침략국의 희생자라고 선전하게 될 것이며, 그렇게 된다면 중국과 소련 모두에게 불리한 상황이 전개될 것이라 강변하였다. 1938년 무한회전이 발생하자 장개석은 재차 소련에 참전을 요청하며 가부를 문의하였다. 그러나 소련은 장개석에게 전문을 보내어 "소련은 모든 역량을 동원하여 반침략전쟁을 수행하고 있는 중국을 원조할 것"이라는 입장을 되풀이했을 뿐이다.[79]

1939년 9월 손과는 장개석에서 소련이 중국을 원조하는 범위는 병기와 기계류, 그리고 기술의 원조에 한정될 것이며, 참전은 불가능할 것으로 판단된다고 보고하였다.[80] 1940년 5월 장개석은 친소인사인

77_ 王建朗, 「二戰爆發前國民政府外交總論」, 『歷史硏究』1995年 4期, p.42.

78_ 張雪梅, 「試論抗日戰爭時期蘇聯援華政策」, 『四川敎育學院學報』21卷 3期, 2005.3, p.21.

79_ 董棟, 「蘇聯對華援助實錄」, 『決策與信息』2005年 7期, p.78.

소력자를 주소대사로 임명하고 중국에 대한 소련의 원조를 재차 촉구하였다. 이러한 가운데 1940년 9월 독일, 이탈리아, 일본의 '삼국동맹'이 성립되자 소련은 중국에 대한 원조를 한층 확대하였다. 그러나 1941년 6월 독소전쟁이 발발하면서 소련의 참전은 더욱 실현되기 어렵게 되었다.

중일전쟁 시기에 비록 소련은 중국 측의 공동참전 및 대일항전의 요구를 받아들이지는 않았지만, 막대한 원조를 통해 중국의 항전을 지원하였다. 1937년 10월부터 1939년 8월까지 소련은 비행기 985대, 대포 1,317문, 자동차 1,550대, 트랙터 30대, 탄창 1억 6,450만 발, 포탄 190만 발을 지원하였다.[81] 더욱이 소련은 중국으로 원조물자를 수송하기 위해 중앙아시아로부터 신강, 감숙으로 통하는 운송루트를 개척하였다.

더욱이 손과는 1938년 1월부터 1939년 6월에 걸쳐 세 차례 소련을 방문하여 신용차관협정을 체결하였다. 1937년 3월 1일 중소 간에 제1차 차관협정이 성립되어 소련은 중국에 5,000만 달러의 차관을 제공하였다. 1938년 7월에 양국은 제2차 신용차관협정을 체결하여 다시 5,000만 달러의 차관을 제공하였다. 1939년 중소 양국은 재차 대규모 차관협상을 진행하여 마침내 6월 13일 1억 5,000만 달러의 차관협정을 체결하였다. 1940년까지 소련은 총 4억 5,000만 달러의 차관을 제공하였다.[82]

80_ 高沃龍, 『對手盟友』, 北京社會科學出版社, 1992, p.32.
81_ 黃修榮, 『共産國際和中國革命關係史』, 中共中央黨校出版社, 1989, pp.299 -300.
82_ 吳相湘, 『第二次中日戰爭史』下冊, 綜合月刊社, 1974, p.704.

(2) 태평양전쟁 이후 중소관계의 변화

앞서 살펴보았듯이 중일전쟁이 발발한 초기에 소련은 일본의 침략에 공동 대응하자는 중국 측의 제안을 그대로 수용하지는 않았지만, 열강 가운데 중국에 가장 적극적으로 원조를 제공한 국가라 할 수 있다. 그러나 중국에 대한 소련의 원조는 기본적으로 일본이 중국을 침략한 사실 그 자체에 대한 반대라기보다는 전쟁의 여파가 중국 동북지역의 이북으로 확대되어 자국에 미칠 영향을 우려했기 때문이다. 따라서 한편으로는 중국에 대한 경제적 원조를 제공하는 동시에, 다른 한편으로는 일소 간의 긴장을 완화하려는 모든 노력을 경주하였다.

1938년 독일은 오스트리아를 병합하고 체코를 침략하였으며, 1939년 9월 폴란드를 침공하여 이차대전의 서막을 알렸다. 1941년 독일이 소련을 침공할 시점에 이미 14개국이 히틀러의 치하에 있었다. 1940년 10월 독일, 이탈리아, 일본이 군사동맹을 체결하면서 미국과 일본의 모순이 첨예화되었다. 독소전쟁이 발발하여 소련이 패배할 경우 다음 침략대상이 미국이라는 사실을 인지한 루스벨트는 일본이 독일과 호응하여 소련을 침공하지 않을까 우려하여 1940년 7월 4일 일본에게 소련 침공에 반대한다는 뜻을 전하였다.[83]

일찍이 중일전쟁이 발발하기 이전에 중국에 대한 일본의 침략이 가속화되면서 소련은 자국 변경의 안전을 위해 몽고에 대한 지배권을 강화시켜 나갔다. 1936년 3월 12일 소련은 외몽고와 정식으로 '소

83_ 吳相湘, 『第二次中日戰爭史』下冊, 綜合月刊社, 1974, p.633.

몽호조협정'을 체결하였는데, 여기에는 "외몽고와 소련 영토에서 제3국의 위협이 발생할 경우 쌍방은 즉시 상대국 영토의 보위와 안전을 위한 조치를 취한다"[84]는 내용이 담겨 있었다. 협정이 체결된 이후 소련군대는 외몽고에 진주하여 만몽 변경지역의 방비를 담당하였다.

이미 1938년 4월 소련은 일본에 협상을 통해 분쟁을 해결하자고 제안한 바 있다. 일본은 소련과 일소중립조약의 체결을 적극 고려하고 있었다. 이러한 이유는 침략전쟁의 와중에서 중국국민정부를 견제하기 위한 목적이 있었다. 장개석 국민정부가 중소상호불가침조약을 체결한 목적 가운데 하나는 중국공산당에 대한 토벌전의 역량을 절감하여 항일전쟁에 집중할 수 있으며, 나아가 소련으로부터의 원조를 통해 항일전쟁을 치루고자 의도한 것이다.

이에 대해 일본은 "일소중립조약을 체결한다면, 소련을 이용하여 일본을 견제하려는 중국의 의도는 완전히 실패로 끝나게 될 것이며, 더욱이 소련의 원조가 중단되어 중국의 항전능력은 급격히 상실하게 될 것"[85]이라고 판단하였다. 이와 함께 일본은 소련의 위협으로부터 탈피하여 중국 침략을 가속화할 수 있을 것으로 판단한 것이다. 일소조약이 체결된 직후 스탈린은 일본해군무관 야마구치山口 대좌에게 "이 협정으로 일본도 안심하고 남진할 수 있게 되었다"[86]라고 언급하였다.

조약의 주요 내용은 첫째, 일소 양국이 평화, 우호의 차원에서 불

84_『國際條約集:1934-1944』, 世界知識出版社, 1961, p.57.

85_ 日本外務省, 『日蘇中立條約關係一件』, 1941, p4.

86_ 田村幸策, 『太平洋戰爭外交史』, 鹿兒硏究所出版會, 1966, p.355.

가침하며, 둘째, 만일 일방이 제3자 일국 혹은 수개국의 군사행동의 대상이 될 경우 다른 일방은 분쟁 기간 동안 중립을 준수한다는 내용이었다.[87] 즉 이 조약이 체결됨에 따라 소련은 이제 중일전쟁에서 반드시 중립을 준수해야 하는 의무가 발생하게 된 것이다. 따라서 중국에 대한 소련의 원조도 사실상 중단되지 않을 수 없게 된 것이다. 이러한 이유에서 조약이 체결된 이후 소련은 점차 비행기 및 군수품, 군수무기를 제조하기 위한 기계류의 월경을 금지하고, 중국에 대한 물자 지원도 급격히 감소하였으며 결국 중단되고 말았다.

한편, 중국의 입장에서 일본과 소련 간 중립조약의 체결은 전혀 예상치 못한 결과였다. 중국은 일소중립조약이 중소 간에 체결된 중소불가침조약의 내용과 상호 충돌된다는 점을 들어 절차적 부당성을 지적하였다. 즉 1937년 8월 20일에 체결된 중소상호불가침조약의 제2조는 "조약 체결의 일국이 하나 혹은 둘 이상의 제3국으로부터 침략을 받을 경우 제3국에 대해 전쟁의 전 시기에 걸쳐 직접 혹은 간접적으로 원조하거나 조약 체결국에 불리한 협정을 체결할 수 없다"[88]는 조항을 위반한 것이다.

더욱이 1924년에 체결된 중소협정 제5조는 "소련정부는 외몽고가 중화민국의 영토임을 승인하며, 외몽고 내에서 중국의 주권을 존중한다"라고 규정하였는데, 일소중립조약에서 '몽고인민공화국'이라고 지칭한 것은 중국의 주권을 침해한 것이라 비판하였다.[89]

87_ 秦孝儀編, 『中華民國重要史料初編』第三編 第二冊, 臺灣國民黨中央黨史委員會, 1981, p.390.

88_ 八一三抗戰史料選編, 『中蘇不可侵條約』, 上海人民出版社, 1986, p.548.

89_ 『大公報』, 1941.4.15.

일소 간의 일소중립조약은 추진 과정에서 중국을 철저히 배제한 채로 진행되었다. 일본외상 마쓰오카 요스케松岡洋右가 모스크바를 방문하자 주소련 중국대사 소력자는 일본이 소기의 성과를 거두지 못하여 실의에 차있다고 장개석에게 보고하였는데, 실은 일소 간에 조약이 체결되고 만 것이다. 뉴스를 접한 장개석은 소력자를 질책하는 동시에 외교부장으로 하여금 조약에 반대하는 취지의 성명을 발표하도록 지시하였다. 장개석은 "일소조약에서 가장 유감스러운 조항은 소련과 적국이 우리 영토인 외몽고와 만주국의 영토 완정을 승인함으로써 불가침성명을 낸 점이다. 소련은 도의상, 외교상, 신의상 중국에게 엄중한 손실을 안겨주었다"[90]고 비난하였다.

같은 날 중국의 외교부장도 성명을 발표하고 "일소협정에서 '몽고인민공화국'의 영토 완정과 불가침성을 존중한다고 하였는데, 동북4성 및 외몽고는 중화민국의 영토이다. 중국정부와 국민은 제3국 간에 중국영토 및 행정을 훼손하는 일체의 조약을 승인할 수 없으며, 따라서 일본과 소련 사이에 체결된 조약은 결단코 무효"[91]라고 선언하였다.

그러나 일소중립조약의 체결에도 불구하고, 중국의 입장에서는 소련으로부터 군수물자를 지속적으로 원조받기 위한 목적에서 "중국정부는 소련과의 관계를 악화시키지 않기로 결정하였으며, 양국 관계를 현재의 수준으로 유지하기로 결정하였다"고 입장을 정리하였다.[92] 중국의 『대공보』도 "일소 양국 간의 타협에도 불구하고 중국이

90_ 李嘉谷, 「中蘇關係史硏究二題」, 『抗日戰爭硏究』1995年 1期, p.148.

91_ 中國第二歷史檔案館, 『中華民國史檔案資料匯編』第5輯 第2編, 江蘇古籍出版社, 1997, p.219.

92_ 李嘉谷, 「中蘇關係史硏究二題」, 『抗日戰爭硏究』1995年 1期, p.146.

소련이라는 친구를 잃은 것은 아니다. 비록 만몽선언이 중국의 주권을 침해했으나, 이로 인해 중소 간의 관계가 현저히 퇴보하지는 않을 것"이라고 보도하였다.[93]

4월 19일 주중 소련대사 파뉴스킨Panyusikin은 장개석에게 중소 간의 우호를 위해 소련에 반대하는 여론이 고조되는 것은 바람직하지 않다는 뜻을 전하면서 과격한 여론을 시정해 주도록 요청하였다. 이와 함께 그는 첫째, 1937년에 이미 체결된 중소조약의 주지는 일소조약의 체결에도 하등의 변화가 없을 것이며, 둘째, 중국과의 무역은 중국 내 치안만 해결된다면 계속될 것이며, 셋째, 일소중립조약과 관계없이 중국에 대한 소련의 원조는 계속될 것이라는 점을 전달하였다.[94]

소련은 자국의 안전을 도모하기 위해 일소중립조약을 체결하였다. 그러나 일소중립조약의 체결에도 불구하고 국제정세는 급박하게 전개되었으며, 소련에 대한 독일의 침공은 시간문제로 인식되었다. 마침내 1941년 6월 22일 독소전쟁이 발발하자 일본군은 독일에 호응하여 8월에 관동지역에서 대규모의 관동군 특별기동훈련을 실시하였다. 당시 관동군의 병력은 30만 명에서 일거에 70만 명으로 증원되었다.

더욱이 일본이 일소중립조약을 체결한 이면에는 국민정부와 중국공산당 간의 대립을 유도하고 격화시키기 위한 목적도 내재해 있었다. 일본은 조약의 체결을 통해 중국공산당의 항일성을 억제하고 감

93_ 『大公報』, 1941.4.16.
94_ 中國第二歷史檔案館, 『中華民國史檔案資料匯編』第5輯 第2編, 江蘇古籍出版社, 1997, p.221.

숙, 섬서, 영하 등 서북3성에서 중국공산당의 세력 존속을 용인함으로써 국공 간의 갈등을 조장하였다.

현재 남아있는 일본외무성의 자료를 살펴보면, 일본은 "중국공산당이 신강을 중심으로 서북지역에서 자신의 기반을 강화할 것이며, 이는 다시 중경정부의 항전력 약화로 이어지게 될 것임은 명백하다." "이렇게 될 경우 장개석은 항일뿐 아니라 반공의 양면작전으로 항일 역량이 크게 감소될 것이며, 나아가 국공 사이의 마찰이 발생할 가능성이 크다"라고 판단하였다.[95] 이와 같이 일본은 일소중립조약을 통해 국공분열을 조장함으로써 중국정부 측의 의지에 타격을 주려는 의도가 있었던 것이다.

일본과 소련 사이의 외교적 화해 분위기가 점차 고조되자, 1939년 9월 15일 일소 양국은 정전협정을 체결한 이후 긴장관계가 완화되기 시작하였다. 일소 양국 간의 화해 무드와는 대조적으로, 1939년 1월 국민당 5계 5중전회는 철저항전을 협의하는 동시에, '정리당무'의 결의안을 통과시키고 '방공위원회'의 설립을 승인하였다. 회의에서 중국국민당은 유격지역에서 '삼민주의청년단'을 발전시켜 청년들로 하여금 공산당의 세력 확대에 포섭되지 않도록 만전을 기하며, 중국공산당의 활동을 미연에 방지한다는 결의안을 채택하였다.[96]

이러한 분위기 속에서 1939년 4월, 5월 경이 되면 국민정부군의 진계영秦啓榮은 산동에서 중국공산당 팔로군을 습격하였으며, 장음

95_ 日本外務省,『日蘇中立條約成立に關聯する與論指導暫定方針』, 2006, pp.412-413.

96_ 高書全,『日中關係史』2卷, 社會科學文獻出版社, 2006, pp.412-413.

오章陰梧는 하북성 심현에서 팔로군의 후방을 공격하여 평강참안平江慘案[97]과 학산참안确山慘案[98]이 발생하였다. 이 밖에 국민정부군 일부는 섬감녕변구로 진격하여 돈화, 순읍, 정녕, 영현, 진원 등 5개 현을 공격하였다.[99]

국민정부는 일소중립조약 이후 신사군 등 중국공산당의 이탈을 통제하기 위해 반공을 위한 대대적인 군사작전을 준비하였다. 하응흠 등은 서안에서 비밀리에 군사회의를 개최하고, 20만 명에 달하는 병력을 동원하여 연안을 포위할 계획을 수립하였다. 그러나 주은래가 이 정보를 입수하여 시급히 미국대사와 영국대사에게 이 사실을 전달하였다. 결국 루스벨트 대통령은 송자문을 통해 장개석으로 하여금 중국공산당에 대한 공격을 중지하도록 압력을 가하였다.[100]

결론

노구교사변 이후 일본의 중국 침략이 확대되는 과정에서도 미국은 이를 전쟁으로 명확히 규정하지 않았을 뿐만 아니라, 나아가 중일 양국에 중립적 태도를 견지하였다. 미국의 관심은 오로지 무역과 투

97_ 1939년 6월 12일 국민당 제27집단군이 장개석의 명령에 따라 호남성 평강에 주둔하고 있던 신사군을 공격한 사건
98_ 1939년 11월 11일 국민당 제31집단군 하남성 학산에 주둔하고 있던 신사군을 공격한 사건
99_ 陳子谷, 『皖南事變』, 通俗讀物出版社, 1956, pp.9-10.
100_ 日本外務省第六科, 『日蘇中立條約の支那への影響と外援問題』, 1941 참조.

자의 중심지인 상해의 안전과 중립화에 집중되어 있었다. 더욱이 중립정책의 근저에는 중국, 일본과의 사이에 이루어지고 있던 막대한 수량의 교역과 투자의 현상을 유지하고자 하는 군수산업 및 기타제조업, 선박 및 운수업 방면의 첨예한 경제적 이해가 걸려 있었다.

유의할 것은 일본이 미국으로 하여금 중일전쟁에 대한 중립을 견지하도록 하기 위해 의도적으로 상해중립의 문제를 적극 이용했다는 사실이다. 미국은 일본으로 하여금 상해의 중립을 수용하도록 하기 위해서는 스스로 중일전쟁에 중립적이지 않으면 안되었던 것이다. 적어도 일본이 상해를 비롯한 동아시아에서 미국의 이해를 직접적으로 침해하지 않는 한 미국으로서도 자국의 막대한 경제적 권익이 걸려있는 동아시아 현상의 급격한 변화나 붕괴를 원치 않았다. 이러한 이유에서 일본은 끊임없이 미국의 권익에 대한 보호와 유지를 약속했던 것이다. 이러한 의미에서 노구교사변 이후 상해중립정책과 미국의 중립정책은 근본적으로 미국과 일본의 정치적 타협 속에서 그 성립이 가능했다고 볼 수 있으며, 이러한 타협은 1941년 12월의 태평양전쟁 발발까지 유지될 수 있었다.

한편, 송자문을 비롯한 국민정부의 대미 적극외교가 이와 같은 미국의 중립정책을 근본적으로 수정하게 하는 결정적 동인으로 작용하지는 못했지만, 그럼에도 불구하고 미국 내에서 중국에 대한 동정적인 여론을 형성시키는 성과를 거두었다. 국민정부는 이를 근거로 미국과 두 차례에 걸친 대중 원조 차관의 체결에 성공하였을 뿐만 아니라 침략국과 비침략국을 구별하는 취지의 중립법개정안인 토마스법안이 의회에 상정되는 성과도 거두었다. 그럼에도 불구하고 미국의회에서 중립법개정안이 제기된 것은 중미관계보다는 영국과 프랑스를 배려하기 위한 동기에서 비롯된 결과였으며, 차관의 공여로 상징되는 중미관계의 밀착도 여전히 일정한 한계를 지니고 있었다.

이는 파시스트 군사동맹의 성립으로 인한 국제정세의 변화를 기점으로 미국의 중국에 대한 원조가 적극적으로 변화된 사실로부터 잘 입증되고 있다. 1941년 마침내 일본의 침략이 미국의 경제적 이해가 첨예하게 걸린 동남아시아로 비화되자 미국은 비로소 중국에 대한 적극 지지로 돌아서게 된 것이다. 이렇게 볼 때, 중미관계의 밀착이 비록 국민정부의 적극외교에 힘입은 바는 틀림없지만 그것이 결정적인 요소가 되지는 못했으며, 미국의 중립정책과 중립법수정안에서 보여지듯이 미국의 경제적 이해를 수호하기 위한 정치적 고려가 있었다는 사실에 유의해야 할 것이다.

이러한 사실은 태평양전쟁 발발 직전에 이루어진 미일 간의 교섭 과정에서도 잘 나타나고 있다. 미국이 제시한 타협안은 일본 침략전쟁의 확대를 저지하여 잠정적으로 현상을 유지하기 위한 방안이었을 뿐, 중국의 완전하고 진정한 독립에 대한 배려는 거의 찾아볼 수 없었다. 미일교섭은 명백히 중국의 희생을 통해 미일 양국이 각자의 이해를 수호하기 위한 타협안에 불과하였던 것이다.

그럼에도 불구하고 국민정부가 미일교섭의 과정에서 적극적인 대미외교의 역량을 발휘함으로써 이를 저지하는 데 적지 않은 역할을 한 사실은 상당한 외교적 성과라 아니할 수 없지만, 그 근저에는 역시 자국의 이해에 대한 고려가 우선하였다는 사실도 부인할 수 없을 것이다. 문제는 미국이 대중국 정책을 결정하는 과정에서 언제라도 자국의 이해를 위해서 중국의 독립이 다시 부차적인 문제가 될 수 있다는 냉엄한 국제정치의 현실을 보여주는 사례였다고 생각된다.

결론

미국 월가에서 시작된 세계대공황은 마침내 동아시아 각국으로 파급되었으며, 중국과 일본 등 각국은 공상업의 쇠퇴와 농업경제의 파탄 등 엄중한 경제위기에 직면하였다. 영국을 비롯한 각국이 경제블럭과 보호관세의 장벽을 제고해 나가자, 일본의 입장에서 중국과 더불어 양대 수출시장이었던 인도의 비중은 점차 감소해갔다. 세계시장에서 영국제품과 격렬한 시장경쟁을 전개하고 있던 일본에게 영제국 관세장벽에 대응할 수 있는 안정적인 시장의 확보가 절실한 상황이었으며, 소위 '일만선 경제블럭'과 '대동아공영권' 등 일본의 침략정책은 이를 구체화하기 위한 수단이 되었다.

이러한 가운데 1931년 만주사변은 일본 침략정책의 서막을 열었다. 이에 대응하여 중국에서는 전국에 걸쳐 광범위한 배일운동과 일화배척운동이 전개되었다. 이러한 과정에서 공상자본가들은 이를 적극 후원함으로써 적체된 제품의 판로를 회복하고자 시도하였다. 이와 함께 자본가들은 정부에 공황 이래 침체된 국내공상업의 보호정책을 강하게 요구하였다. 중국정부는 이러한 민간의 배일운동을 정책적 차원에서 적극 반영하였으며, 그 대표적인 정책이 바로 관세개정과 수입화물 원산국표기조례라 할 수 있다.

1937년 중일전쟁이 발발하기 직전에 중국정부 내부에서는 외교노선을 둘러싸고 구미파와 대일화해파가 격렬히 대립하고 있었다. 전자는 일본의 침략에 대항하여 미국과 영국 등 구미 제국과의 협력을 바탕으로 배일정책의 필요성을 주장함으로써 배일파라고도 불렸다. 대표적인 인물로 재정부장 송자문을 비롯하여 나문간, 손과, 왕정정 등을 들 수 있다. 후자는 대일화해의 외교정책을 통해 대외적 긴장관계를 해소함으로써 국공문제 등 국내적 현안의 해결에 역량을 집중하자는 노선이라 할 수 있다. 이들은 친일파라고도 불렸으며, 대표적으로 왕정위를 비롯하여 당유임, 원량, 은여경, 장군, 고종무 등이 있었다.

그러나 만주사변 이후 송자문 등 구미파가 주도한 배일정책은 원안대로 시행되지 못하고 굴절되고 말았다. 특히 이러한 과정에서 남경국민정부 수립 이후 최대 규모로 도입된 면맥차관의 처리 문제가 현안으로 부상하였다. 면맥차관의 도입을 주도한 재정부장 송자문은 차관으로 도입한 현물면화를 판매하기 위한 대상으로서 미국면화의 주요한 소비처인 일본 방직공업이나 재화 일본사창을 염두에 두고 있었다.

당초 일본외무성은 배일정책으로 인해 수출시장으로서 중국의 비중이 축소되고 있는 현상을 우려하고 있었다. 더욱이 중국시장의 축소로 말미암아 일본재계와 무역업 방면의 불만과 불안이 점증하는 상황에서, 중국정부 측의 요구인 재화 일본사창 측의 차관면화 수용을 통해 배일정책을 완화시키는 국면 전환의 계기로 삼아야 한다는 구상을 가지고 있었다.

그러나 일본군부는 면맥차관 이면의 '중미군사밀약설'을 유포하며, 차관면화의 수용을 정면으로 반대하였다. 면맥차관의 현금화가 실현될 경우 중국정부의 배일정책이 유지되거나 강화될 수밖에 없으며, 자연히 이러한 정책을 주도한 구미파의 입지를 강화시키는 결과를 초래하게 될 것으로 판단하였다. 특히 일본의 정책 결정 과정에서 대일화해의 외교노선을 견지해 온 왕정위, 당유임 등은 재중국 일본무관을 통해 일본군부에 차관면화의 수용 불가의 뜻을 전달함으로써 구미파의 외교노선에 타격을 가하고, 마침내 중국정부의 외교노선을 대일화해의 방향으로 선회시키는 데 성공하였다.

이러한 과정에서 배일의 상징적 인물인 송자문과 나문간의 사임은 국민정부 외교정책의 주도권이 구미파로부터 대일화해파로 이전되었음을 의미하였다. 중국정부는 배일의 취소와 대일화해의 외교전략을 통해 국공문제 등 시급한 국내 현안의 해결에 역량을 집중하고, 중일무역의 정상화를 통해 관세 수입 등 재정문제를 해결하고자 하였다. 이러한 결과 종래 배일의 상징적 정책이었던 관세 인상은 일본의 요구를 반영하여 재개정되었으며, 수입화물 원산국표기조례는 실시 자체가 무산되고 말았다.

중국정부의 외교노선 변화에 발맞추어 중일관계에서 변화가 모색되고, 특히 경제협력을 중심으로 화해의 분위기가 조성되었다. 일본의 입장에서도 만주사변 이후 수출시장으로서 중국의 비중이 크게 감소하였기 때문에, 중일관계의 변화를 통해 중국시장의 회복을 추구한 것이라 할 수 있다. 이것이 바로 소위 '중일경제제휴'의 기초가 되었던 것이다.

중일전쟁 직전기 중국 외교노선의 변화와 중일 간 관계 개선의 모색에도 불구하고 일본군부 주도의 노구교사변으로 중일전쟁이 폭발함으로써 중일관계는 전면 파산과 대립의 국면으로 치달았다. 국민정부는 중경 천도를 통해 일본에 대한 결사항전의 의지를 내외에 천명하였다. 항전 시기에 중국은 미국 등 연합국과의 연대를 통해 일본의 침략에 대항하였으며, 미국 등 연합국 역시 중국을 동방에서 일본제국주의의 침략을 저지할 수 있는 유력한 협조의 대상국으로 간주하였다.

중일전쟁이 발발한 이후 중국정부는 미국의 정치, 경제, 군사적 역량에 주목하여 영미 등 연합국과의 적극적인 연대를 통해 항전을 수행하기 위한 전략을 수립하였다. 그리고 대미외교를 비롯한 전시외교에서 핵심적인 역할을 수행했던 인물이 바로 구미파의 거두인 송자문이었다.

그러나 중국 측의 희망과는 달리 미국은 일본의 중국 침략에 소극적 태도로 일관하였으며, 전쟁에 대한 중립정책을 내외에 선포하였다. 전쟁이 발발한 직후 대다수의 미국인들은 중일전쟁에 대한 미국정부의 중립을 요구하였다. 중립정책의 근저에는 극동에서 미국의 투자 및 무역 등 경제적 이익이 군사적 충돌로 인해 훼손되기를 원치 않았던 이해가 자리하고 있었다. 이러한 여론을 반영하여 미국정부와 의회는 중일전쟁에 대한 철저한 중립주의와 불간섭을 견지한 것이다. 이러한 이유에서 중국에 대한 미국의 지원은 상당히 제한적인 수준과 성격에 머물 수밖에 없었던 것이다.

특히 유의할 점은, 일본이 미국으로 하여금 중일전쟁에 대한 중립을 견지하도록 하기 위해 의도적으로 상해중립의 문제를 적극 이용했다는 사실이다. 미국은 일본으로 하여금 상해의 중립화를 수용하도록 하기 위해 스스로 중일전쟁에서 중립적이지 않으면 안되었던 것이다. 적어도 일본이 상해를 비롯한 동아시아에서 미국의 이해를 직접적으로 침해하지 않는 한, 미국으로서도 자국의 막대한 경제적 권익이 걸려있는 동아시아 현상의 급격한 변화나 붕괴를 원치 않았다. 이러한 의미에서 노구교사변 이후 상해의 중립정책과 미국의 중립적 외교정책은 근본적으로 미국과 일본의 정치적 타협 속에서 가능했다고 볼 수 있으며, 이러한 타협은 진주만공습과 태평양전쟁의 발발로 막을 내렸다고 할 수 있다.

한편, 미국과는 달리 소련은 중일전쟁이 발발한 직후부터 중국에 대한 원조와 국제적 지원에 적극적인 태도로 임하였다. 소련은 일본의 중국 동북지역 침략을 소련에 대한 진공의 전단계로 받아들였다. 따라서 주요한 관심은 일본의 침공 방향이 중국 국경을 넘어 소련으로 확대되지 않도록 저지하는 데에 있었다.

장개석은 이와 같은 소련의 입장을 간파하여, 중소 협력을 통해 대일항전에 대한 소련의 참전을 희망하였다. 실제로 장개석은 소련 측에 군사원조와 더불어 참전을 지속적으로 요청하였다. 그러나 소련은 중국정부가 제안한 군사동맹적 성격의 중소호조조약의 요구를 받아들이지 않았다. 대신에 중소불가침조약을 체결함으로써 참전은 회피하면서도 제한적인 원조를 통해 중국을 지원하는 방향으로 외교 방침을 결정하였다.

이러한 가운데 1941년 독일의 침공으로 소련의 참전은 더욱 실현하기 어려운 국면으로 접어들었다. 더욱이 소련은 일본과의 사이에 전격적으로 일소중립조약을 체결함으로써 일본의 침략 대상으로부터 벗어나고자 하였다. 일소중립조약의 체결로 말미암아 소련으로서는 중일전쟁에서 중립을 준수하지 않으면 안되는 의무가 발생하게 되었다. 이러한 이유에서 중일전쟁에 대한 소련의 참전은 물론, 중국에 대한 원조마저 점차 축소되고 마침내 중단되지 않을 수 없었던 것이다.

한편, 중일전쟁이 태평양전쟁으로 확대되고, 전쟁의 양상이 미국, 영국, 중국 대 일본의 대립구도로 전개되자, 일본으로서는 친일정권인 왕정위정부를 중국에서의 유력한 협력국으로 적극 활용하고자 하였다. 일본은 근대 이래 중국의 국가적 목표인 조계 반환과 영사재판권 등 불평등조약을 폐지하는 대가로 왕정위정부의 참전을 유도하였다. 더욱이 불평등조약의 철폐 등을 왕정위 친일정부의 주도하에 실현시킴으로써 친일정부의 명분과 실리를 강화시키는 한편, 상대적으로 중경국민정부를 무력한 지방정권으로 전락시키려는 의도가 있었던 것이다.

미국 등 연합국의 외교정책 변화와 중국에 대한 적극적인 지지로의 선회는 독일, 이탈리아, 일본의 파시스트 삼국동맹과 진주만공습, 태평양전쟁으로의 확전 등 국제정세의 변화에서 근본적인 원인을 찾을 수 있다. 이와 함께 일본의 침략이 미국의 경제적 이해가 밀접한 동남아시아로 비화되고 마침내 진주만공습으로 연결되자 미국은 비로소 중국에 대한 적극적인 지지와 원조로 돌아서게 된 것이다.

그럼에도 불구하고 국제정세의 변화 속에서 항일전쟁에 대한 중국 관민의 일체적 저항과 막대한 희생은 미국 등 연합국의 중국에 대한 적극적인 지지와 외교전략의 변화에 큰 영향을 미쳤다. 중국정부는 전쟁을 수행하기 위한 물질적 기반을 확보하기 위한 목적에서 송자문 등을 통해 '구국공채'를 발행하여 자본가 및 일반에 공채의 수용을 적극 호소하였다. 수많은 국민들이 전시의 어려운 형편에도 불구하고 소액이나마 공채의 매입에 힘을 보탰다. 이 대열에는 일본이 점령한 상해지역의 자본가들도 동참하였으며, 샌프란시스코 등 해외의 화교들도 공채를 구매하기 위해 은행 앞에 줄을 길게 늘어설 정도였다. 이러한 모습은 미국 파라마운트사의 뉴스영화로 제작되어 전 세계에 소개되었으며, 미국을 비롯한 연합국에서 큰 반향을 불러 일으켰다.

중국관민들의 막대한 희생과 국내외 화교화인의 적극적인 참여는 수많은 미국인들로 하여금 중국에 대한 동정적인 여론을 조성하였다. 더욱이 송자문, 송경령, 손과 등은 자신들이 미국 내에서 보유하고 있는 사회자본과 인적 네트워크를 적극 활용하여 미국 중립정책의 수정을 요구하였다. 특히 침략국과 피침략국을 구분하지 않는 미국의 중립정책이 사실상 전시 교통운수 등 인프라를 장악한 침략국 일본에 유리한 정책임을 적극 설득하였다. 이러한 결과 당초 중일전쟁에 중립적 태도를 주장했던 수많은 미국인들 사이에서 중국에 대한 원조와 일화배척운동에 찬성하는 방향으로 여론이 형성되어 갔다.

송자문을 비롯한 국민정부의 대미 적극외교가 미국의 중립정책을 근본적으로 수정하게 만든 결정적 동인이라고 단언하기는 어렵지만, 그럼에도 불구하고 미국 내에서 피침략국 중국에 대한 동정적인 여론이 형성되도록 하는 성과를 거두었다. 국민정부는 이를 근거로 미국과 두 차례에 걸친 원조 차관의 계약 체결에 성공하였으며, 나아가 침략국과 비침략국을 구분하는 취지의 중립법개정안이 의회에 상정되기도 하였다.

특히 중국의 전시외교는 태평양전쟁이 발발하기 직전에 진행된 미일 간의 협상에도 결정적인 영향을 미쳤다. 일본이 제시한 협상안에는 겉으로는 중일친선과 주권 영토의 존중 등을 담고 있었지만, 실상 만주국의 승인을 전제로 한 협상안이라고 할 수 있다. 다시 말해 현상의 유지를 통해 일본의 침략 확대를 저지한다는 것이 양국 협상의 골자였다. 미일 간의 타협이 실현된다면 미국으로서는 일본의 남진을 잠정적으로 저지하고 현상의 유지를 통해 유럽전선에 전력을 집중할 수 있다는 계산이었다.

그러나 이러한 미일 협상방안은 중국의 희생을 전제로 한 미봉책에 불과하였다. 미국이 제시한 타협안은 일본 침략전쟁의 확대를 저지하여 잠정적으로 현상을 유지하기 위한 방편이었을 뿐, 중국의 완전하고 진정한 독립에 대한 배려는 찾아보기 어려웠다. 미일교섭은 명백히 중국의 희생을 통해 미일 양국이 각자의 이해를 수호하기 위한 임시 타협안에 불과했던 것이다.

이에 중국정부는 미일교섭의 과정에서 적극적인 대미 외교역량을 발휘함으로써 이를 저지하는 데 적지 않은 역할을 한 사실은 전시외교의 큰 성과가 아닐 수 없었다. 중국정부로서는 중국의 희생을 통한 경제봉쇄의 완화 등 대일 유화정책이 종국적으로 중국군대와 국민의 저항정신을 붕괴시킬 것이라 경고하였다. 다시 말해 이와 같은 협상안은 결국 세계반파시스트전쟁을 수행하는 과정에서 침략국 일본에 대한 중국의 저지 역할을 무력화시키고, 나아가 연합국 내부의 결속을 근본적으로 와해시킬 우려를 제기한 것이다.

중국정부는 이러한 우려를 영국의 처칠 등 다수의 연합국 측에도 전달하여 설득에 나섰다. 중국정부의 적극적인 외교적 노력은 마침내 중국의 희생을 전제로 한 미일 간의 정치적 타협을 와해시키고, 마침내 일본 침략의 전면적 부정으로 나아가게 만든 주요한 요인이 되었다.

중일전쟁은 다음과 같은 몇 가지 점에서 중국근현대사의 전개에서 매우 중요한 전환점이 되었다고 할 수 있다. 첫째, 중일전쟁 시기는 아편전쟁과 남경조약 이후 불평등조약의 폐지와 자주독립의 국민국가 수립이라는 국가적 과제가 다양한 정치적, 외교적 이해 속에서 초보적이나마 관철된 시기라 할 수 있다. 전쟁의 확대와 열강 간의 상충하는 이해 속에서 치외법권, 영사재판권 등 편무적 불평등조약의 폐지가 국민정부 외교정책의 전개 속에서 상당한 성과를 거둔 시기라 할 수 있다.

둘째, 중국 및 동아시아 지역에서 열강 간의 세력이 크게 전환된 시기라 할 수 있다. 만주사변, 중일전쟁, 태평양전쟁으로의 확전 속에서 열강 간의 세력 부침이 극적으로 전개된 시기였다고 하겠다. 당연히 중국의 입장에서도 전쟁의 다층적 양상과 열강 간 세력의 부침에 조응하여 국제관계와 외교정책에서 변화를 모색한 시기라 할 수 있다.

셋째, 중국은 중일전쟁의 발발과 태평양전쟁으로의 확전 속에서 연합국 측의 반파시스트동맹에 참여함으로써 종전 후 국제연합 이사국으로서 4대 강국의 반열에 우뚝 서는 계기를 마련하였다. 물론 이러한 바탕에는 동아시아지역에서 중국의 역할과 이해가 있었으며, 수많은 인명과 재산의 희생을 바탕으로 성취된 성과이기도 하였다.

넷째, 중일전쟁 시기는 중국 국내적으로 보자면 정권의 헤게모니가 극적으로 교차하는 시기에 해당된다. 중일전쟁이 발발한 이후 전 민족적 지지 속에서 제2차 국공합작이 실현되었다. 중국공산당은 전시 국공 간의 충돌을 회피하면서 한편으로는 자체 역량을 비축하여 마침내 전후 국공내전에서 승리할 수 있는 발판을 마련할 수 있었다.

1. 史料

1) 新聞資料

『大公報』,『滿洲日日新聞』,『上海日報』,『上海日日新聞』,『上海每日新聞』,『新聞報』,『申報』,『新華日報』,『時事新報』,『中外商業新報』,『滿洲日報』,『每日申報』,『神戶新聞』,『朝日新聞』,『大阪每日新聞』,『神戶又新日報』,『大阪時事新報』,『大阪朝日新聞』,『時報』,『人民日報』, *North China Daily News*, *The China Weekly Review*

2) 定期刊行物

『紡織周刊』,『紡織時報』,『工商半月刊』,『國際貿易導報』,『醒鐘』,『農村復興委員會會報』,『民衆之路』,『中行月刊』,『錢業月報』,『金曜會パンフレット』,『東洋貿易時報』,『東洋貿易研究』,『支那時報』,『經濟月報』,『支那』,『大日本紡績連合會月報』,『綿業時報』,『商工月報』,『エコノミスト』,『ダイヤモンド』,『外交時報』,『滿洲評論』,『經濟往來』,『滿鐵調查月報』,『綿業春秋』,『東亞』,『經濟評論』,『大連商工月報』,『支常報』,『東京時事新報』,『國際月報』, *Finance and Commerce*

3) 年鑑, 年報, 統計, 條約, 法令資料

上海日報社,『中國年鑑』, 1935.
『申報年鑑』(1944年度), 1945.

吳大明, 『中國貿易年鑑』, 1948.

上野視二, 『大陸年鑑』, 大陸新報社, 1944.12.

『上海日本商工會議所年報』16(1933年度), 1934.5.

日本外務省, 『日本外交年表竝主要文書』下, 1966.1.

滿鐵經濟調查會, 『世界經濟班業務月報』, 1935.10.

滿鐵經濟調查會編, 『滿洲國經濟年報』, 改造社, 1931.

郭廷以, 『中華民國史事日誌』3冊, 中央研究院近代史研究所, 1984.

『日本經濟年報』21輯, 1935.

『支那經濟年報』第一輯, 白揚社, 1936.

滿鐵調查部, 『支那經濟年報』, 改造社, 1940.

中濱義久, 『滿洲國關稅改訂及日滿關稅協定方策』第一卷續, 1935.7(立
    案調查書類 第23編 第1卷續).

北京大學法律係國際法敎硏實室編, 『中外舊約章彙編』第二冊, 三聯書
    店, 1959.

嚴中平等編, 『中國近代經濟史統計資料選輯』, 北京科學出版社, 1955.8.

蔡鴻源主編, 『民國法規集成』4冊, 黃山書社, 1999.2.

榮孟源主編, 『中國國民黨歷次代表大會及中央全會資料』下冊, 光明日
    報出版社, 1986.

『國際條約集:1934-1944』, 世界知識出版社, 1961.

4) 中國檔案館 史料

中國第二歷史檔案館, 全宗号:2-942, 財政部1933年度工作報告.

中國第二歷史檔案館, 『中華民國史檔案資料滙編』第五輯 第一編, 江
    蘇古籍出版社, 1991.

中國第二歷史檔案館, 『中華民國史檔案資料匯編』第五輯 第二編, 江
    蘇古籍出版社, 1997.

5) 官方史料

國民政府主計處統計局, 『中華民國統計提要』, 1936.5.

280

日本軍務局軍務課,『時局に伴う猶太人の取扱に關する件」, 1942.3.

南滿洲鐵道株式會社經濟調査會(第2部工業班), 「紡績工業對策要綱」,
　　『滿洲紡績工業に對する方針及滿洲に於ける棉花改良增殖計劃』,
　　1935.6.

南滿洲鐵道株式會社經濟調查會(第4部關稅班), 「日滿關稅政策方針」,
　　(極秘)『滿洲國關稅改正及日滿關稅協定方策』第1卷(立案調查書類
　　第23編　第1卷), 1935.7.

山中岩次郞,『新國家の關稅政策に關する意見書」, 關東廳, 1932.2.

中國實業部工司,『實業部工業施政概況』, 1934.1.

外務省調查部,「第七十四議会ニ現ハレタル外務省關係政策具体化ノ
　　言明」, 1939.4.

日本內閣情報局,『各種情報資料·支那事変關係情報綴其ノ六』, 1937.

日本實業協會,『滿洲に於ける關稅及鐵道運賃に就て』, 1935.5.

日本情報部第三課,『北支事變ニ關スル各國新聞論調概要』, 1937.8.27.

日本外務省,『各國中立法規關係雜件(米國ノ部第3卷)』, 1938.

日本外務省,『大東亜戰爭關係一件 / 中華民國國民政府參戰關係』第一
　　卷, 1942.11.

日本外務省,『大東亜戰爭關係一件 / 中華民國國民政府參戰關係』第二
　　卷, 1943.1.

日本外務省,『民族問題關係雜件 / 猶太人問題』第二卷, 1932.12.1.

日本外務省,『民族問題關係雜件 / 猶太人問題』第三卷, 1937.12.11.

日本外務省,『民族問題關係雜件 / 猶太人問題』第四卷, 1938.9.13.

日本外務省,『民族問題關係雜件 / 猶太人問題』第五卷, 1938.12.1.

日本外務省,『上海及其附近ニ於ケル交戰回避ニ關スル各國申出』, 1937.

日本外務省,『涉外事項日誌』, 1937.9.

日本外務省,『猶太人ニ關スル研究』, 1921.

日本外務省,『在滿支「ユダヤ」人問題米國在滿「ユダヤ」人大会』, 1938.12.

日本外務省,『戰爭完遂ニ付テノ協力ニ關スル日華共同宣言並ニ租界
　　還付及治外法権撤廃ニ關』, 1943,1.

日本外務省,『支那國治外法權に關する委員會の報告書』, 1927.1.

日本外務省, 『海關接收ニ關スル帝國及各國ノ態度』, 1932.

日本外務省, 『海外特種情報』, 1940.11.1.

日本外務省, 『日滿經濟統制2 - 我が商品市場だるへき滿蒙對策』, 1933.

日本外務省, 『日蘇中立條約關係一件』, 1941.

日本外務省, 『支那國(滿洲國)ニ於ケル治外法権撤廃ニ關スル條約及
閣議決定』, 1943.

日本外務省東亞國局 『第三國ノ權益及第三國人ノ生命財産保護問題
(一)』, 1937.

日本外務省, 『各國ニ於ケル本邦輸出綿紗布取引關係雜件』3卷, E-4-5-0,
有吉 - 廣田外相, 第487號, 1935.6.15.

日本外務省, 『滿洲國税關關係雜件』第一卷, 1932.

日本外務省, 『各國關税立法規關係雜件 - 中國ノ部』, 1934.

日本外務省, 『外國ノ對中國借款及投資關係雜件 - 棉麥借款關係』, 1933.

日本外務省情報部, 『米國中立法』, 1937.10.

日本外務省情報部第三課, 『北支事變ニ關スル各國新聞論調概要』, 1937.8.

日本外務省第六科, 『日蘇中立條約の支那への影響と外援問題』, 1941.

日本陸軍省新聞班, 『陸參考資料第十一號: 警入支那亡國的反日親蘇政
策』, 1942.

日本陸軍省調査班, 『支那及滿洲海關制度』, 1932.8.

日本情報局, 「支那の參戰と新らしい日華關係」, 『週報』, 1943.1.20.

日本興亞院, 『支那事變ニ於ケル政策關係重要決定事項』(其二)4, 1939.5.15.

全國經濟委員會, 『全國經濟委員會會議紀要』第4輯, 1940.

『美國對外關係文件』(Foreign Relations of United States, Diplomatic Papers)
第一卷, 美國政府出版署(中國本), 1933.

6) 文史資料, 文集, 回顧錄, 其他 史料

社會科學院近代史研究所, 『顧維鈞回顧錄』2, 中華書局, 1985.

王松, 『宋子文傳』, 武漢出版社, 1993.

松本重治, 『上海時代』上, 中央公論社, 1993.

李茂盛,『孔祥熙傳』, 中國廣播電視出版社, 1992.

吳景平,『宋子文評傳』, 福建人民出版社, 1992.

蔡德金編注,『周佛海日記』(下), 中國社會科學院出版社, 1986.

袁愈佺,「日本侵略者炮制的商統會」,『上海文史資料選輯』57輯, 上海人
　　民出版社, 1986.8.

上海社會科學院歷史研究所,『'八一三'抗戰史料選編』, 上海人民出版
　　社, 1986.5.

秦孝儀編,『中華民國重要史料初編』第三編　第二冊, 臺灣國民黨中央
　　黨史委員會, 1981.

八一三抗戰史料選編,『中蘇不可侵條約』, 上海人民出版社, 1986.

『中國現代史資料選輯』第4冊(1931-1937), 中國人民大學出版社, 1989.

2. 單行本

1) 國文

金志煥,『中國 國民政府의 工業政策』, 新書苑, 2005.

오승명저, 김지환역,『구중국 안의 제국주의 투자』, 신서원, 1992.7.

金志煥,「中日戰爭期 中國의 戰時外交政策」,『동북아시아의 갈등과 대
　　립』, 동북아역사재단, 2008.

兪辛焞著, 辛勝夏外譯,『만주사변기의 중일외교사』, 고려원, 1994.

加藤陽子著, 김영숙譯,『滿洲事變에서 中日戰爭으로』, 어문학사(『シ
　　リーズ日本近現代史』五卷, 岩波書店, 2010), 2012.

臼井勝美著, 宋漢鏞譯,『中日外交史硏究』, 선인, 2004.(『日中外交史』,
　　塙書房, 1971.)

최창모,『이스라엘사』, 대한교과서주식회사, 1994.

히틀러저, 서석연역,『나의 투쟁』상, 범우사, 2001.

이리유카바 최,『거짓, 모욕 그리고 음모』, 창작시대, 2002.

立山良司저, 유공조역,『팔레스타인』, 가람기획, 2002.

박재선,『세계사의 주역 유태인』, 모아드림, 1999.

요하임 페스트저, 안인희역, 『히틀러평전』1, 푸른숲, 1998.

홍사중, 『히틀러』, 한길사, 1997.

강영수, 『유태인 오천년사』, 청년정신, 1999.

라파엘 젤리히저, 박정희역, 『집단애국의 탄생 - 히틀러』, 생각의나무, 2008.

랍비 솔로몬저, 박인식역, 『유태인의 사고방식』, 일호출판사, 2001.

臼井勝美著, 宋漢鏞譯, 『中日戰爭時期中日外交史硏究』, 선인출판사,
 2004.

向靑著, 임상범譯, 『코민테른과 중국혁명관계사』, 고려원, 1992.

2) 中文

高書全, 『日中關係史』2卷, 社會科學文獻出版社, 2006.

高沃龍, 『對手盟友』, 北京社會科學出版社, 1992.

國立東北大學編, 『東北要覽』, 1944.

唐振常主編, 『上海史』, 上海人民出版社, 1989.

陶文釗, 『中美關係史』, 重慶出版社, 1993.

蘆田均, 『第二次世界大戰外交史』, 時事通信社, 1960.

毛澤東, 『反對日本進攻的方針,辦法和前途(1937.7.23.)』, 人民出版社, 1952.

文釗, 『抗日戰爭時期中國對外關係』, 中國社會科學出版社, 2009.

潘光, 『上海猶太人』, 社會科學文獻出版社, 2002.

潘光, 『猶太人在中國』, 五洲傳播出版社, 2008.

潘洵, 『抗日戰爭時期重慶大轟炸硏究』, 常務印書館, 2013.

傅啓學, 『中國外交史』, 臺灣商務印書館, 1979.

費成康, 『中國租界史』, 上海社會科學院出版社, 1998.1.

上海市商會, 『對日經濟絶交須知』, 1933.

上海通社, 『上海硏究資料續編』, 上海書店, 1984.12.

瑞娜著, 雷格驛, 『上海往事1923-1949:猶太少女的中國岁月』, 五州傳播
 出版社, 2009.2.

石源華, 『中華民國外交史』, 上海人民出版社, 1994.

榮振華, 李渡南, 『中國的猶太人』, 大象出版社, 2005.

沈預, 『日本大陸政策史』, 社會科學文獻出版社, 2005.

嚴中平, 『中國棉紡織史稿』, 科學出版社, 1957.

嚴中平, 『中國棉業之發展』, 商務印書館, 1943.9.

吳景平, 『宋子文評傳』, 福建人民出版社, 1992.

吳相湘, 『第二次中日戰爭史』下冊, 綜合月刊社, 1974.

王健, 『上海犹太人社会生活史』, 上海辞书出版社, 2009.

虞寶棠, 『國民政府與民國經濟』, 華東師範大學出版社, 1998.

李巨廉, 『第二次世界大戰基源歷史文獻資料集』, 華東師範大學出版社,
　　1985.

李述笑, 『猶太人在哈爾濱』, 社會科學文獻出版社, 2006.

張洪祥, 『近代中國通商口岸與租界』, 天津人民出版社, 1993.

場希孟, 『上海資本家與國民政府』, 中國社會科學出版社, 1988.

鄭學稼, 『棉麥大借款』, 1933.7.

曹德貴, 『蔣介石,胡漢民,汪精衛對日政策的爭議』, 中國社會科學院近
　　代史研究所, 1995.

中國近代史資料書刊編委會, 『中日戰爭』1-7冊, 上海書店出版社, 2000.

陳立文, 『宋子文與戰時外交』, 國史館, 1991.

陳詩啓, 『中國近代海關史』, 人民出版社, 1999.

陳雁, 『抗日戰爭時期中國外交制度研究』, 復旦大學出版社, 2002.

陳子谷, 『皖南事變』, 通俗讀物出版社, 1956.

韓永利, 『第二次世界大戰與中國抗戰地位研究』, 常務印書館, 2010.

解學時, 『僞滿洲國史新編』, 人民出版社, 2015.

胡德坤, 『中日戰爭史』, 武漢大學出版社, 2005.

黃修榮, 『共産國際和中國革命關係史』, 中共中央黨校出版社, 1989.

侯樹彤, 『東三省金融概論』, 各大書局, 1931.4.

3) 日文

高橋龜吉, 『東亞經濟ブロック論』, 千倉書房, 1939.

高村直助, 『近代日本綿業と中國』, 東京大學出版會, 1982.

具島兼三郎, 『世界政治と支那事變』, 東京白揚社, 1940.

菊池貴晴, 『中國民族運動の基本構造』, 汲古書院, 1974.

東亞經濟調查局, 『美國の對支經濟政策』, 1931.

東亞經濟調查局, 『支那政治經濟年史』, 先進社, 1931.

東亞問題調查會, 『支那の租界』, 1939.3.

東亞研究所, 『日本大陸政策の發展』, 1940.

東洋協會調查部, 『支那幣制改革の回顧』, 1936.

浪江淸太, 『支那經濟事情研究』, 東亞事情研究會, 1935.

鹿島健, 『米國に於けるユダヤ人問題』, 同文館, 1942.

馬場鍬太郎, 『支那經濟地理誌』, 禹域學會, 1928.1.

滿洲史研究會編, 『日本帝國主義下の滿洲』, 御茶の水書房, 1972.

滿洲移民史研究會編, 『日本帝國主義下の滿洲移民』, 龍溪書舍, 1976.

名和統一, 『日本紡績業と原棉問題研究』, 1937.

武藤貞一, 『猶太民族の對日攻勢』, 內外書房, 1938.

米谷榮一, 『近世支那外國貿易史』, 生活社, 1939.4.

北支那協會, 『南昌四月會議と黃郛政權の再認識』, 1934.4.

四王延孝, 『ユダヤ思想及運動』, 內外書房, 1941.7.

山上金男, 『浙江財閥論』, 日本評論社, 1938.

三瓶孝子, 『日本綿業發達史』, 慶應書房, 1941.12.

松成義衛, 『日印貿易ノ特質』, 東亞研究所, 1939.

時局宣傳資料, 『天津英租界問題』, 1939.7.

植田捷雄, 『支那に於ける租界還付,治外法權撤廢』, 龍文書局, 1944.10.

神戶正雄, 『滿洲國の財政經濟』, 1932.8.

宇都希洋, 『ユダヤ問題と日本』, 內外書房, 1939.4.

日本實業協會, 『滿洲に於ける關稅及鐵道運賃に就て』, 1935.5.

日本外交協會, 『治外法權撤廢問題の政治的觀察』, 1942.9.15.

日本通商局總務課, 『米國中立法』, 1937.8.23.

入江昭, 『米中關係史』, サイマル出版會, 1971.

田村幸策, 『太平洋戰爭外交史』, 鹿兒研究所出版會, 1966.

齊藤良衛, 『對支經濟政策の或基本問題』, 有光社, 1938.

重光葵, 『在支租界返還問題に對する關係諸外國の態度』, 1930.11.

丸山直起, 『太平洋戰爭と上海のユダヤ難民』, 法政大學出版局, 2005.

黃自進, 『日中戰爭とは何だったのか』, ミネルブア書房, 2017.

姬野德一, 『支那事變と列國の論調』, 東京日支問題研究所, 1937.5.

大連商工會議所, 『滿洲の棉花問題』, 1935.8.

尾岐秀實, 『嵐に立つ支那』, 亞里書店, 1937.

4) 영문

Leonard G. Ting, *Recent Developments in China's Cotton Industry*, China
Institute of Pacific Relations, 1936.

Arthur N. Young, *China's National-Building Effort 1927-1937*, Stanford
Univ, 1971.

Mitsubishi Economic Research Bureau, *Japanese Trade and Industry*, 1936.

Vera Anstey, *The Economic Development of India*, London Longmans, 1929.

Kiyoshi Kanai, *Economic Development in Manchoukuo*, Nihon Kokusai
Kyokai, 1936.

3. 論文

1) 國文

金志煥, 「棉麥借款과 在華紡」, 『東洋史學研究』58, 1997.

金志煥, 「中國 資本主義 발전의 歷史的 경험과 그 성격」, 『東洋史學研究』97輯, 2006.12.

金志煥, 「日印會商과 在華紡」, 『日本歷史研究』7輯, 1998.4.

金志煥, 「中日戰爭期 重慶國民政府의 對美政策」, 『中國史研究』42, 2006.6.

金志煥, 「臨城事件과 中國鐵道管理案」, 『中國近現代史研究』36輯, 2007.12.

金志煥, 「滿鐵과 東北交通委員會」, 『中國近現代史研究』40輯, 2008.12.

김정현, 「중일전쟁기 周佛海를 통해 본 친일협력」, 『아시아문화연구』11,

2006.

김태승, 「1930年代 以前, 上海 公共租界의 支配構造와 華人參政運動」, 『東洋史學硏究』58, 1997.

문명기, 「중일전쟁 초기(1937-1939) 왕정위파의 화평운동과 화평이론」, 『東洋史學硏究』71, 2000.

손재현, 「프랑스의 租界 확장에 대한 天津 시민의 대응」, 『大邱史學』76, 2004.

이병인, 「1926年 上海의 自治市 建立運動」, 『中國學報』45, 2002 .

정안기, 「1930년대 日印 통상마찰과 조선면화증산정책의 연구」, 『經濟史學』42, 2007.

2) 中文

金志煥, 「南京國民政府時期關稅改訂的性質與日本的對策」, 『抗日戰爭硏究』2003年 3期.

金志煥, 「棉麥借款與宋子文的日本登岸」, 『社會科學論壇』2005年 10期.

金志煥, 「中美航空密約說的由來及其本質評析」, 『民國檔案』2001年 1期.

甘慧杰, 「從“接收”到“重組”——租界淪陷初期日本當局對上海的經濟政策取向」, 『史林』2009年 4期.

高綱博文, 陳祖恩, 「戰時上海的“租界問題”」, 『史林』2007年 1期.

唐培吉, 「犹太难民在上海的面面观」, 『同濟大學學報』, 1995年 1期.

董棟, 「蘇聯對華援助實錄」, 『決策與信息』2005年 7期.

連心豪, 「日本奪取中國東北海關述略」, 『厦門大學學報』1997年 1期.

廖建林, 「試論一戰後北洋政府對德租界的收回及管治」, 『湖北社會科學』2005年 2期.

林寧梅, 「美國援華貸款與中國抗戰」, 『民國檔案』2003年 4期.

石岩, 「九一八事變后日本對東北海關的劫奪」, 『山西大同大學學報』2010年 5期.

石源華, 「汪僞政府“收回”租界及“撤廢”治外法權述論」, 『复旦學報』2004年 5期.

288

石源華, 「汪僞政府對英美宣戰述論」, 『軍事歷史研究』1999年 4期.

孫世紅, 「上海－猶太移民城」, 『海內與海外』2007年 7期.

孫月華, 「二戰期間英美交還在華租界特權原因的辯析」, 『泰山學院學報』2007年 2期.

吳景平, 「宋子文與太平洋戰爭爆發前后的中美關係」, 『民國春秋』1999年 4期.

王建朗, 「二戰爆發前國民政府外交總論」, 『歷史研究』1995年 4期.

王謙, 「陳友仁與收回漢口、九江英租界」, 『文史月刊』2007年 1期.

王希亮, 「俄國猶太难民的入华與在中國的猶太人」, 『西伯利亞研究』2004年 5期.

于耀洲, 「九一八事變后日本對東北海關的强占與東北貿易的變化」, 『學習與探索』2013年 6期.

李嘉谷, 「中蘇關係史研究二題」, 『抗日戰爭研究』1995年 1期.

張雪梅, 「試論抗日戰爭時期蘇聯援華政策」, 『四川教育學院學報』21卷 3期, 2005.3.

鄭會欣, 「'中美航空密約'辦析」, 『民國檔案』1988年 4期.

鄭會欣, 「關於戰前十年擧借外債的基本估計」, 『近代中國史研究通訊』9, 1990.3.

鄭會欣, 「九一八事變后有關東北關稅問題檔案資料選: 中國銀行總管理處致總稅務司函」, 『民國檔案』1989年 1期.

朱艷, 「僞滿洲國時期的東北海關」, 『棗庄學院學報』24卷 6期, 2007.12.

曾荣, 「民衆運動與1927年漢口、九江英租界的收回」, 『社科縱橫』2007年 3期.

陳永祥, 「美援外交中的胡適與宋子文」, 『民國檔案』2003年 3期.

陳永祥, 「抗戰時期美國對華經濟援助評析」, 『廣州大學學報』2004年 3期.

陳志遠, 「中日經濟提携之基礎工作論」, 『經濟評論』2卷 3號, 1935.3.

3) 日文

久保亨, 「南京政府の關稅政策とその歷史的意義」, 『土地制度史學』86號,

1980.

久保亨, 「1930年代中國の關稅政策と資本家階級」, 『社會經濟史學』47卷 1號, 1981.

石井修, 「日印會商1933-34年」, 『アジア經濟』, アジア經濟研究所, 1980.3.

植田捷雄, 「帝國の租界還付とその斷行合理的根據」, 『外交時報』916號, 1943.2.

原郎, 「大東亞共榮圈の經濟的實態」, 『土地制度史學』71號, 1976.4.

畢雲程, 「中日經濟提携と中國の紡績業」, 『日支經濟提携に對する支 那側の意見』, 上海雜誌社, 1935.5.

副島圓照, 「滿洲國による中國海關の接收」, 『人文學報』47號, 1979.3.

江口圭一, 「日本帝國主義の滿洲侵略」, 『世界歷史』27卷, 岩波書店, 1971.

아

지은이 소개 —————————

김지환

고려대학교 사학과 졸업
고려대학교 사학과 문학박사
중국 푸단대학 역사학박사
고려대, 명지대, 서울예술대 강사
일본 도쿄대학 객원연구원
중국 하북사범대학 학술고문
중국근현대사학회 회장
인천대학교 중국학술원 교수

중국관행연구총서 23

중국의 전시외교와 국제관계

1931-1945

2022. 5. 20. 1판 1쇄 인쇄
2022. 5. 31. 1판 1쇄 발행

지은이 김지환
기 획 인천대학교 중국학술원 중국·화교문화연구소

발행인 김미화 **발행처** 인터북스
주소 경기도 고양시 덕양구 통일로 140 삼송테크노밸리 A동 B224
전화 02.356.9903 **이메일** interbooks@naver.com **출판등록** 제2008-000040호
ISBN 978-89-94138-82-4 94910 / 978-89-94138-55-8(세트) **정가** 21,000원